Fälle und Lösungen zum bürgerlichen Recht
für Anfänger

von

Dr. Ferdinand Kerschner
Universitätsprofessor i. R. in Linz

Dr. Martin Schauer
Universitätsprofessor in Wien

8., überarbeitete Auflage

Wien 2017
MANZ'sche Verlags- und Universitätsbuchhandlung

Zitiervorschlag: *Kerschner/Schauer,* Fälle und Lösungen zum bürgerlichen Recht für Anfänger[8] (2017) . . .

ISBN 978-3-214-14794-5

Telefon: (01) 531 61-0
E-Mail: verlag@manz.at
www.manz.at
Datenkonvertierung, Satzherstellung und Druck:
Ferdinand Berger & Söhne GmbH, 3580 Horn

Vorwort zur 8. Auflage

„Mit der [damaligen] Neuordnung der rechtswissenschaftlichen Ausbildung hat der Gesetzgeber die Studenten endlich zur Verfertigung schriftlicher Arbeiten verhalten und damit den untragbaren Zustand beendet, daß viele Juristen erstmals in der Berufspraxis gezwungen wurden, ihre Gedanken in dieser Form festzuhalten." (Aus dem Vorwort zur 1. Auflage)

An der damaligen Zielsetzung des Buchs hat sich nichts geändert. Nach wie vor ist die Fähigkeit zur schriftlichen Formulierung ein zentrales Instrument der juristischen Arbeit. Sie zwingt zur Klarheit des Denkens und muss deshalb bereits im Studium gelehrt und geübt werden. Dazu soll das vorliegende Buch eine wesentliche Hilfe bieten.

Das vorliegende Werk, das nunmehr seine 8. Auflage erreicht, hat stets eine gute Aufnahme bei den Studierenden gefunden. Dies hängt wohl damit zusammen, dass es in jeder Auflage fortentwickelt und aktualisiert wurde. Wenngleich nach wie vor die zentralen Grundlagen des bürgerlichen Rechts – wie Rechtsgeschäftslehre und Leistungsstörungen – im Mittelpunkt stehen, so gibt es in der vorliegenden Auflage auch thematische Erweiterungen. Dazu zählen vor allem das Verbraucherschutzrecht und das Internationale Privatrecht, denen jetzt in einem neu aufgenommenen Fall besondere Beachtung geschenkt wird.

Für wesentliche Beiträge zur Aktualisierung des Werks danken wir Herrn Univ.-Ass. Mag. *Sebastian Wöss* und Frau Projektassistentin Mag[a]. *Beate Geretschläger.* Wir hoffen, dass es auch weiterhin die gute Aufnahme finden wird, die ihm bisher zuteil wurde. Anregungen und Verbesserungsvorschläge sind stets willkommen. Bitte richten Sie sie an ferdinand.kerschner@jku.at oder an martin.schauer@univie.ac.at.

Der Verlag *Ferdinand Kerschner* *Martin Schauer*

Inhaltsverzeichnis

KLAUSUREN

HAUSARBEITEN

ANHANG

Abkürzungsverzeichnis

aA	anderer Ansicht
aaO	am angeführten Ort
ABGB	Allgemeines bürgerliches Gesetzbuch
Abs	Absatz
AEUV	Vertrag über die Arbeitsweise der Europäischen Union
AGB	Allgemeine Geschäftsbedingungen
allg	allgemein
aM	anderer Meinung
Anm	Anmerkung
AnwBl	Anwaltsblatt
Art	Artikel
ASVG	Allgemeines Sozialversicherungsgesetz
AT	Allgemeiner Teil
AtomHG	Atomhaftungsgesetz
bbl	Baurechtliche Blätter
Bd	Band
Bearb	Bearbeiter
bearb	bearbeitet
Bekl	Beklagter
BG	Bezirksgericht
BGB	(deutsches) Bürgerliches Gesetzbuch
BGBl	Bundesgesetzblatt
BGHZ	Entscheidungen des (deutschen) Bundesgerichtshofs in Zivilsachen
BlgHH	Beilagen zu den stenografischen Protokollen des Herrenhauses
BlgNR	Beilage zu den stenografischen Protokollen des Nationalrates
BTVG	Bauträgervertragsgesetz
bzw	beziehungsweise
CISG	Convention on the international sale of goods (auch: UN-Kaufrecht)
ders	derselbe
dh	das heißt
DHG	Dienstnehmerhaftpflichtgesetz
DRdA	Das Recht der Arbeit
EheG	Ehegesetz
EKHG	Eisenbahn- und Kraftfahrzeughaftpflichtgesetz
etc	et cetera
EuGH	Europäischer Gerichtshof
EvBl	Evidenzblatt der Rechtsmittelentscheidungen, in Österreichische Juristen-Zeitung
f	und der (die) folgende
FAGG	Fern- und Auswärtsgeschäfte-Gesetz
ff	und die folgenden

FN	Fußnote
FS	Festschrift
G	Gesetz
gem	gemäß
GmbH	Gesellschaft mit beschränkter Haftung
GoA	Geschäftsführung ohne Auftrag
GOG	Gerichtsorganisationsgesetz
GP	Gesetzgebungsperiode
hA	herrschende Ansicht
HaRÄG	Handelsrechts-Änderungsgesetz (BGBl I 2005/120)
hL	herrschende Lehre
hM	herrschende Meinung
Hrsg	Herausgeber
idR	in der Regel
ieS	im engeren Sinne
IPRG	Bundesgesetz über das internationale Privatrecht
iSd	im Sinne des(r)
iSv	im Sinne von
iVm	in Verbindung mit
JAP	Juristische Ausbildung und Praxisvorbereitung
JBl	Juristische Blätter
JN	Jurisdiktionsnorm
JZ	(deutsche) Juristenzeitung
Kl	Kläger(in)
KSchG	Konsumentenschutzgesetz
LG	Landesgericht
LGZ	Landesgericht für Zivilrechtssachen
m Anm	mit Anmerkung
Mat	Materialien
MRG	Mietrechtsgesetz
mwN	mit weiteren Nachweisen
NJW	Neue Juristische Wochenschrift
Nr	Nummer
oä	oder ähnliche (-r, -s)
ÖBA	Österreichisches Bankarchiv
OGH	Oberster Gerichtshof
ÖJZ	Österreichische Juristen-Zeitung
PHG	Produkthaftungsgesetz
QuHGZ	Quartalshefte der Girozentrale
RDB	Rechtsdatenbank
RdW	(österreichisches) Recht der Wirtschaft
RG	Reichsgericht
RIS	Rechtsinformationssystem des Bundes

RL	Richtlinie
Rspr	Rechtsprechung (iSv Judikatur)
RV	Regierungsvorlage
Rz	Randzahl oder Randziffer
RZ	(österreichische) Richterzeitung
S	Seite
SchRAT	Schuldrecht Allgemeiner Teil
SchRBT	Schuldrecht Besonderer Teil
sog	sogenannt, -e, -er, -es
stRspr	ständige Rechtsprechung
SZ	Entscheidungen des österreichischen Obersten Gerichtshofes in Zivil- (und Justizverwaltungs-)sachen
ua	und andere; auch: unter anderem
UGB	Unternehmensgesetzbuch
UN-Kaufrecht	Übereinkommen der Vereinten Nationen über Verträge über den internationalen Warenkauf (auch: CISG)
uU	unter Umständen
uva	und viele andere
vgl	vergleiche
VKrG	Verbraucherkreditgesetz
VO	Verordnung
Vorbem	Vorbemerkung, -en
wbl	Wirtschaftsrechtliche Blätter
Z	Ziffer
Zak	Zivilrecht aktuell
zB	zum Beispiel
ZPO	Zivilprozessordnung
zT	zum Teil
zust	zustimmend
ZVR	Zeitschrift für Verkehrsrecht

Zur Einführung

a) Der „Fall"

„Das Recht ist ohne Fälle funktionslos; aber erst das Recht macht einen Sachverhalt zum Fall." Mit diesem Satz hat *Mayer-Maly*[1]) treffend die Bedeutung des „Falles" für den Juristen umschrieben. Rechtswissenschaft ist in erster Linie eine praktische Wissenschaft[2]). Sie beschäftigt sich mit Lebenssachverhalten, „Fällen". Fast jede Entscheidung eines Rechtsproblems dient dabei der Lösung eines sozialen Konflikts, was jedenfalls im Privatrecht in aller Regel zu Lasten der einen und zu Gunsten der anderen Partei ausgeht. Das erfordert einerseits hohes Verantwortungsbewusstsein des Juristen, bildet andererseits aber gerade die Faszination unseres Berufes.

Was ist also ein „Fall"? Zunächst die Schilderung eines Sachverhalts; es wird also etwas wiedergegeben, was tatsächlich im Leben geschehen ist oder geschehen kann. Doch nicht jeder Sachverhalt wird – zum Glück – zum Fall. Den Juristen interessieren nicht die rechtlich unerheblichen Sachverhalte, also solche, für die die Rechtsordnung keine Regelung enthält. Auch heute gibt es noch solche rechtsfreien Bereiche, wenn sie auch durch die zunehmende, von manchen beklagte, doch in Wahrheit unaufhaltsame „Verrechtlichung" des Lebens (denken Sie etwa im Bereich des Schulwesens an das Schulunterrichtsgesetz oder an die überbordende Normenflut aus dem Recht der Europäischen Union) im Schwinden begriffen sind. Dazu zählen vor allem die so genannten Gefälligkeitsverhältnisse, die idR nur sittliche oder moralische Verpflichtungen auslösen[3]). Rechtlich irrelevant ist es also, wenn Sie trotz Zusage Bekannte nicht besuchen. Wenn Sie Ihre Geschwister, die in eine finanzielle Notlage geraten sind, unterstützen, so tun Sie das uU ohne rechtliche Grundlage (das Familienrecht kennt keine Unterhaltspflicht gegenüber Geschwistern). Ob Sie täglich sechs Stunden fernsehen, ist idR rechtlich weder ge- noch verboten. Mitunter kann freilich auch dieses Verhalten juristische Bedeutung erlangen: Sind Sie verheiratet und Ihr Partner hasst nichts mehr, als in die „Röhre" zu schauen, so

---

[1]) Nunmehr *Honsell/Mayer-Maly,* Rechtswissenschaft[6] (2015) 35.

[2]) Ob sie überhaupt eine Wissenschaft sei, wurde und wird bezweifelt; vgl *Honsell/Mayer-Maly,* Rechtswissenschaft[6] 1 ff; *F. Bydlinski,* Juristische Methodenlehre und Rechtsbegriff[2] (1991) 76 ff.

[3]) Selbst hier werden von manchen Autoren – auf der Grundlage eines „Vertrags ohne primäre Leistungspflichten" – besondere Sorgfaltspflichten anerkannt, deren schuldhafte Verletzung Schadenersatzpflichten auslösen soll; vgl *M. Wolf* in *Soergel*[13] Vor § 145 Rz 85 ff; dagegen aber etwa *Bork* in *Staudinger* (2015) Vor §§ 145–156 Rz 84. Zur Abgrenzung von Vertrag und Gefälligkeit für ein wichtiges Rechtsgebiet; *Welser,* Die Haftung für Rat, Auskunft und Gutachten (1983) 37 ff.

kann Ihr Verhalten uU eine schwere Eheverfehlung und damit – bei Beharrlichkeit – einen Scheidungsgrund darstellen. Umgekehrt können Sie zur gleichen Tätigkeit verpflichtet sein, wenn Sie als Journalist Fernsehkritiken verfassen sollen. Die Grenze des „rechtsfreien Raumes" zum rechtlich erheblichen Verhalten ist also fließend. Vielfach gibt es Abgrenzungsprobleme, deren Lösung schon Aufgabe des Juristen ist.

Beispiele: Sie werden von Ihrem Kollegen ersucht, während einer Vorlesungspause auf seinen Aktenkoffer zu achten. Während Sie mit Ihrem(r) Sitznachbarn(in) flirten, wird der Koffer gestohlen.

Auf der Fahrt zur Universität nehmen Sie in Ihrem Auto einen Anhalter mit, um einen Gesprächspartner zu haben. Sie rauchen mehrere von ihm angebotene Zigaretten. Der Anhalter wird bei einem Unfall, der auf ein Versagen der Bremsen zurückzuführen ist, verletzt, ohne dass man Ihnen persönlich einen Vorwurf machen könnte. Haften Sie?

Ohne nähere Kenntnis des Rechts sind diese Fälle schon nicht mehr leicht als rechtlich erheblich oder unerheblich einzuordnen.

Sachverhalte, wie die zuletzt geschilderten, werden aber auch dann zu keinem „Fall", wenn es in der Folge nicht zu einem tatsächlichen Interessenkonflikt der Beteiligten kommt. Ihr Kollege etwa ist über den Verlust des Aktenkoffers sogar froh, weil er sich jetzt endlich (vom Geld seiner Eltern) einen neuen kaufen kann. Der Anhalter verzichtet auf Entschädigung. Auch dann, wenn Sie freiwillig – unabhängig davon, ob eine Rechtspflicht besteht oder nicht – jeweils die Kosten (des Aktenkoffers, der Heilung etc) ersetzen, wird sich kein „Fall" ergeben, weil keine Interessengegensätze auftreten. Erst dann, wenn Sie Ihre Zahlungspflicht bestreiten, Ihr Kollege (der Anhalter) aber auf Zahlung besteht, wird der Sachverhalt zum „Fall".

Das gilt allgemein: Selbst bei zweifelsfrei rechtlich erheblichen Sachverhalten bedarf es keiner Falllösung, wenn keine Konflikte auftreten: Der Käufer bezahlt rechtzeitig den Kaufpreis, der Verkäufer liefert eine einwandfreie Kaufsache. Hier ist zwar eine rechtliche Beurteilung, Würdigung des Sachverhalts möglich, doch wird der Jurist in der Praxis damit kaum konfrontiert. Bei komplizierten Fällen, die der Laie rechtlich nicht mehr zu erfassen vermag, bzw auch bei einfachen mit für ihn schwer durchschaubarer Rechtslage (zB Wohnungsmiete) setzt die Tätigkeit des Juristen ein. Er hat zu beraten, aufzuklären und sollte dazu beitragen, Konflikte zu vermeiden.

Die am Anfang gegebene Definition des Falles kann nunmehr präzisiert werden: Unter Fall ist ein **Sachverhalt** zu verstehen, **dessen rechtliche Beurteilung zweifelhaft oder strittig** geworden **ist,** der also die Gefahr eines Konflikts in sich birgt[4]). Wann eine Rechtsfrage strittig ist, hängt letztlich freilich auch von subjektiven Ansichten (der Beteiligten, der befassten Juristen) ab und ist

[4]) Vgl *Honsell/Mayer-Maly,* Rechtswissenschaft[6] 86.

somit relativ. Bei Prüfungsfällen hat der Prüfling natürlich von der Konfliktträchtigkeit des Falles auszugehen; er darf also nicht unterstellen, die „Parteien“, das sind die im Fall genannten am Konflikt Beteiligten, könnten sich einigen, und sich mit dieser Begründung der Lösung entziehen. Gerade bei Anfängern erlebt man diesen Fehler immer wieder.

Der Fall enthält ein oder mehrere Rechtsprobleme. Im Entdecken und „Lösen“ dieser Rechtsprobleme liegt die Aufgabe des damit befassten „Gutachters“, in der Praxis des Rechtsanwenders (Anwalts, Richters usw).

b) Bedeutung der Lösung von Fällen in Studium und Praxis

Die Lösung von Fällen bildet einen Schwerpunkt in Ausbildung und Prüfungen. Der Student wird während der gesamten Studiendauer entweder in schriftlicher (je nach Studienplan Klausuren oder auch eine Hausarbeit bei Diplomprüfungen; Klausuren und Hausarbeiten in Übungen) oder mündlicher Form (Übung, Diplomprüfung) damit konfrontiert. Das hat seinen guten Sinn. Die Tätigkeit des Juristen in der Praxis besteht nämlich überwiegend in der rechtlichen Beurteilung von bereits verwirklichten Sachverhalten. Der Rechtsanwalt muss zunächst für sich die Begründetheit des Begehrens seines Klienten überprüfen, um die Erfolgsaussichten im Prozess beurteilen zu können. Dass der entscheidende Organwalter (Richter, Verwaltungsjurist) im Urteil, Beschluss, Bescheid einen Sachverhalt auf seine Rechtsfolgen hin zu beurteilen hat, ist selbstverständlich. Auch für Notare und Wirtschaftsjuristen gehört die Fallbeurteilung zum täglichen Brot. Der Notar als Gerichtskommissär hat etwa zu überprüfen, wer einen Verstorbenen beerbt. Der Wirtschaftsjurist muss beurteilen können, ob eine Werbeaktion des Unternehmens wettbewerbsrechtlich zulässig ist oder ob allenfalls Unterlassungs- bzw Schadenersatzansprüche von Mitbewerbern drohen. Freilich macht gerade bei Wirtschaftsjuristen und Anwälten die Beurteilung von Fällen ex post (im Nachhinein) nur einen Teil ihrer Tätigkeit aus. Diesen Berufszweigen obliegt oft auch planende, zukunftsorientierte Rechtsanwendung in Form der Vertragsgestaltung. Dabei geht es nicht um die Lösung bereits entstandener, sondern um die Vermeidung zukünftiger Konflikte. Auch dafür sind Kenntnis und Beurteilung der potenziellen Konfliktsfälle unbedingte Voraussetzung.

Der Kunst der Vertragsgestaltung (Vertragstechnik; Kautelarjurisprudenz) wird, gemessen an deren praktischer Bedeutung, in der akademischen Ausbildung immer noch ein zu geringer Stellenwert beigemessen[5]), was sich – hoffent-

[5]) Vgl *Rehbinder,* Die Rolle der Vertragsgestaltung im zivilrechtlichen Lehrsystem, AcP 174, 265 ff; *Junker/Kamanabrou,* Vertragsgestaltung[4] (2014); *Langenfeld,* Grundlagen der Vertragsgestaltung[2] (2010); *Kerschner* (Hrsg), Handbuch Vertragsgestaltung – Für Praxis und Studium (2013). Ferner gibt es zahlreiche Werke, in denen Musterurkunden für bestimmte Arten von Verträgen angeboten werden (vgl zB das im Verlag Manz erscheinende Werk „Wiener Vertragshandbuch“, 4 Bände). Derartige Vertragsmuster stellen eine wertvolle Hilfe dar, wenn man sie im Sinne einer „Checkliste“ verwendet,

lich – in Zukunft bessern wird. Die weit gehende Autonomie der Universitäten bei der Gestaltung der Studienpläne bietet hierfür Chancen.

c) Voraussetzungen für die Lösung von Fällen

Welche Voraussetzungen muss man erfüllen, um einen Fall richtig und – was für die Praxis ganz wesentlich ist – möglichst ökonomisch und rasch zu lösen? Grundvoraussetzung ist natürlich die **Kenntnis des Rechts;** wobei es primär um Kenntnis des Gesetzes, daneben oft um Kenntnis der Auslegung geht, die der manchmal unklare oder unvollständige Text in Rechtsprechung und Lehre gefunden hat. Zum Erwerb dieser Kenntnisse dienen vor allem die Vorlesungen über das materielle Recht. Als Hilfsmittel sind Lehrbücher heranzuziehen. Beides ist untrennbar verknüpft mit ständigem **Studium des Gesetzestextes** selbst. Regelmäßige Betonung dieser im Grunde selbstverständlichen Notwendigkeit der Arbeit mit dem Gesetzestext scheint freilich im Studienbetrieb nur wenig zu fruchten. Das könnte mit einer langen Ausbildungstradition zusammenhängen, nach der man den juristischen Unterricht eher mit allgemeineren Fragen und Zusammenhängen zu beginnen pflegt, vielleicht aber auch mit dem Umstand, dass sich Lehre und Rechtsprechung während der mehr als 200-jährigen Geltung des ABGB in manchen Fragen so weit vom Gesetzestext entfernt haben, dass die von den Gerichten angewendete und von der Wissenschaft gelehrte Rechtslage dem Text des ABGB mitunter nur noch unzureichend entnommen werden kann. Dennoch gilt: Die konkrete Arbeit muss am Gesetzestext ansetzen; dieser ist und bleibt das primäre Handwerkszeug des Juristen, der nur diesem, nicht etwa Lehrbüchern, Skripten etc verpflichtet ist. Eine höchst sinnvolle Kontrollfrage bei einer juristischen Behauptung: „Wo steht das im Gesetz?“.

Neben der abstrakten Rechtskenntnis ist aber weiters erforderlich, dass man das Recht zum Fall, also dem Sachverhalt, in Beziehung setzen kann. Für die Frage, wie man an einen Fall herangeht und ihn mit oder ohne zusätzliche Arbeitsbehelfe richtig, vollständig und ökonomisch löst, haben sich Richtlinien, Grundsätze entwickelt, die lehr- und lernbar sind. Solche Anleitungen werden Gegenstand dieses Buches sein. Dabei handelt es sich gleichsam um das (dem Anfängerniveau angepasste) Handwerkszeug des Juristen. Die Anleitungen zur zweckmäßigen Reihenfolge von Fragestellungen und Denkoperationen sind in eine aufeinander aufbauende Serie von „Musterlösungen“ eingebaut. Insgesamt soll das gelieferte Handwerkszeug (nicht der inhaltliche Rechtsstoff!) ausreichen, um Fälle vom Schwierigkeitsgrad der Anfängerübung im bürgerlichen Recht technisch zu bewältigen.

---

um regelungsbedürftige Inhalte zu erkennen. Ferner bieten die Muster häufig Anregungen für die mögliche Klauselgestaltung. Gegenüber einem gedankenlosen Abschreiben der Musterverträge ist jedoch größte Vorsicht angebracht, weil es sich jeder Vertragsverfasser zur Aufgabe machen sollte, den Inhalt des von ihm vorbereiteten Rechtsgeschäfts den individuellen Interessen und Bedürfnissen der Beteiligten möglichst „maßgeschneidert“ anzupassen.

Eine Binsenweisheit ist vorweg noch zu betonen: Die Methodik, insbesondere die Schematisierung der Falllösung, ist Mittel zum Zweck, nicht Selbstzweck. Sie soll dem Studenten helfen, die Sachfragen, die der Fall aufwirft, zu entdecken und zu ordnen, um sie sodann möglichst rationell, dh vollständig und ohne unnötige Umwege, lösen zu können. Das Rechtsproblem, die Suche nach der gerechten Entscheidung des sozialen Konflikts muss aber immer im Mittelpunkt bleiben[6]). Außerdem wird es immer wieder Sachverhalte geben, die sich nicht in ein Falllösungsschema pressen lassen.

Die vorliegende Anleitung folgt der Methode der Prüfung nach **Anspruchsgrundlagen** (dazu gleich unten) in Form eines Gutachtens. Diese Methode hatte im österreichischen Übungs- und Prüfungsbetrieb weniger Tradition als in Deutschland, wo sie manchmal förmlich zum Kult erhoben wird. Nach Wissen der Verfasser wird sie freilich nun auch in Österreich seit Jahren in den Übungen aus Privatrecht an den meisten Fakultäten verwendet, wenngleich in einer gemäßigten, weniger starr auf bestimmte Formulierungen und Schemata fixierten Form. Das soll auch hier so gehalten werden. Der gegen diese Methode vorgebrachte Einwand, dass der Anspruch erst am Ende des Denkprozesses stehe[7]), ist nur zum Teil berechtigt. Natürlich kann erst nach beendeter Prüfung festgestellt werden, ob ein Anspruch besteht oder nicht. Aber jeder, auch der, der nicht „in Ansprüchen denken" will, sucht bei der Lösung eines Falles nach rechtlichen Grundlagen seiner Entscheidung.

Die Vorteile einer an Anspruchsgrundlagen orientierten Fallbegutachtung besonders für den weniger erfahrenen Juristen sind evident. Diese Methode ermöglicht fast immer – auch bei sehr komplizierten Sachverhalten – den „Einstieg" in den Fall. Zudem orientiert sie sich von vornherein an dem, was auch für den praktisch tätigen Juristen meist im Vordergrund steht, nämlich dem Begehren der Streitparteien. Durch den logischen Aufbau der einzelnen Subsumtionsschritte wird die Gefahr, das entscheidende Problem des Falles zu übersehen und damit gleichsam das Thema zu verfehlen, möglichst gering gehalten. Umgekehrt wird die Wahrscheinlichkeit, für den Fall Unwesentliches zu behandeln, verringert. Entsprechendes gilt für die Behandlung der Einwendungen und Einreden. Durch ihre eigenständige Prüfung (vgl vor allem den „Fassadenfall", Nr 4) soll zusätzlich der in der Praxis besonders wichtige Blick für geeignete Verteidigungsmittel geschult werden. Das Denken in Ansprüchen und Einreden führt zugleich zu einer prozessförmigen Aufgliederung des Stoffes und dient so der Vorbereitung auf das Prozessrecht[8]), auch damit letztlich auf die Praxis. Dem möglichen Einwand, dann solle man doch gleich die Form eines Urteils (und nicht eines Gutachtens) wählen, ist leicht zu begegnen. Zum einen:

---

[6]) Zutreffend *Honsell/Mayer-Maly*, Rechtswissenschaft[6] 42 ff; vgl auch *F. Bydlinski*, Methodenlehre[2] 400 ff (402 FN 13).

[7]) Vgl insbesondere *Honsell/Mayer-Maly*, Rechtswissenschaft[6] 42 ff.

[8]) Vgl *Medicus*, Anspruch und Einrede als Rückgrat einer zivilistischen Lehrmethode, AcP 174, 313 ff.

Der Unterricht im bürgerlichen Recht, vor allem die Übung, soll dem Anfänger zunächst Grundregeln der Subsumtion und den Überblick über die Strukturen des Gesetzes vermitteln; er soll lernen zu prüfen, abzuwägen, ob ein gesetzliches Erfordernis (Tatbestandsmerkmal) erfüllt ist. Die Gefahr, Ergebnisse vorwegzunehmen und sich um Begründungen zu drücken, ist nicht nur ein formales Problem. Zudem können manche Urteilselemente (ohne Kenntnisse des Prozessrechts und ohne Fakten, die der Privatrechtsunterricht nicht liefern kann; man denke an Beweisprobleme) sinnvollerweise vom Studenten nicht verlangt werden. Deshalb beschränkt sich – ohne übertriebenen Formalismus – das Gutachten auf die Prüfung möglicher Ansprüche und Einreden und gibt das Ergebnis dieser Prüfung am Schluss wieder. Schließlich ist zu bedenken, dass Gutachten auch in der Praxis häufig die Grundlage für die außergerichtliche Bereinigung von Streitigkeiten oder die Entscheidung über eine Klagseinbringung bilden. Auch in der Lebenswirklichkeit wird also nur ein Teil aller Konfliktfälle durch Urteil entschieden.

Aus Gründen der Anschaulichkeit werden wir im Folgenden die Lösungstechnik nicht abstrakt darstellen, sondern vielmehr anhand konkreter Fälle versuchen, die wesentlichen Punkte schrittweise zu erarbeiten. Dabei sind anhand des ersten Falles die Grundlagen zu erörtern, in den weiteren Fällen die einzelnen Schritte schwerpunktmäßig zu vertiefen. Zwischen jedem Fall und seiner Begutachtung finden sich allgemeine Überlegungen (**„Vorüberlegungen“**) formaler und inhaltlicher Art, die insbesondere dem Anfänger unser Gutachten verständlich machen sollen; je weiter der Student das Buch durchgearbeitet hat, umso eher sollte er auch selbst solche Gedanken vor Niederschrift eines Gutachtens (Klausur, Hausarbeit) anstellen können. **Selbstverständlich haben solche „Vorüberlegungen“ in der schriftlichen Prüfungsarbeit des Studenten nichts verloren!** Am Schluss des Buches werden die so erarbeiteten wichtigsten Grundsätze der Falllösungstechnik (im Anhang I) zusammengefasst. Dieser Anhang soll zur Wiederholung dienen, kann aber für sich allein das Studium der konkreten Falllösungen samt „Vorüberlegungen“ nicht ersetzen. Danach folgen formale (Anhang II), stilistische (Anhang III) und Literaturhinweise (Anhang IV).

Die behandelten Fälle enthalten – mit Ausnahme des siebten – überwiegend Probleme des Allgemeinen Teils des Bürgerlichen Rechts, sind also vom **Stoff** her für Anfänger überschaubar. Manchmal ist es aber unvermeidlich, Rechtsfragen einzubeziehen, die in Neuland führen. Dadurch sollte man sich keinesfalls abschrecken lassen. Zum einen wird durch Hinweise auf Lehrbücher eine Vorbereitung auf diese Probleme ermöglicht. Zum anderen soll die in der Praxis unverzichtbare Fähigkeit geübt werden, sich auch in weniger vertrauten Rechtsmaterien zurechtzufinden. Wer noch über keinerlei Kenntnisse verfügt, sollte jedenfalls vorweg die entsprechenden Teile in den Standardlehrbüchern durcharbeiten (also vor allem in der von *P. Bydlinski/Kerschner* herausgegebenen Lehrbuchreihe [Verlag Österreich, früher Verlag Springer], in *Koziol – Welser/Kletečka bzw Welser/Zöchling-Jud,* Bürgerliches Recht [Verlag Manz] oder in dem im Verlag LexisNexis herausgegebenen Paket Studienkonzept Zivilrecht). In jedem Fall ist es ratsam, die jeweils jüngste Auflage zu verwenden. Wegen der ansteigenden Novellierungshäufigkeit im Bereich des Bürgerlichen Rechts empfiehlt es sich aber auch bei Verwendung der aktuellen Auflage eines Lehrbuchs stets kritisch zu prüfen, ob die darin enthaltenen Ausführungen noch dem geltenden Recht entsprechen. Ist dies nicht der Fall, so ist es angeraten, ergänzende Literatur, vor allem in Form von Aufsätzen in Zeitschriften, heranzuziehen.

Noch ein paar Hinweise für die Lektüre:

In den „Vorüberlegungen" zu jedem Fall finden sich häufig **Paragraphenhinweise,** die nicht unmittelbar fallbezogen sind, sondern zur Illustration allgemeiner Aussagen dienen. Sie sollten diese Gesetzesstellen in jedem Falle nachlesen; nur dann verstehen Sie das Gemeinte und gewinnen zugleich einen besseren Überblick über das Gesetz. **Fußnoten** in den Vorüberlegungen und in den ersten Fällen haben vor allem die Funktion, Sie darauf hinzuweisen, dass eine Aussage problematisch ist oder durch weitere Lektüre vertieft werden kann. Das wird deshalb betont, weil diese Fälle im Prinzip klausurmäßig, also ohne Auseinandersetzung mit der Literatur, gelöst werden können. Daher haben in Ihren eigenen Klausuren Fußnoten nichts verloren. In den letzten drei Fällen, die als Muster für Hausarbeiten gedacht sind, sollen hingegen die Fußnoten – wie es deren Funktion auch in Ihren Übungshausarbeiten ist – belegen, woher bestimmte Aussagen stammen.

Allgemein möchten wir Ihnen empfehlen, die Fälle nach Lektüre der jeweiligen Vorüberlegungen zunächst selbstständig zu lösen und dann Ihr Gutachten mit unserem zu vergleichen. Dabei sollten Sie sich bei den Klausurfällen (Fälle 1–4) ein Zeitlimit wie in einer Übung setzen (etwa eineinhalb Stunden); bei den restlichen dreien sollten Sie mindestens je einen Tag aufwenden und auch Literatur zu Rate ziehen. Für echte Übungshausarbeiten werden Sie natürlich schon deshalb viel mehr Zeit benötigen, weil eine sorgfältigere Ausarbeitung erforderlich ist.

Damit Sie bei der Lektüre der Vorüberlegungen den Sachverhalt stets vor Augen haben, sind die Falltexte in einem gesonderten Heft beigelegt.

1. Fall

Till Eulenspiegel als Gast[1])

Sachverhalt

Ein hungriger und mittelloser Till Eulenspiegel – zu Gast in Wien – kehrt in ein Gasthaus ein. Auf seine Bitte, umsonst essen zu können, antwortet die Wirtin: „Der Fleischer gibt mir nichts umsonst; deshalb kann man bei mir auch nur für Geld essen". Darauf Till: „Das passt mir vortrefflich, ich habe mir schon lange gewünscht, einmal für Geld zu essen, also Suppe, Braten, Nachspeise, bitte". Die Wirtin lacht auf diese Art der Bestellung, da sie Tills ernst gemeinte Antwort als Scherz versteht, und serviert. Als sie die Zeche in Höhe von Euro 15,– verlangt, verweigert Till entrüstet die Zahlung und begehrt unter Hinweis auf die Abmachung seinerseits angemessene Bezahlung; Euro 15,– seien ihm recht.

Wer kann Zahlung verlangen?

Erforderliche Kenntnisse: Vertragsschluss, Auslegung von Willenserklärungen, Grundlagen des Irrtumsrechts; dazu zB *Riedler,* ZR I AT[6] Rz 11/1 ff; 15/1 ff; 21/1 ff; *P. Bydlinski,* BR I AT[7] Rz 6/1 ff, 8/1 ff.

Ziel: Verstehen der Grundbegriffe der Falllösung, nämlich Sachverhalt, Fallfrage, Anspruch, Anspruchsgrundlage, Tatbestand, Subsumtion.

I. Vorüberlegungen

1. Allgemeines

Die Antwort auf die am Schluss des Falles gestellte Frage wird für fast jeden Nichtjuristen von vornherein klar sein: Till muss die Zeche bezahlen. Auf die Frage, warum das so sei, werden die Antworten vielleicht schon verschieden ausfallen. Die meisten werden den Grund darin sehen, dass Till gegessen, andere darin, dass er bestellt hat. Ist vielleicht beides entscheidend? Oder hat gar doch Till Recht? Hat er sich nicht bereit erklärt, „für Geld zu essen"? Fälle der Art, dass man für Essen oder Trinken entlohnt wird, kommen vor: Denken Sie etwa

---

[1]) Frei nach der niedersächsischen Ausgabe des Eulenspiegel. Till Eulenspiegel, geboren in Kneitlingen bei Schöppenstädt im Land Braunschweig, lebte im 14. Jahrhundert. Die hier nachempfundene Geschichte soll sich in Braunschweig zugetragen haben. Der Fall teilt mit manchen anderen in Anfängerübungen verwendeten die Eigenschaft, auf den ersten Blick als nicht besonders „lebensnah" zu erscheinen. Das darf Sie trotzdem nicht davon abhalten, sich ihm mit vollem Ernst zu widmen. Die Verwendung solcher Fälle verfolgt stets pädagogische Zwecke, vor allem den, bestimmte Probleme zu erörtern (oder auszuklammern), die in lebensnäheren Fällen mit zu vielen zusätzlichen Schwierigkeiten belastet wären.

an einen berufsmäßigen Weinverkoster. Auch die Wirtin hat erklärt, man könne bei ihr „für Geld essen". Ihr Rechtsgefühl wehrt sich vermutlich gegen ein solches Ergebnis. Wenngleich das natürliche Rechtsgefühl vielfach als Kontrolle des gefundenen Ergebnisses dienen kann, darf sich der Jurist selbstverständlich damit nicht begnügen. Seine Aufgabe ist es, Fälle rechtlich zu beurteilen, zu begutachten. Der Anfänger, das gefühlsmäßige Ergebnis vor Augen, ist bei der Erstellung eines juristischen Gutachtens mit vielerlei Schwierigkeiten konfrontiert. Etwa folgende Fragen können dabei auftauchen: Wie soll man bei der Fallprüfung beginnen? Worauf ist besonders zu achten? Welche Schritte sind bei der Falllösung unbedingt einzuhalten, um der Gefahr zu entgehen, Wichtiges zu übersehen und Unwichtiges zu behandeln?

Neben diesen Aufbauproblemen stellt sich die Frage nach der Art der (mündlichen bzw schriftlichen) juristischen Darstellung. Vielleicht sind Sie im Deutschunterricht in der Mittelschule vor dem hässlichen, unverständlichen Juristendeutsch, insbesondere vor langen, unübersichtlichen Schachtelsätzen gewarnt worden. Solche Warnungen sind auch heute noch weitgehend berechtigt. Vor allem in überlieferten Vertragsformularen, aber auch in vielen Gesetzen und Erläuterungswerken finden sich derartige Stilsünden. Dieses „Amtsdeutsch" kann man nicht genug anprangern. Auch schwierige juristische Aussagen lassen sich bei einigem Bemühen in kurze, prägnante Sätze fassen. Zwar hat die Rechtswissenschaft wie jede andere Wissenschaft eine eigene Fachsprache entwickelt; dagegen kann selbstverständlich nichts eingewendet werden. Der viel geforderte verbesserte „Zugang zum Recht" und die ebenso oft verlangte „Bürgernähe" sind aber auch ein sprachliches Problem, und der Jurist soll sich daher bemühen, seine Entscheidungen verständlich zu formulieren. Gerade die schwächsten Juristen scheinen am meisten vom „Juristendeutsch" fasziniert zu sein.

2. Stufen der Falllösung

a) Zum Sachverhalt

Wie der Arzt den Körper des Patienten kennen muss, um eine richtige Diagnose zu stellen, muss der Jurist den Sachverhalt, der rechtlich zu würdigen ist, vollständig begreifen. Wer bereits beim Erfassen des Sachverhalts Fehler begeht, dem wird sein noch so ausgetüfteltes juristisch es Argumentationsgebäude zusammenfallen. Wie schon in der Einleitung ausgeführt, versteht man unter Sachverhalt das, was tatsächlich passiert ist, was sich (laut dem Ihnen vorgelegten Text) im Leben tatsächlich ereignet hat. Dass Till in Wien in ein Gasthaus eingekehrt ist, dort umsonst essen wollte usw, das alles sind also Teile des Sachverhalts.

Um sich zu kontrollieren, kann man den Sachverhalt mit eigenen Worten nacherzählen, damit man sicher ist, alles Wesentliche verstanden und behalten

KERSCHNER – SCHAUER

Fälle und Lösungen zum bürgerlichen Recht für Anfänger

1. Fall

Till Eulenspiegel als Gast

Ein hungriger und mittelloser Till Eulenspiegel – zu Gast in Wien – kehrt in ein Gasthaus ein. Auf seine Bitte, umsonst essen zu können, antwortet die Wirtin: „Der Fleischer gibt mir nichts umsonst; deshalb kann man bei mir auch nur für Geld essen". Darauf Till: „Das passt mir vortrefflich, ich habe mir schon lange gewünscht, einmal für Geld zu essen, also Suppe, Braten, Nachspeise, bitte". Die Wirtin lacht auf diese Art der Bestellung, da sie Tills ernst gemeinte Antwort als Scherz versteht, und serviert. Als sie die Zeche in Höhe von Euro 15,– verlangt, verweigert Till entrüstet die Zahlung und begehrt unter Hinweis auf die Abmachung seinerseits angemessene Bezahlung; Euro 15,– seien ihm recht.

Wer kann Zahlung verlangen?

2. Fall

Die unerwünschte CD

I. A ist Mitglied der Musikplattform B. Die von A seinerzeit akzeptierte Beitrittserklärung enthält folgende Klausel: „Neben den elektronisch zur Verfügung gestellten Musikdateien werden gelegentlich auch CDs zum Reinhören zugesandt. Wenn Sie diese nicht binnen zwei Wochen an uns zurückschicken, nehmen wir an, dass Sie diese behalten wollen."

Am 31. 7. erhält A die CD „All Time Hits". Nach Öffnen der Verpackung findet A ein beigelegtes Schreiben, in dem nochmals auf die Bedeutung der Nichtrücksendung der CD hingewiesen wird. Nachdem A kurz in die CD reingehört hat, gibt er sie, wieder sorgfältig verpackt und versehen mit dem Vermerk „Zurück an den Absender", am 11. 8. bei der Post auf. Wegen urlaubsbedingten Personalmangels verzögert sich die Zustellung, sodass die CD erst am 25. 8. beim Betreiber der Musikplattform eintrifft. Dieser begehrt 3 Wochen später von A Zahlung von Euro 19,– gegen neuerliche Lieferung der CD. Mit Recht?

II. Auch C erhält die CD „All Time Hits". Als er nämlich beim Versandhaus V Kopfhörer um Euro 20,– bestellt, wird ihm zusammen mit den Kopfhörern die CD samt beiliegendem Begleitschreiben zugesandt: „Sie haben die Möglichkeit, im Rahmen einer Aktion die beiliegende CD gegen Zahlung von Euro 19,– zu erwerben. Sollte Ihnen die CD wider Erwarten nicht gefallen, dann bitten wir Sie, sie binnen zwei Wochen an uns zurückzuschicken, widrigenfalls wir annehmen, dass Sie die CD behalten wollen."

C ärgert sich über die immer aggressiver werdenden Werbemethoden. Er bezahlt daher die Kopfhörer, nicht aber die CD, die er vorerst unbeachtet und ungehört liegen lässt. Als er eine Woche später für einen Freund ein Geburtstagsgeschenk benötigt, fällt ihm die CD ein. Diese kommt ihm nun höchst gelegen, da sein Freund ein Fan großer Hits ist und ihm ohnehin nichts Besseres als Geschenk eingefallen wäre. Er schenkt die CD daher seinem Freund, der diese mit Freude annimmt. Nach Ablauf der zwei Wochen verlangt das Versandhaus Zahlung von Euro 19,–.

Mit Recht?

3. Fall

Der DVD-Player

Der 15-jährige Lehrling Langohr hat sich von seinem Monatsverdienst (Euro 400,–) in den vergangenen beiden Monaten Euro 45,– erspart; damit will er sich einen DVD-Recorder kaufen, um sich seine Lieblingssendungen im Fernsehen aufzeichnen und diese zu jeder Tages- und Nachtzeit immer wieder ansehen zu können. Im Geschäft des Händlers Hoffmann hat er ein gebrauchtes Gerät um diesen Preis entdeckt. Als er es mit seinem „Freund" Schlitzohr vom Schaufenster aus besichtigt, behauptet dieser, er wisse sicher, dass es sich um einen Recorder handle (weil er dem Langohr einen Streich spielen will). In Wahrheit ist das Gerät nur ein fast neuwertiger DVD-Player (Abspielgerät), was auch für jeden Interessierten am Preis erkennbar war.

Langohr kauft von Hoffmann das Gerät, ohne sich weiter zu erkundigen, und nimmt es mit. Nach Entdeckung seines Irrtums will Langohr vom bloßen DVD-Player nichts mehr wissen.

Wie ist die Rechtslage?

4. Fall

Erneuerung einer Althausfassade

Grundsachverhalt: Dem beklagten Hauseigentümer, wohnhaft in Wels, hat der klagende Baumeister (Unternehmen in Gmunden) nach einer Besichtigung des Objekts verbindlich zugesagt, die Fassade seines Althauses in der Zeit von Mai bis Juni 2013 zu renovieren. Die Frage des Baumeisters, ob er sich „auf die Sache verlassen" könne, da er den Einsatz seiner Leute planen müsse, hat der Hauseigentümer bejaht. Über den Preis wurde nicht gesprochen.

Variante 1: Noch vor Beginn der Arbeiten verlangt der Baumeister einen „Vorschuss" in der Höhe von Euro 2.000,–, weil verschiedenes Material und

Werkzeug angeschafft werden müssten. Der Beklagte, der es sich in der Zwischenzeit anders überlegt hat, verweigert die Bezahlung aus folgenden Gründen:

Erstens sei nichts schriftlich vereinbart worden. Zweitens habe man noch gar nicht über den Preis gesprochen. Drittens werde er wegen einer Gesetzesänderung den erhofften Althaussanierungskredit nicht bekommen. Schließlich habe der Kläger noch keinerlei Leistung erbracht.

Variante 2: Mitte Juni ist die Fassade mit Ausnahme des Sockels fertig. Da der Baumeister für die Bezahlung seiner Dienstnehmer dringend Geld benötigt, verlangt er vom Hauseigentümer den aliquoten Entgeltsanteil in der Höhe von Euro 7.000,–.

Variante 3: Der Beklagte hat bereits Euro 2.000,– „Vorschuss" gezahlt. Da der Anstrich kurz nach Fertigstellung an einigen Stellen, an denen die Dienstnehmer des Klägers mit dem Härtezusatz „gespart" haben, abblättert, verweigert der Beklagte die Restzahlung (Euro 10.000,–). Die Kosten für die Ausbesserung durch einen Dritten würden Euro 3.000,– betragen.

Variante 4: Sofort nach einwandfreier Fertigstellung (15. 6. 2013) hat der Baumeister Rechnung gelegt. Anfang Jänner 2012 behauptet er, dass die Fassadenerneuerung noch immer nicht bezahlt sei. Der Beklagte, bisher in der Meinung, seine verstorbene Frau hätte die Schuld beglichen, sucht vergeblich eine Quittung. Mit der Bemerkung, er sei momentan nicht „flüssig", ersucht er den Kläger, noch drei Monate zuzuwarten. Der Kläger stimmt zu. Der Baumeister klagt a) im Februar 2016, b) Ende Juni 2016 auf Zahlung von Euro 12.000,– sA.

Variante 5: wie Variante 4; der Beklagte findet eine Quittung noch während des Verfahrens in I. Instanz.

In den Fällen 1, 2 und 3 erhebt der Baumeister Zahlungsklage gegen den Hauseigentümer beim BG Wels, in den Fällen 4 und 5 beim LG Wels. Beurteilen Sie Zulässigkeit und Begründetheit der einzelnen Klagen.

5. Fall

Der verkaufte Stier (Hausarbeit)

Der Landwirt Leopold und sein Nachbar und Berufskollege Bruno verhandeln über den Verkauf eines Stiers des Leopold. Nach verschiedenen Vorschlägen und Gegenäußerungen einigen sich die beiden schließlich, der Preis solle „2½" betragen. Bruno verspricht, zwei Tage später mit dem Kaufpreis vorbeizukommen. Er nimmt den Stier sofort mit und bringt ihn zum Fleischhauer Fritz, dem er ihn um Euro 2.300,– bar verkauft und übergibt. Als Bruno mit dem Kaufpreis wieder bei Leopold erscheint, stellt sich heraus, dass Leopold Euro 2.500,– verlangt, während Bruno nur bereit ist, Euro 2.125,–, nämlich Euro 2,50 pro Kilogramm Lebendgewicht des Stiers (850 kg) zu zahlen. Beide berufen sich auf die getroffene Abrede.

In der betreffenden Gegend ist beim Viehkauf sowohl die Vereinbarung eines Pauschal- wie eines Preises pro Kilogramm Lebendgewicht üblich. Der Verkehrswert des Stiers liegt bei etwa Euro 2.250,–.

Wie ist die Rechtslage?

6. Fall

Tickets für die Fußballeuropameisterschaft

Teil I

Anton, der ein kleines Geschäft für Sportartikel betreibt, ist begeisterter Fußballfan. Er fiebert der lang ersehnten Europameisterschaft, die dieses Mal in Österreich stattfindet, entgegen und will seine spärliche Freizeit nützen, um live bei einem der großen Spiele dabei sein zu können. Deshalb informiert er sich auf der offiziellen Homepage der diese Tourniere regelmäßig veranstaltenden europäischen **Fußballvereinigung U,** die ihren Hauptverwaltungssitz in der Schweiz hat, über die Details zum Erwerb von Karten. Da **Anton** gehört hat, dass Geschäfte über das Internet viele Sicherheitsrisiken in sich bergen, ist er erfreut, als er auf der Homepage liest, dass er neben einer Onlinebestellung die Bestellung auch mittels ausgedruckten, ausgefüllten und per Fax an **U** zu übermittelnden Bestellscheins möglich ist. Daraufhin füllt **Anton** den Bestellschein für eine Viertelfinalkarte um Euro 75,– unter Angabe seiner Privatadresse aus und unterschreibt ihn. Da er aber noch unsicher ist, ob er eine Karte für das Viertelfinalspiel oder doch für ein anderes Spiel haben möchte, schickt er den Bestellschein noch nicht ab, um sich alles noch einmal in Ruhe überlegen zu können. Kurz vor Mitternacht, **Anton** ist schon nach Hause gegangen, findet der Sekretär **Antons,** der gerade Überstunden macht, den ausgefüllten Bestellschein auf **Antons** Tisch. Schon wieder ein Fax nicht abgeschickt, das sieht seinem vergesslichen Chef ähnlich, denkt er sich und faxt den Schein an die angegebene Nummer. Einige Tage später erhält **Anton** die Karte per Post zugesandt. Da er das Schreiben zunächst für eine Werbezusendung hält, öffnet er es erst eine weitere Woche später und ärgert sich, kann er sich doch nicht daran erinnern, den Bestellschein tatsächlich abgeschickt zu haben. So hat es sich nun doch anders überlegt und möchte keine Karte für das Viertelfinale, sondern gleich eine für das viel spannendere Halbfinale. **Anton** fühlt sich an den Kauf der Karte nicht gebunden, außerdem könne er sicher noch irgendwie aus dem Vertrag „aussteigen“, sollte ein solcher doch zustande gekommen sein. Da **Anton** aber seine Kreditkarteninformationen auf dem Bestellschein angegeben hatte, wurden von der **Kreditkartenorganisation V** von seinem Konto bereits Euro 75,– abgebucht. **U** hat alle gesetzlichen Informationspflichten eingehalten.

Anton verlangt von der Fußballvereinigung U Euro 75,– zurück. Zu Recht?

Teil II

Da **Anton** unbedingt das Halbfinalspiel sehen möchte, hat er auch für dieses Spiel eine Karte per Fax bestellt und auch zugeschickt bekommen. Die Karte, die er erworben hat, ist personalisiert, das heißt auf seinen Namen ausgestellt. Personalisierte Karten seien notwendig, um deren Handel am Schwarzmarkt zu vermeiden, heißt es von Seiten der **U.**

Die AGB der **U,** auf die deutlich hingewiesen wird, sind auf der offiziellen Homepage jederzeit speicher- und abrufbar. **Anton** hat die Homepage zwecks Information zur Kartenbestellung besucht, die AGB allerdings nicht gelesen. Darin werden Gründe für die ausnahmsweise Übertragung des Tickets auf andere Personen aufgezählt.

Eine Woche vor dem Halbfinale wird **Anton** schwer krank und muss ins Spital. Er möchte seine Karte gerne an seinen besten Freund Friedrich übertragen. Die Fußballvereinigung **U** lehnt **Antons** Antrag auf Übertragung jedoch ab.

Aus den AGB:

Punkt 2. Möglichkeit eines Karten-Transfers
Folgende Gründe für einen Karten-Transfer werden anerkannt

– Höhere Gewalt (zB politische Unruhen, Epidemien, Naturkatastrophen)

– Todesfall (des Bestellers/Besuchers oder innerhalb der Familie des Bestellers/Besuchers)

Tickets dürfen nur innerhalb der Familie übertragen werden. Eine Übertragung muss bis spätestens 10 Tage vor Austragung des jeweiligen Spiels beantragt werden. Spätere Anträge können nicht berücksichtigt werden.

Für die Übertragung wird eine einmalige Gebühr von 10 Euro für den Besteller verrechnet.

Ist die Übertragung der Karte auf F wirksam?

Sollten Sie hinsichtlich einer Rechtsfrage zum Ergebnis kommen, dass ausländisches Recht anwendbar ist, prüfen Sie diese Frage dennoch nach österreichischem Recht.

7. Fall

Das undichte Dachfenster (Hausarbeit)

E, Eigentümer eines unmittelbar an das Nachbargebäude des N angrenzenden Einfamilienhauses, hat mit Z, dem Inhaber eines Zimmereibetriebes, einen Vertrag über die Holzverkleidung eines Mansardenzimmers geschlossen. Während der Arbeiten klagt E dem G, einem der bei der Montage tätigen Mitarbeiter des Z, dass es durch den Mansardenausbau im übrigen Teil des Dachbodens sehr dunkel geworden sei. Daraufhin preist G dem E ein Dachfenster an, das bei seinem Chef auf Lager liege und als „Auslaufmodell" mit Euro 145,– besonders billig sei. Es müsse freilich bar bezahlt werden.

In Wahrheit handelt es sich um ein älteres Dachfenster, das bereits etwas brüchig und auf Grund der vom Herstellerwerk gewählten Konstruktion so auch kaum zu montieren ist, dass es wirklich dicht abschließt. Z hat dem G einmal erklärt, wenn er für das Fenster einen Abnehmer mit entsprechender Verwendungsmöglichkeit finde, bei der nichts passieren könne (Schuppen oä), bekomme G es zum halben Preis und könne es weiterverkaufen.

Da E mit dem Vorschlag des G einverstanden ist, bringt dieser das Fenster, das er sich im Betrieb unter Berufung auf die Absprache mit Z hat geben lassen, am nächsten Tag mit, montiert es nach Anweisung des E in unmittelbarer Nähe zum angrenzenden Nachbargebäude und nimmt den Kaufpreis von Euro 145,– in Empfang.

Im Betrieb liefert G davon den seinerzeit mit Z vereinbarten Betrag von Euro 110,– ohne weitere Erklärung bei der Buchhaltung ab, wo er ihm für das zum „Personalpreis" verrechnete Fenster gutgeschrieben wird.

Nach einer längeren Regenperiode treten sowohl in der Wohnung des E als auch im angrenzenden Nachbargebäude des N erhebliche Feuchtigkeitsschäden auf. Regenwasser ist durch das undichte Dachfenster eingedrungen.

E und N begehren Ersatz ihrer Feuchtigkeitsschäden von Z und G; außerdem will E, dass Z das Fenster repariert oder in eventu den Kaufpreis gegen Rückstellung des Fensters zurückgibt.

Mit Recht?

zu haben. Versuchen Sie es auch hier einmal. Ein anschließender kritischer Vergleich mit dem vorgegebenen Text zeigt, ob Sie (wichtige) Teile nicht beachtet oder neue Teile hinzuerfunden haben. Beide Fehler sind bei Anfängern sehr häufig. Vielleicht haben Sie die Erklärung der Wirtin „verdreht“ oder die des Till, etwa statt der Worte „für Geld“ „um Geld“ verwendet. Genau das könnte aber vielleicht entscheidend sein. Beachten Sie allgemein, dass Sie für Ihr Gutachten streng vom vorgegebenen Sachverhaltstext und nicht etwa von einer von Ihnen verfassten Nacherzählung auszugehen haben. Jedes Wort kann möglicherweise wichtig werden. Gehen Sie davon aus, dass alle Formulierungen vom Verfasser mit Bedacht gewählt sind, halten Sie nichts für unwichtig und vor allem: Fügen Sie nichts hinzu.

In mündlichen Prüfungen wird Sie der Prüfer manchmal auffordern, den Sachverhalt zu wiederholen. Im Zweifel, wenn Sie also nicht ganz sicher sind, ob Sie den Fall richtig vor Augen haben, sollten Sie auch selbst darum ersuchen. In einer schriftlichen Arbeit hat eine bloße Nacherzählung des Sachverhalts hingegen keinerlei Funktion, raubt nur – meist kostbare – Zeit. Jedoch ist es unbedingt geboten, bei der Subsumtion [dazu unten d)] auf die maßgeblichen Sachverhaltsteile ständig Bezug zu nehmen.

b) Zur Fallfrage

Wie für Sie seit der Schulzeit das Verstehen einer Schilderung von Ereignissen (Sachverhalten) nichts Neues sein wird (zB Nacherzählungen!), wird Ihnen auch die am Schluss des Textes unseres 1. Falles gestellte Frage: „Wer kann Zahlung verlangen?“ in ihrer Funktion geläufig sein. Damit ist nichts anderes als das Thema der Prüfung, des Gutachtens bestimmt. Die Bedeutung der Fragestellung ist somit jedem einsichtig, der um die Folgen weiß, die es nach sich zieht, wenn ein (Aufsatz-)Thema verfehlt wird. **Was nicht gefragt ist, ist überflüssig** und damit im Rahmen der Aufgabenstellung falsch.

Wie ein Thema weit oder eng gefasst sein kann, kann auch die Fallfrage allgemeiner oder konkreter gehalten sein. In aller Regel geht es um ein tatsächliches Begehren einer oder mehrerer am Sachverhalt beteiligter Personen („Parteien“). Jemand will etwas von einem anderen. Dieses „etwas“ kann sehr verschiedenartig sein: Zahlung von Geld, Bau eines Hauses, Herausgabe einer (zB gestohlenen) Sache. Das Begehren kann aber nicht nur auf ein Tun, sondern auch auf ein Unterlassen einer bestimmten Handlung abzielen. Beispiel: Den A stört es, dass Nachbarskinder Bälle auf sein Grundstück werfen; er will, dass das aufhört. Der Jurist umschreibt all diese möglichen Arten von Tun und Unterlassen mit dem Begriff **„Leistung“.** Um sicher zu sein, dass Sie Ihr Thema nicht verfehlen, sollten Sie sich am Beginn Ihrer Überlegungen stets darüber klar werden: „Wer will was von wem?“. Manchmal ist freilich auch gleich eine Rechtsfrage gestellt („Ist die Ehe gültig?“; „Ist ein Vertrag zustande gekommen?“). Dann ist nur diese zu beantworten.

Die meisten Schwierigkeiten macht dem Anfänger eine sehr weit gefasste Fragestellung, vor allem das übliche **„Wie ist die Rechtslage?“**. In solchen Fällen sind die konkreten einzelnen Fragen (mögliche tatsächliche Begehren der Parteien) selbst zu erarbeiten[1]). Diese Aufgabe, die bereits zur juristischen Tätigkeit zählt, bleibt Ihnen in diesem Fall noch erspart, denn es steht fest, was die Wirtin und Till jeweils voneinander wollen: Zahlung von Euro 15,–. Alles, was mit diesen zwei (!) Begehren nichts zu tun hat, muss, ja darf nicht erörtert werden.

c) Anspruch; Anspruchsgrundlage

Ist klar, welche Leistungen die beteiligten Personen voneinander wollen (könnten), beginnt das für den Studienanfänger völlig Neue: die rechtliche Würdigung des Sachverhalts im Hinblick auf die gestellten Fragen. Wenn ein tatsächliches Begehren rechtlich begründet und somit auch zwangsweise durchsetzbar ist, sagt der Jurist, es bestehe ein Anspruch. Mit diesem Begriff, der zentrale Bedeutung für die Falllösung hat, ist nichts anderes als das Recht eines Beteiligten gegen einen anderen auf eine Leistung gemeint. Bei der Lösung privatrechtlicher Fälle ist also (in aller Regel; siehe oben) das Bestehen von Ansprüchen zwischen den im Sachverhalt genannten Personen zu prüfen.

In unserem Eulenspiegel-Fall haben wir uns nach der Fragestellung mit zwei Ansprüchen zu beschäftigen:

1. Anspruch der Wirtin gegen Till auf Zahlung von Euro 15,–.
2. Anspruch Tills gegen die Wirtin auf Zahlung von Euro 15,–.

Die entscheidende Aufgabe besteht darin zu prüfen, ob für die beiden aus Sachverhalt und Frage gewonnenen möglichen Ansprüche eine Grundlage im Gesetz besteht (Anspruchsgrundlage). **Anspruchsgrundlage ist also diejenige konkrete Norm** (manchmal: Normengruppe), **aus der sich ein Recht auf Leistung als Rechtsfolge ergibt.**

Offensichtlich ist, dass nicht jede Bewirtung eine Pflicht zur Gegenleistung auslöst. Eine Einladung zum Mittagessen bei Verwandten und Bekannten etwa begründet zwar vielleicht eine sittliche Pflicht zur Gegeneinladung, aber keine Rechtspflicht. Worin liegt nun allenfalls der maßgebliche Unterschied zu unserem Fall? Auch darauf ist die Antwort noch recht einfach: Till könnte mit der Wirtin einen Vertrag mit dem Inhalt geschlossen haben, dass er ihr für das Essen Euro 15,– bezahlt. In Betracht kommt ein Kaufvertrag[2]). In § 859[3]) (nachlesen!) wird allgemein das Rechtsgeschäft und somit auch der Vertrag[4]) als Grundlage

---

[1]) Dazu im Einzelnen unten beim 3. Fall.

[2]) Dass ein Vertrag über Bewirtung im Gasthaus möglicherweise auch noch Elemente anderer Vertragstypen (etwa betreffend die Verwahrung der Garderobe) enthält, kann für die Zwecke unseres Falles außer Betracht bleiben.

[3]) Paragrafen ohne nähere Bezeichnung sind im Folgenden immer solche des ABGB.

[4]) Vgl *Riedler,* ZR I AT[6] Rz 10/10 ff; *P. Bydlinski,* BR I AT[7] Rz 5/1 f.

für einen Anspruch auf die versprochene Leistung anerkannt. Ein Kaufvertrag kann daher eine – mögliche – Anspruchsgrundlage sein. Für die Zahlungspflicht des Käufers existiert im ABGB eine ausdrückliche Anordnung. Versuchen Sie diese zu finden! Inhalts- bzw Stichwortverzeichnis Ihrer Gesetzesausgabe werden Ihnen weiterhelfen. Nach gründlichem Lesen der kaufrechtlichen Bestimmungen (§§ 1053 ff) sollten Sie § 1062 als mögliche Anspruchsgrundlage (Rechtssatz) entdeckt haben.

Wie jeder (vollständige) Rechtssatz besteht auch § 1062 aus zwei Teilen: Tatbestand und Rechtsfolge(n). Tatbestand: „Käufer"; Rechtsfolgen: „. . . ist verbunden, die Sache sogleich, oder zur bedungenen Zeit zu übernehmen, zugleich aber auch das Kaufgeld bar abzuführen; . . .". Das tatsächliche Begehren der Wirtin (Zahlung von Euro 15,–) stimmt mit der zweiten Rechtsfolge überein. Fraglich ist also „nur" mehr, ob Till auch Käufer ist (Tatbestand). Gerade das bestreitet nämlich Till. Er will gerade umgekehrt für seine Tätigkeit (Essen) eine „Belohnung", juristisch formuliert: ein Entgelt. Wer einem anderen für eine Tätigkeit, die in der Herbeiführung eines Erfolges besteht, ein Entgelt verspricht, schließt einen Werkvertrag. Das ABGB regelt diesen Vertragstypus in den §§ 1151 ff. Versuchen Sie wiederum die mögliche konkrete Anspruchsgrundlage für das Begehren Tills zu finden. § 1151 („gegen Entgelt") und § 1170 („. . . das Entgelt . . . zu entrichten . . .") kommen dafür in Betracht.

Das tatsächliche Begehren Tills, nämlich Zahlung von Euro 15,– als Entgelt für seine Leistung (Essen), ist also von diesen Normen gedeckt, wenn Till mit der Wirtin einen Werkvertrag geschlossen hat, bei dem er der „Werkunternehmer" ist.

Ob also ein Kaufvertrag (Leistung von Essen durch die Wirtin gegen Zahlung von Euro 15,–) oder ein Werkvertrag (Essen durch Till gegen Zahlung von Euro 15,– seitens der Wirtin) abgeschlossen worden ist, entscheidet über die Begründetheit der beiden möglichen Ansprüche. Was nun tatsächlich vereinbart wurde, ist wegen der unklaren Erklärungen von Till und der Wirtin streitig, möglicherweise fehlt es überhaupt an einer Einigung. Der Jurist hat zu entscheiden, indem er den Sachverhalt mit den beiden gesetzlichen Tatbeständen „vergleicht".

d) Subsumtion

Das Vergleichen des Sachverhalts mit der Norm nennt man Subsumtion. Wer subsumiert, **überprüft, ob der Sachverhalt einem Rechtssatz entspricht,** dh unterstellt werden kann. Einen Teil der Subsumtion haben wir schon oben vollzogen, ohne dass es uns bewusst geworden wäre. Wir haben nämlich festgestellt, dass die tatsächlichen Forderungen auf Zahlung der Rechtsfolge sowohl des § 1062 als auch der §§ 1151, 1170 (Pflicht zur Zahlung) entsprechen (Subsumtion auf der Rechtsfolgenseite).

Mit der Rechtsfolgensubsumtion allein können wir uns nicht begnügen. Wir müssen weiters überprüfen, ob die gesetzlichen Voraussetzungen für den Eintritt der Rechtsfolge im Sachverhalt verwirklicht sind: Subsumtion des Sachverhalts unter den Tatbestand. Da „Käufer" iSd § 1062 nur jemand ist, der einen Kaufvertrag abgeschlossen hat, besteht der Tatbestand des § 1062, wenn man ihn ausführlich formuliert, im Abschluss eines Kaufvertrages. Tatbestand der §§ 1151, 1170 ist ua der Abschluss eines Werkvertrages. Nur wenn Till sich vertraglich zum Kauf des Essens verpflichtet hat, muss er gemäß § 1062 bezahlen. Für die Wirtin gilt Entsprechendes: Nur wenn sie für die Tätigkeit des Essens ein Entgelt versprochen hat, muss sie nach § 1170 bezahlen. In den genannten konkreten Anspruchsgrundlagen ist aber nicht näher geregelt, unter welchen Voraussetzungen ein wirksamer Vertrag im Allgemeinen, ein Kauf- oder Werkvertrag im Besonderen zustande kommt. Dafür gibt es generellere Normen (Hilfs- oder Ergänzungsnormen), deren Existenz man kennen muss. Es sind dies die allgemeinen Vertragsabschlussregeln (§§ 861 ff) sowie die besonderen Regeln über den Abschluss des Kaufvertrages (§§ 1053 ff)[5]) und des Werkvertrages (§§ 1151 ff).

Ob überhaupt ein Vertrag zwischen Till und der Wirtin geschlossen worden ist, und wenn ja, welcher Vertragstyp vorliegt, muss daher Gegenstand des Gutachtens sein. Die folgende Lösung unseres Falles, bei der sich die Frage der Bedeutung und damit der Auslegung von Erklärungen als das Zentralproblem erweisen wird, soll nach den jetzt erörterten Grundlagen einen ersten Eindruck von Aufbau, juristischer Begründungsweise und Stil vermitteln. Versuchen Sie aber vorher selbst, den Fall mit Ihren bisherigen juristischen Kenntnissen zu lösen und anschließend Ihr und unser Gutachten zu vergleichen.

II. Gutachten

1. Anspruch der Wirtin gegen Till auf Zahlung von Euro 15,–

Dieser Anspruch könnte gemäß § 1062 begründet sein. Das setzt voraus, dass zwischen Till und der Wirtin ein Kaufvertrag mit dem entsprechenden Inhalt geschlossen wurde. Ein Kaufvertrag kommt wie jeder andere Vertrag durch Angebot und Annahme zustande (§ 1054 iVm § 861). Inhaltlich ist Einigung über Ware und Preis erforderlich (§ 1053). Eine besondere Formpflicht ist im Regelfall nicht vorgesehen, sodass der Vertrag durch ausdrückliche Erklärungen, aber auch durch schlüssiges (konkludentes, stillschweigendes) Verhalten geschlossen werden kann (§ 863). Das Ersuchen Tills, umsonst essen zu können, ist ein Angebot zum Abschluss eines Schenkungs-, nicht aber eines

[5]) Beachte: § 1054 verweist ausdrücklich auf jene Ergänzungsnormen. Im Hauptstück über Dienst- und Werkvertrag fehlt eine solche Verweisung; da aber auch keine Sonderregeln zu finden sind, gelten die allgemeinen.

Kaufvertrages, weil Tills Erklärung nicht auf die Begründung einer Kaufpreiszahlungspflicht gerichtet ist. Auch die folgende Erklärung der Wirtin („Bei mir kann man nur für Geld essen“) kann nicht als Kaufvertragsofferte gewertet werden, weil mit ihr noch nicht bestimmt ist, welche Speise (Sache iSd § 1053 iVm § 285) angeboten wird (§ 869). Erst in Tills Bestellung wird die gewünschte Speise festgelegt. Dass Till keinen bestimmten Kaufpreis nennt (§ 1054), steht einer Bewertung seiner Erklärung als Offerte nicht entgegen; es reicht nämlich Bestimmbarkeit aus[1]). Der in diesem Gasthaus übliche Preis könnte gemeint sein.

Fraglich ist aber, ob sich Till überhaupt zur Bezahlung des Preises verpflichtet hat, will er doch nicht die Sache „Essen“ gegen Zahlung des üblichen Preises, sondern „für Geld“ die Tätigkeit Essen vollbringen. Tills subjektiver Wille ist daher nicht auf den Abschluss eines Kaufvertrages (mit ihm als Käufer), sondern eines Werkvertrages (mit ihm als Werkunternehmer) gerichtet. Rechtsgeschäftliche Erklärungen sind aber nach der im ABGB geltenden Vertrauenstheorie (§§ 863, 871, 914 ua) nicht allein nach dem Willen des Erklärenden, sondern grundsätzlich so auszulegen, wie sie ein objektiver redlicher Erklärungsempfänger unter Berücksichtigung aller Umstände des Falles verstehen durfte[2]). Die Formulierung „für Geld essen“ ist nun zwar für sich allein betrachtet auch objektiv mehrdeutig: Sie kann sowohl bedeuten, dass der Essende etwas zahlen muss, als auch, dass er für die Tätigkeit des Essens etwas bekommt. Wofür bezahlt werden muss, wäre demnach zweifelhaft. Beachtet man aber auch die sonstigen Umstände des Falles, insbesondere den Hinweis der Wirtin auf den Einkauf beim Fleischer, wird der Sinn ihrer Erklärung für jeden verständigen Menschen – und damit objektiv – klar: Sie wollte eindeutig das Essen nur gegen Bezahlung anbieten. Auch Tills Bestellung durfte sie daher im Prinzip in diesem Sinne verstehen. Allenfalls die zusätzliche Erklärung, in der Till sich der Formulierung der Wirtin bedient, könnte noch einem berechtigten Vertrauen auf ein Kaufvertragsoffert entgegenstehen: Wenn die Wirtin erkannte oder erkennen musste, dass Till ernsthaft meinte, für das Essen noch Geld zu bekommen, durfte sie nicht davon ausgehen, dass er sich zur Zahlung verpflichten wolle. Da aber objektiv erkennbar war, dass die Wirtin die Speisen nicht ohne Entgelt hergeben wollte, stand umso mehr fest, dass sie nicht selbst für das Verspeisen des Mahls bezahlen wollte. Unter diesen konkreten Umständen durfte die Wirtin den ersten Teil von Tills Erklärung als Scherz verstehen, was sie nach dem Sachverhalt auch getan hat. Gemäß § 869 müssen Erklärungen aber „ernstlich“ sein, um Rechtsfolgen auszulösen; auch insofern kommt es auf den objektiven Eindruck, nicht auf den Willen des Erklärenden an.

Die Wirtin durfte also Tills Erklärung nach deren Gesamteindruck als normale, ernst gemeinte Bestellung betrachten. Es lag daher ein wirksames Kaufver-

---

[1]) Vgl *Riedler*, ZR I AT[6] Rz 11/15.
[2]) *Riedler*, ZR I AT[6] Rz 15/11; *P. Bydlinski*, BR I AT[7] Rz 6/42.

tragsoffert vor, das spätestens durch das Servieren des Essens von der Wirtin schlüssig (§ 863) angenommen wurde. Dadurch ist der Kaufvertrag perfekt geworden. Der Anspruch der Wirtin auf Zahlung des Kaufpreises aus diesem Vertrag bestünde danach zu Recht.

Weil Till aber etwas anderes wollte, als er nach objektiver Auslegung erklärt hat, ist noch fraglich, ob er den Kaufvertrag wegen Erklärungsirrtums gemäß § 871 anfechten kann. Dafür müsste eine der alternativen Voraussetzungen des § 871 erfüllt sein. Weil die Wirtin im Vertrauen auf das Zustandekommen des Vertrages das Essen zubereitet und Till es gegessen hat, scheidet rechtzeitige Aufklärung des Irrtums aus. Da die Wirtin Tills Erklärung als Scherz verstehen durfte, musste ihr Tills Irrtum auch nicht offenbar auffallen. Fraglich könnte nur sein, ob die Wirtin durch die Verwendung der Worte „für Geld essen" den Irrtum veranlasst hat. Selbst wenn man dafür mit der hM[3]) bloß adäquate Verursachung verlangt, ist auch diese Anfechtungsmöglichkeit abzulehnen. Die Bedeutung, die Till der Erklärung der Wirtin beimisst, liegt nämlich außerhalb aller Lebenserfahrung.

Da der Kaufvertrag somit unanfechtbar ist, besteht der Anspruch der Wirtin auf Zahlung des Preises von Euro 15,– zu Recht.

2. Anspruch Tills gegen die Wirtin auf Zahlung von Euro 15,–

Dieser Anspruch wäre nach §§ 1151, 1152, 1170 nur dann begründet, wenn zwischen Till und der Wirtin ein Werkvertrag abgeschlossen worden wäre. Die Auslegung der abgegebenen Willenserklärungen hat aber die Vereinbarung eines Kaufvertrages ergeben, was in unserem Fall einen Werkvertrag ausschließt. Till hat keinen Anspruch auf Zahlung.

[3]) Vgl *Riedler,* ZR I AT[6] Rz 21/27; *P. Bydlinski,* BR I AT[7] Rz 8/17.

2. Fall

Die unerwünschte CD

Sachverhalt

I. A ist Mitglied der Musikplattform B. Die von A seinerzeit akzeptierte Beitrittserklärung enthält folgende Klausel: „Neben den elektronisch zur Verfügung gestellten Musikdateien werden gelegentlich auch CDs zum Reinhören zugesandt. Wenn Sie diese nicht binnen zwei Wochen an uns zurückschicken, nehmen wir an, dass Sie diese behalten wollen."

Am 31. 7. erhält A die CD „All Time Hits". Nach Öffnen der Verpackung findet A ein beigelegtes Schreiben, in dem nochmals auf die Bedeutung der Nichtrücksendung der CD hingewiesen wird. Nachdem A kurz in die CD reingehört hat, gibt er sie, wieder sorgfältig verpackt und versehen mit dem Vermerk „Zurück an den Absender", am 11. 8. bei der Post auf. Wegen urlaubsbedingten Personalmangels verzögert sich die Zustellung, sodass die CD erst am 25. 8. beim Betreiber der Musikplattform eintrifft. Dieser begehrt 3 Wochen später von A Zahlung von Euro 19,– gegen neuerliche Lieferung der CD. Mit Recht?

II. Auch C erhält die CD „All Time Hits". Als er nämlich beim Versandhaus V Kopfhörer um Euro 20,– bestellt, wird ihm zusammen mit den Kopfhörern die CD samt beiliegendem Begleitschreiben zugesandt: „Sie haben die Möglichkeit, im Rahmen einer Aktion die beiliegende CD gegen Zahlung von Euro 19,– zu erwerben. Sollte Ihnen die CD wider Erwarten nicht gefallen, dann bitten wir Sie, sie binnen zwei Wochen an uns zurückzuschicken, widrigenfalls wir annehmen, dass Sie die CD behalten wollen."

C ärgert sich über die immer aggressiver werdenden Werbemethoden. Er bezahlt daher die Kopfhörer, nicht aber die CD, die er vorerst unbeachtet und ungehört liegen lässt. Als er eine Woche später für einen Freund ein Geburtstagsgeschenk benötigt, fällt ihm die CD ein. Diese kommt ihm nun höchst gelegen, da sein Freund ein Fan großer Hits ist und ihm ohnehin nichts Besseres als Geschenk eingefallen wäre. Er schenkt die CD daher seinem Freund, der diese mit Freude annimmt. Nach Ablauf der zwei Wochen verlangt das Versandhaus Zahlung von Euro 19,–.

Mit Recht?

Erforderliche Kenntnisse: wie bei Fall 1 (oben S 1).

Ziel: Erfassen des Sachverhalts; Anfertigung einer Lösungsskizze bzw Lösungsgliederung; Vertiefung der einzelnen Lösungsschritte.

I. Vorüberlegungen

1. Einige praktische Erfahrungen mit dem gestellten Fall

Teil I des CD-Falles wurde als „Probeklausur“ von Studienanfängern in Linz geübt. Die Hörer hatten zwar Kenntnisse des materiellen Rechts, die zur Lösung erforderlich sind, aber keine Erfahrung in der Falltechnik. Im Ergebnis haben etwa ein Drittel der Teilnehmer Vertragsschluss bejaht, die Übrigen abgelehnt. Folgende Fehler traten am häufigsten auf: Meist wurde das (mögliche) Ergebnis vorweggenommen und an den Anfang der Falllösung gestellt (falsche Reihenfolge). Viele waren dazu verleitet, den gesamten Sachverhalt oder zumindest größere Teile zu wiederholen, was idR in einer schriftlichen Arbeit völlig überflüssig ist. Zum Teil wurden Beweisprobleme erörtert, obwohl ein unstreitiger Sachverhalt vorliegt. ZB wurde behauptet, dass das Reinhören in die CD nicht bewiesen werden könne. Andererseits wurden neue Sachverhaltsteile erfunden. Beispiele: Die CD sei in einer Klarsichthülle verpackt gewesen; sie sei von A beim probeweisen Hören beschädigt worden. Der Tag der Absendung der CD durch A sei ein Freitag gewesen. Einerseits wurde unterstellt, der Vermerk „Zurück an den Absender“ stamme nicht von A, andererseits wurde die Beitrittserklärung des A mit der Klausel „Datum des Poststempels ist für die Rechtzeitigkeit der Absendung maßgeblich“ ergänzt. Den Fall zerstört völlig, wer behauptet, dass B die CD wegen guter Geschäftsverbindung von A zurücknehmen werde. Auch dass A den Mitgliedschaftsvertrag mit der Musikplattform in seiner Wohnung abgeschlossen habe, wurde vielfach behauptet (lesen Sie § 3 KSchG und § 3, §§ 11 ff FAGG!).

Die Frage verkannt haben jene, die einen Schadenersatzanspruch des A gegen die Post oder einen Aufwandersatzanspruch gegen B geprüft haben.

Mangels konsequenter Anspruchsprüfung wurden meist ein oder mehrere „Probleme“ erörtert, ohne dass deren Bedeutung für die Falllösung ersichtlich gemacht wurde. Nicht selten fanden sich als Folge davon rein abstrakte Rechtsausführungen ohne Fallbezogenheit. Andererseits wurden oft wichtige, weil fallrelevante Rechtsfragen übersehen. Auch das ist eine fast zwangsläufige Konsequenz ungeordneter Prüfung. Als markantes Beispiel sei zuletzt erwähnt, dass jemand geprüft hat, ob zwischen A und B ein Leihvertrag abgeschlossen wurde. Der Fehler ist evident: Aus einem Leihvertrag (unentgeltliche Gebrauchsüberlassung) kann sich kein Entgeltsanspruch des Verleihers ergeben.

2. Zum Sachverhalt

Unschwer zu erkennen ist, dass es sich bei den Sachverhaltsteilen I und II im Prinzip um vollständig voneinander unabhängige Sachverhalte und Ansprüche handelt. Damit soll verdeutlicht werden, dass ähnliche Lebenssachverhalte (sowohl A als auch C bekommen die CD „All Time Hits“ zugesandt) rechtlich durchaus unterschiedlich zu behandeln sind: So wird zB eine Rolle spielen, dass A die CD als Mitglied einer Musikplattform erhält, C jedoch lediglich als Versandhauskunde. Bei der Falllösung sollte man die Sachverhaltsteile völlig getrennt behandeln, also keinesfalls in irgendeiner Art vermengen.

Erster und vorentscheidender Arbeitsvorgang ist das **vollständige und richtige Erfassen des Sachverhalts.** Der Bearbeiter muss sich alle Einzelheiten einprägen, um sie bei der rechtlichen Beurteilung jederzeit bereit zu haben. Jedes Detail kann, muss aber nicht für die Lösung relevant sein. Es ist möglich, dass der Verfasser des Falles bewusst auch rechtsunerhebliche Fakten in den Fall aufnimmt, um zu prüfen, ob der Bearbeiter in der Lage ist, Wesentliches von Unwesentlichem zu trennen. In der juristischen Praxis zählt es nämlich zu den wichtigsten Aufgaben, aus einer Flut von tatsächlichen Angaben der Betroffenen das rechtlich Bedeutsame herauszufinden. In unserem Fall ist zB der Titel der CD wohl gleichgültig. Er hätte auch weggelassen werden können. Dasselbe gilt für die Tatsache, dass die Verzögerung der Zustellung auf den urlaubsbedingten Personalmangel bei der Post zurückzuführen ist. Als Regel gilt aber: Jede Bemerkung im Text muss auf ihre mögliche rechtliche Bedeutung geprüft werden. Daher wird man zB das Reinhören in die CD durch A nicht unberücksichtigt lassen dürfen. Ebenso wird dem beigelegten Schreiben, in dem auf die Bedeutung des Unterlassens der Rücksendung der CD hingewiesen wird, Beachtung zu schenken sein. Natürlich setzt diese Unterscheidung in Wichtiges und Unwichtiges bereits eine rechtliche Würdigung voraus. Was wirklich unerheblich ist, kann daher erst im Laufe einer eingehenden Prüfung endgültig entschieden werden.

Der vorgegebene Sachverhalt ist unbedingt als **feststehend, dh unstreitig** anzunehmen. Im Gegensatz zur juristischen Praxis, wo meist nicht nur die Rechtslage, sondern auch der Sachverhalt streitig ist, muss sich der mit bürgerlichem Recht befasste Student nicht mit Beweisproblemen abplagen. Im Prozess hingegen hat jede Partei grundsätzlich alle für ihr Begehren günstigen Tatsachen zu behaupten und zu beweisen. Der Verkäufer, der den Kaufpreis verlangt, muss also das Zustandekommen des Kaufvertrages und Fälligkeit des Kaufpreisanspruchs beweisen, der Käufer etwa, dass er bereits bezahlt hat (Quittung!). Wenn der Richter nach Würdigung der erhobenen Beweise nicht entscheiden kann, ob sich eine Tatsache, etwa die rechtzeitige Rücksendung, ereignet hat oder nicht („non liquet"), trifft der Nachteil daraus die Partei, die dafür die **Beweislast** trägt. Für den juristischen Alltag ist daher die Beweismöglichkeit von zumindest ebenso großer Bedeutung wie die richtige rechtliche Beurteilung.

Vor allem aus praktischen Gründen ist es im akademischen Unterricht ausgeschlossen, ein Beweisverfahren durchzuführen. Der Sachverhalt ist also – falls seinem Erfinder kein Fehler unterlaufen ist – in aller Regel in tatsächlicher Hinsicht **vollständig,** dh seine Angaben reichen aus, um die gestellte Frage zu beantworten.

Das Erdichten neuer Sachverhaltsteile ist ein – beliebter – Anfängerfehler. Er unterläuft bisweilen unbewusst, um ein gefühlsmäßig richtiges Ergebnis zu untermauern. In unserem Fall ist die Gefahr einer solchen Verbiegung oder Änderung des Sachverhalts zwar nicht sehr groß, aber doch gegeben. Neben den bereits angeführten Beispielen wäre möglich, dass ein Bearbeiter etwa davon ausgeht, dass A von der urlaubsbedingten Zustellungsverzögerung wusste oder hätte wissen müssen. Dafür fehlt aber jeder Anhaltspunkt im Sachverhalt. Weiters wäre noch denkbar, dass jemand an der Geschäftsfähigkeit (Volljährigkeit) des A zweifelt. Folgender Grundsatz ist zu diesem Punkt zu beachten: Mangels entsprechender Hinweise im Sachverhalt, die für eine Ausnahmesituation sprechen, gilt, dass bezüglich rechtserheblicher Tatsachen vom **Normalfall,** hier also von der Geschäftsfähigkeit auszugehen ist.

Sachverhaltsergänzungen sind nur gestattet, manchmal sogar geboten, auf Grund **allgemeiner Erfahrungssätze** und **gesetzlicher Vermutungen.** So ist in unserem Fall davon auszugehen, dass es sich bei der Musikplattform um eine juristische Person (zB GmbH) handelt. Wäre A als Mittelschüler bezeichnet, so wäre nach allgemeiner Erfahrung davon auszugehen, dass er noch nicht 18 Jahre alt und daher nur beschränkt geschäftsfähig ist. Auch dass die Beitrittserklärung des A von der Musikplattform seinerzeit angenommen worden ist, kann nach dem Gesamtsachverhalt nicht zweifelhaft sein.

Gelegentlich kann in einem Fall besonders erwähnt sein, dass eine bestimmte Frage nicht geklärt sei (zB ob ein Handwerker, der eine fehlerhafte Anlage montiert hat, den Fehler hätte bemerken müssen). Das ist dann ein Hinweis darauf, dass die Beweislast in diesem Punkt zu prüfen ist (vgl § 1298). Manche Rechtsfolgen knüpfen auch an die Redlichkeit (lesen Sie § 326) einer Person an (zB § 367). Wenn im Sachverhalt über die Redlichkeit keine Aussagen gemacht sind, greift die allgemeine Vermutung des § 328 (für Redlichkeit) ein.

Mitunter kann es doch vorkommen, dass der **Sachverhalt** trotz der zulässigen Ergänzungen **unvollständig** bleibt. Das kann auf einem Fehler des Fallverfassers (Übungsleiters) beruhen, sollte also doch im Zweifel nicht angenommen werden, sondern sollte vielmehr Anlass geben, die eigene Lösung nochmals zu überprüfen. Solche offenen Sachverhaltsfragen treten nämlich zumeist dann auf, wenn man vorher eine Rechtsfrage anders entscheidet, als es dem Fallverfasser vorgeschwebt ist. Auch insofern sollte man dann zweifelhafte Vorfragenentscheidungen noch einmal überdenken. Im Extremfall könnte es sogar sein, dass ein Fall durch eine bestimmte Entscheidung einer Frage völlig „kaputt geht“, zB mit zwei Sätzen zu lösen ist oder überhaupt wegen fehlender Sachverhaltsangaben unlösbar wird. Dann spricht vieles dafür, dass sich jedenfalls der Fallverfasser die richtige Lösung anders vorgestellt hat. Manchmal mag der Punkt aber auch bewusst offen gelassen sein, weil die daraus entstehenden Folgen vom Aufgabensteller in Kauf genommen wurden. Ist man seiner Sache trotz der genannten Bedenken völlig sicher, so ist die weitere Untersuchung **alternativ für jede** in Betracht kommende **Sachverhaltsvariante** vorzunehmen. Beispiel: Wer in unserem Fall das Zustandekommen des Vertrages bejaht (was vertretbar ist) und daher noch Irrtumsanfechtung zu prüfen hat, wird auf Grund des Sachverhalts nicht über die Frage der rechtzeitigen Aufklärung iSd § 871 entscheiden können. Für die beiden möglichen Sachverhaltsvarianten wäre daher eine getrennte rechtliche Beurteilung vorzunehmen.

Streng von einer solchen offenen Sachverhaltsfrage zu unterscheiden, ist das ständig auftauchende Problem **zweifelhafter Rechtsfragen.** Wenn Sie bei feststehendem Sachverhalt auf eine solche stoßen (zB die Frage, ob § 864 Abs 1 um den weiteren Fall des Verzichts auf eine Annahmeerklärung zu ergänzen ist), so dürfen Sie diese keinesfalls offen lassen, wenn sie für die Lösung der gestellten Frage erheblich ist. Sie dürfen also auch nicht alternativ weiterarbeiten, sondern müssen sich nach Abwägung aller Ihnen einfallenden Argumente für eine Lösung entscheiden; gerade das ist in schwierigeren Fällen Ihre Hauptaufgabe. Bei Hausarbeiten kommt Ihnen zu Hilfe, dass Sie in der Literatur (meist) Argumente für die eine oder andere Auffassung finden werden. Aber auch dann haben Sie selbst Stellung zu beziehen und zu begründen, warum Sie sich einer Meinung anschließen (oder eine eigene bilden!).

Zurück zum Sachverhalt: Bei komplizierten Fällen kann es ratsam sein, wichtige Teile auf einem **Merkzettel** zu notieren oder im Sachverhaltstext zu unterstreichen. In unserem Fall ist es nahe liegend, alle Sachverhaltsteile, die als Antrag oder Annahme in Betracht kommen, gesondert zu notieren. Dabei empfiehlt sich meist eine Orientierung am zeitlichen Ablauf des Sachverhalts.

Beispiel für den Sachverhalt I.

Angebot	*Annahme*
Rahmenvertrag	Beitrittserklärung
Zusenden der CD	Öffnen der Verpackung
Beigelegtes Schreiben	Reinhören in die CD
	Stillschweigen während Rücksendefrist

3. Zur Wiederholung: Die Fragestellung

Nochmals ist auf den Grundsatz hinzuweisen: Was nicht gefragt ist, wird nicht gewertet. Wer die Frage verkennt, verfehlt das Thema. IdR werden tatsächliche Begehren einer oder mehrerer beteiligter Personen in Frage gestellt. Ob ein solches Begehren zu Recht besteht, nötigenfalls also auch gerichtlich durchsetzbar ist, ist zu prüfen.

Das Recht, von jemandem eine Leistung zu verlangen, wird allgemein als **Anspruch** bezeichnet; vor allem wenn es seine Grundlage im Schuldrecht hat, oft auch als „Forderung“[1]). Die Leistung kann in einem Tun (zB Zahlung, Lieferung einer Sache) oder Unterlassen (zB bestimmter Wettbewerbshandlungen;

[1]) Vgl zu diesen terminologischen Fragen *P. Bydlinski*, BR I AT[7] Rz 3/7 f.

Dulden des Fahrens des Nachbarn auf eigenem Grund – Servitut) bestehen. Die nach der Sachverhaltsschilderung gestellte Frage zielt daher letztlich idR auf das Bestehen von Ansprüchen. Die allgemein bei (fast) jeder Lösung eines Privatrechtsfalls zu beantwortende Grundfrage: „Wer kann was von wem verlangen?" ist in unserem Beispiel bereits konkretisiert: B (wer) will von A (wem) Zahlung von Euro 19,– (was). Das ist nicht immer so. In anderen Fällen müssen die konkreten Fallfragen erst erarbeitet werden (dazu Fall 3; unten S 29 ff).

4. Zum Auffinden der Anspruchsnorm (Anspruchsgrundlage)

Steht die Frage fest, beginnt die eigentliche juristische Arbeit. Nicht jedes tatsächliche Begehren ist auch rechtlich begründet; das zu untersuchen, ist Aufgabe des Gutachters.

Der gestellte Anspruch muss seine Stütze, seine Grundlage im Gesetz finden. Es ist daher – wie bereits bekannt – die so genannte **Anspruchsgrundlage** zu suchen, also eine **Norm oder Normengruppe, die das** (sich aus dem Sachverhalt ergebende) **konkrete Begehren rechtfertigen könnte.** Die oben gestellte Grundfrage: „Wer will was von wem" muss also mit „woraus" bzw „aus welchem Rechtsgrund" vervollständigt werden. Theoretisch müsste der Jurist in jedem Fall die gesamte Rechtsordnung auf mögliche Anspruchsgrundlagen untersuchen. Frage und Sachverhalt grenzen aber in der Praxis von vornherein die in Betracht kommenden Anspruchsnormen ein. Um dem Anfänger das Finden der (möglichen) Anspruchsgrundlage(n) zu erleichtern, wird unten ein Schema häufig vorkommender Anspruchsgrundlagen präsentiert werden. Genaue Kenntnis des materiellen Rechts, dauernde Übung, die damit gewonnene Erfahrung und auch ein gewisser juristischer Spürsinn bleiben freilich unabdingbare Voraussetzungen für rationelle Arbeit. Das ist näher zu erläutern.

Im CD-Fall ist gefragt, ob B von A bzw V von C Zahlung von Euro 19,–, also eine Geldleistung, verlangen kann. Ansprüche etwa auf Unterlassung weiterer Zusendungen oder auf Herausgabe der CD sind daher nicht zu prüfen. Die Fragestellung schränkt also die möglichen Normen von der Rechtsfolgenseite her ein. Es sei an den bereits oben aufgezeigten Fehler erinnert: Rechtssätze über Leihe oder auch Schenkung scheiden als mögliche Anspruchsgrundlagen aus, weil wegen der Unentgeltlichkeit dieser Verträge Entlehner und Beschenkter zu keiner Gegenleistung verpflichtet sind. Nach dieser Einschränkung durch die Frage wären aber theoretisch noch alle Tatbestände zu untersuchen, die als Rechtsfolge eine Geldzahlungspflicht aufweisen. Normen gerade mit dieser Rechtsfolge gibt es aber eine Vielzahl: zB § 94 Abs 2 Satz 2 (Unterhaltsanspruch des Ehegatten); § 364 a (Ausgleichsanspruch des immissionsgeschädigten Nachbarn); § 763 (Pflichtteilsanspruch des Noterben)[2]); § 27 Abs 3 MRG (Rückfor-

[2]) Zum Geldcharakter des Pflichtteilsanspruchs *Apathy*, ZR VII Erbrecht[5] Rz 4/2, 4/15; OGH JBl 2001, 521.

derung verbotener Ablösen). Es wäre nun nicht nur überflüssig, sondern prüfungstechnisch (natürlich auch in der Praxis!) falsch, auch nur im Ansatz darauf einzugehen, ob B immissionsgeschädigter Nachbar, unterhaltsberechtigter Ehegatte des A bzw Pflichtteilsberechtigter ist oder als Mieter eine verbotene Ablöse gezahlt hat. Dafür fehlen im Sachverhalt jegliche Anhaltspunkte. Es ist zwar richtig und notwendig, zuerst mit der Subsumtion des konkreten Begehrens unter eine abstrakte Rechtsfolge zu beginnen, dh zu prüfen, ob das Verlangen der B mit der Rechtsfolge einer Norm übereinstimmt, doch ist schon dabei vom Sachverhalt her auch der Blick auf den jeweils in Betracht gezogenen Tatbestand zu werfen und eine **Vorauswahl** zu treffen. Der Sachverhalt schränkt daher die möglichen Anspruchsnormen auch von der Tatbestandsseite ein. Aus dem Sachverhalt erkennen wir, dass B Zahlung des Preises für eine gelieferte Sache verlangt. Damit ist nahe liegend, dass die Anspruchsgrundlage im Kaufrecht zu finden ist (vorläufige Subsumtion).

An dieser Stelle der Prüfung ist es ratsam, schon jetzt **andere, uU noch mögliche Anspruchsgrundlagen** in Erwägung zu ziehen, insbesondere (aber nicht nur) für den Fall, dass sich der Kaufpreisanspruch als unbegründet erweisen sollte. Das setzt wieder Kenntnisse im materiellen Recht voraus. In Frage kämen nur mehr außervertragliche Ansprüche. Da aber sowohl für eine Bereicherung des A (zB indem er die ganze CD angehört hätte) als auch für einen Schaden der B (zB durch Beschädigung der CD) im Sachverhalt keinerlei Anhaltspunkte zu erkennen sind, kann sich das Gutachten auf die Erörterung der vertraglichen Anspruchsgrundlage beschränken. Die **konkrete Anspruchsnorm** für eine Pflicht zur Zahlung des Kaufpreises kennen wir bereits aus dem 1. Fall: § 1062. Ein allgemeiner Hinweis auf „den Kaufvertrag" bzw „das Kaufrecht" wäre hier unzureichend, da sich daraus auch andere Ansprüche ableiten lassen. Das ist nicht in allen Fällen so: Bei gesetzlich nicht geregelten Vertragstypen – zB dem Leasingvertrag – wird sich vielfach im Gesetz selbst keine konkrete Anspruchsgrundlage finden; hier bildet der Vertrag die alleinige Grundlage. Allgemein gilt, dass man bei der Prüfung der denkbaren Anspruchsgrundlagen **so konkret wie möglich** vorgehen sollte; also nicht „der Kaufvertrag", sondern „§ 1062", nicht „Schadenersatz", sondern „§ 1319" ist zB Ansatzpunkt der Subsumtion.

Nach diesem Eingrenzen der Anspruchsnorm beginnt die eigentliche Subsumtionstätigkeit. Das Folgende ist aus dem 1. Fall bekannt: Die Rechtsfolge des § 1062 tritt nur dann ein, wenn dessen Tatbestand verwirklicht ist. Dieser besteht im Wort „Käufer". Käufer ist nur, wer einen wirksamen Kaufvertrag geschlossen hat. Wann ein Kaufvertrag geschlossen wird, ist in § 1062 nicht näher geregelt, vielmehr verweist die Anspruchsnorm auf „Hilfsnormen", Ergänzungsnormen, nämlich §§ 1053 ff und die allgemeinen Vertragsabschlussregeln (§§ 861 ff). Letztere bestimmen, welche allgemeinen Voraussetzungen für einen gültigen Vertragsschluss vorliegen müssen, erstere legen besondere Voraussetzungen für den Kaufvertrag fest.

Der Einstieg in die Falllösung ist damit gelungen. Der erste Satz der schriftlichen Ausarbeitung könnte also lauten: „Der Anspruch der B gegen A auf Zahlung von Euro 19,– könnte sich auf § 1062 stützen" (oder: „. . . könnte sich aus § 1062 ergeben" oder „. . . Grundlage des Anspruchs . . . könnte § 1062 sein" oder „Als Anspruchsgrundlage kommt § 1062 in Betracht"); als Überschrift: *„Anspruch der B gegen A auf Zahlung von Euro 19,– gemäß § 1062"*. Das Ergebnis der rechtlichen Beurteilung darf nicht vorweggenommen werden (anders beim gerichtlichen Urteil!). Daher ist der Einleitungssatz im Konjunktiv oder in anderer Weise, die die bloße Möglichkeit dieses Anspruchs erkennen lässt, zu formulieren.

Der Leistungsgegenstand – hier: Euro 19,– – sollte so präzise wie möglich bezeichnet und nicht mit der Rechtsgrundlage vermengt werden. Zu vermeiden sind deshalb Formulierungen, die gerade von Anfängern gerne verwendet werden, wie beispielsweise: „Anspruch A gegen B auf Kaufpreiszahlung gemäß § 1062" oder „Anspruch C gegen D auf Schadenersatz". „Kaufpreiszahlung" und „Schadenersatz" sind kein Leistungsgegenstand, sondern weisen auf die mögliche Grundlage des Anspruchs hin. Deshalb erweist es sich als unerlässlich zu sagen, welchen Inhalt der geprüfte Anspruch hat (Euro 19,–) und auf welcher Rechtsgrundlage er bestehen könnte (hier: § 1062).

Auf eine genaue Wiedergabe des Wortlauts des § 1062 kann verzichtet werden. Nur dort, wo es für die Auslegung (Interpretation) eines Rechtssatzes entscheidend auf eine bestimmte gesetzliche Wendung ankommt, ist die Norm (allenfalls: teilweise) wiederzugeben. Nochmals ist auch vor dem häufigen Fehler zu warnen, am Anfang des Gutachtens den Sachverhalt ganz oder auch nur teilweise nachzuerzählen. Der Prüfer kennt den Sachverhalt!

5. Erkennen der Fallprobleme; Lösungsskizze; Lösungsgliederung

Nach einer gewissen Übung wird das Erkennen der möglichen Anspruchsgrundlage(n) meist keine allzu großen Schwierigkeiten mehr bereiten, sofern nicht besonders ausgefallene Anspruchsnormen einschlägig sind (vgl §§ 1043, 1247). In den Mittelpunkt der Überlegungen tritt jetzt das Erkennen und Lösen der Fallprobleme. Wer bei der Subsumtion des Sachverhalts unter die Anspruchsnorm auf keine Probleme stößt, hat meist entweder bestimmte Sachverhaltselemente nicht hinreichend beachtet oder ein oder mehrere Tatbestandsmerkmale zu unkritisch ausgelegt. Der Sachverhalt wird nämlich idR vom Prüfer gezielt auf **eine oder mehrere Rechtsfragen** zugeschnitten, die von der Rspr oder/und der Lehre uneinheitlich beantwortet werden. Natürlich gibt es auch „einfache" Fälle, die allein der Kontrolle des Wissensstandes des Prüflings dienen. Bei Klausur-, Hausarbeits- und Diplomprüfungsfällen ist das freilich nicht zu vermuten; es trifft auch zT auf unseren CD-Fall nicht zu. Dessen Schwierigkeitsgrad ist höher, als man zunächst annehmen möchte.

Vor der schriftlichen Abfassung des Gutachtens ist es unbedingt notwendig, im Überblick die Problemschwerpunkte zu erkennen und sich zumindest im Wesentlichen über die Lösung klar zu werden. Dazu ist ein ständiges „Vergleichen" des Sachverhalts mit den untersuchten Tatbeständen (unter Einbeziehung der Hilfsnormen) erforderlich. In der mündlichen Prüfung, die idR keine längere Vorbereitung erlaubt, erfolgt das „Problementdecken" erst ad hoc, zumeist auf gezieltes Fragen des Prüfers. Das Entdecken der Fallprobleme steht natürlich in engem Zusammenhang mit der Kenntnis des materiellen Rechts: Je größer das Wissen, umso zahlreicher werden die Zweifelsfragen sein. Wer nichts oder kaum etwas weiß, dem wird vielfach Problematisches unproblematisch erscheinen.

Andererseits wären in unserem Fall zB jede weitere Erörterung über das Wesen des Vertrages bzw andere rein abstrakte, nicht fallbezogene Ausführungen über den Vertragsschluss verfehlt. Grundsatz: Jeder Satz, der nicht einen Schritt näher zur Lösung, also zur **Beantwortung der gestellten Frage** führt, ist überflüssig.

Jeder Bearbeiter müsste zumindest erkennen, dass die Zusendung der CD ein Angebot im Sinne von § 861 darstellen könnte. Als Problemschwerpunkt drängt sich die Frage der Annahme durch Stillschweigen auf. Die Tatsache, dass das Mitglied auf die Bedeutung der Nichtrücksendung zweimal (!) hingewiesen wird, sollte beim Bearbeiter verbraucherschutzrechtliche Überlegungen aufkommen lassen. Das ist freilich bei dem von vornherein ausgeschlossen, der von Existenz und Inhalt des Konsumentenschutzgesetzes noch nichts gehört hat. Weniger offensichtlich ist, dass das Öffnen der Verpackung bzw das Reinhören in die CD als „stille Annahme" iSd § 864 in Betracht zu ziehen ist. Die verzögerte Rücksendung als Problem des § 862a zu erkennen, dürfte wohl die meisten Schwierigkeiten bereiten, passt doch diese Bestimmung ihrem Wortlaut nach nicht auf unseren Fall, sodass erst die Erkenntnis möglicher analoger Anwendung den richtigen Weg weist. Dass nicht schon die Beitrittserklärung des A das Offert und die Zusendung der CD durch B die Annahme sein werden, legen schon „klausurtechnische" Überlegungen nahe. Wer das nämlich bejaht, „bringt den Fall um", weil damit der Großteil des Sachverhalts überflüssig würde. Dass dies vom Fallverfasser kaum beabsichtigt sein dürfte, bedarf keiner näheren Begründung. Ausgeschlossen ist es natürlich nicht, dass auch der Prüfer etwas übersehen hat. Zu einer solchen rechtlichen Beurteilung, die die Falllösung vorzeitig, dh vor Erörterung größerer Teile des Sachverhalts, abbricht, sollte man sich aber nur entschließen, wenn man seiner Sache wirklich völlig sicher ist (siehe oben S 12f).

Nach dem Erkennen der Fallprobleme kann – besonders bei schwierigen Fällen – die Anfertigung einer **Lösungsgliederung** ratsam sein. In Stichworten ist der Aufbau des Gutachtens vorzuzeichnen (nicht dessen Ergebnisse). Bei Hausarbeiten sollte eine Gliederung stets dem Gutachten vorangestellt werden.

Beispiel:

I. Anspruch der B gegen A auf Zahlung von Euro 19,– gemäß § 1062

1. Antrag
   a) Rahmenvertrag
      aa) Bindungswille
      bb) Bestimmtheit
   b) Realoffert
      aa) Bindungswille
      bb) Bestimmtheit

2. Annahme
   a) stille Annahme, § 864 Abs 1
   b) Stillschweigen, § 863
      aa) Pflicht zum Reden; Wirksamkeit der Klausel gemäß § 6 Abs 1 Z 2 KSchG
      bb) Auslegung der Fristvereinbarung
      cc) verspäteter Zugang der Ablehnungserklärung
      dd) analoge Anwendung des § 862 a
      ee) unverzüglicher „Rücktritt" gemäß § 862 a

II. *Ansprüche des V gegen C*

1. Anspruch des V gegen C auf Zahlung von Euro 19,– gemäß § 1062
   a) Realangebot
   b) Annahme

2. Anspruch des V gegen C auf Zahlung von Euro 19,– gemäß § 1435 analog

Das Gutachten hat sich selbstverständlich im Aufbau an die Gliederung zu halten und sollte zumindest in großen Zügen ebenso gegliedert sein (Überschriften oder Ziffern usw).

II. Gutachten

I. Anspruch der B gegen A auf Zahlung von Euro 19,– gemäß § 1062

Ein Anspruch der B gegen A auf Zahlung von Euro 19,– könnte sich auf § 1062 stützen. Das setzt voraus, dass zwischen A und B ein wirksamer Kaufvertrag geschlossen wurde. Ein Kaufvertrag kommt durch Antrag und Annahme zustande (§ 1054 iVm § 861).

1. a) Ein Antrag der B (oder auch des A) auf Abschluss eines Kaufvertrages über die CD könnte schon im Rahmenvertrag zwischen A und B gestellt worden sein, wird darin doch die Zusendung von CDs vereinbart. Bestimmbar-

keit von Kaufgegenstand und Kaufpreis (§ 1054) wäre möglicherweise noch zu bejahen, wenn man die Erklärung auf die jeweilige CD zum jeweils üblichen Preis bezieht, doch fehlt es bei B an dem für ein Angebot erforderlichen, aktuellen Bindungswillen, weil B selbst sich noch in keiner Weise festlegt. Eine derartige Einordnung der im Rahmenvertrag abgegebenen Erklärungen scheidet also aus.

b) Hingegen kann die Zusendung der CD durch B als wirksames Offert[1]) gewertet werden. Kaufpreis Euro 19,– und Kaufsache („All Time Hits") sind eindeutig bestimmt, durch die Übersendung der CD ist der Bindungswille der B manifest.

2. a) A könnte dieses Angebot bereits durch tatsächliches Entsprechen iSd § 864 Abs 1 („stille Annahme") angenommen haben, indem er die Verpackung öffnete und in die CD reinhörte[2]). Läge diesfalls ein von einem Annahmewillen getragenes tatsächliches Entsprechen vor, hätte B damit ohne weiteres Zutun seitens A einen gültigen Vertrag zustande gebracht. Besonderes soll nach § 864 Abs 2 ABGB nur für die **ohne** Veranlassung zugesandten Sachen gelten. Bei diesen soll auch ein tatsächliches Entsprechen in Form eines Verwendens, Verbrauchens oder Wegwerfens der Sache nicht zum Vertragsabschluss führen können[3]). Damit von einer „ohne Veranlassung zugesandten Sache" auszugehen ist, darf der Empfänger die konkrete einzelne Übersendung nicht veranlasst haben. Unter Veranlassung verstehen die Materialien[4]) adäquate Ursächlichkeit, dh der Empfänger muss eine solche Handlung gesetzt haben, die nach der allgemeinen Lebenserfahrung nicht gänzlich ungeeignet ist, eine Übersendung, wie sie tatsächlich erfolgt ist, herbeizuführen.

Laut Sachverhalt hat A mit der Musikplattform einen Rahmenvertrag geschlossen, in dem ausdrücklich vereinbart wird, dass gelegentlich auch CDs zum Reinhören zugesandt werden. A hat zwar die konkrete einzelne Lieferung, nämlich die CD „All Time Hits" nicht bestellt, jedoch auf Grund seines Rahmenvertrags jedenfalls adäquat verursacht, sohin veranlasst iSd § 864 Abs 2. Die Bestimmung ist daher bereits aus diesem Grunde nicht anwendbar[5]).

---

[1]) Es liegt ein sog „Realangebot" (Realoffert) vor, bei dem das Angebot mit der Erbringung der angebotenen Leistung verbunden ist; vgl etwa *Riedler,* ZR I AT[6] Rz 11/47; *P. Bydlinski,* AT[7] Rz 6/8, 6/19.

[2]) Ein Zugang der stillen Annahme, einer Willensbetätigung, ist im Gegensatz zu einer empfangsbedürftigen Willenserklärung nicht erforderlich; vgl *Rummel* in *Rummel/Lukas*[4], § 864 Rz 1; *Riedler* in *Schwimann/Kodek*[4], § 864 Rz 1; *Wiebe* in *Kletečka/Schauer,* ABGB-ON § 864 Rz 1; *Riedler,* ZR I AT[6] Rz 11/40; *P. Bydlinski,* BR I AT[7] Rz 4/9; der Vertrag käme also uU schon im Zeitpunkt des Reinhörens zu Stande.

[3]) Auf die sich im Einzelnen mit dieser Bestimmung ergebenden Rechtsfragen siehe Sachverhaltsteil II.

[4]) 311 BlgNR 20. GP 14.

[5]) Auch wäre im Rahmen des § 864 Abs 2 das – hier allein einschlägige – Tatbestandsmerkmal eines Verwendens nicht erfüllt; vgl dazu im Folgenden S 20f.

Eine stille Annahme iSd § 864 Abs 1 ist nur möglich, wenn eine „ausdrückliche“[6]) Annahmeerklärung entweder nach der Natur des Geschäfts oder nach der Verkehrssitte nicht zu erwarten ist. Für beide Tatbestandsmerkmale des § 864 ergeben sich aus dem Sachverhalt keine Anhaltspunkte[7]). Die hL lässt daneben als weiteren Fall des Vertragsschlusses durch Willensbetätigung auch einen Verzicht des Offerenten auf eine Annahmeerklärung zu[8]). Es ist daher zu prüfen, ob B auf eine Annahmeerklärung verzichtet hat.

Ausdrücklich verzichtet hat B jedenfalls nicht. Fraglich ist, ob ein konkludenter (§ 863) Verzicht auf eine Annahmeerklärung vorliegt. Einen Schluss in diese Richtung könnte bereits die Tatsache des Realofferts zulassen. Man könnte meinen, wer real anbiete, verzichte damit stets zugleich auf eine Annahmeerklärung. Ob das allgemein zutrifft, ist fraglich, weil uU ein Interesse des Offerenten besteht, zu erfahren, ob der Vertrag zustande gekommen ist. Im zu begutachtenden Fall durfte A aber deshalb auf einen Verzicht auf eine Annahmeerklärung vertrauen, weil B sogar das Stillschweigen während der gesetzten zweiwöchigen Frist als Annahme werten will. Umso mehr kann angenommen werden, dass B ein tatsächliches Entsprechen im Sinne von § 864 als ausreichende Annahme erachtet.

Wann ein tatsächliches Entsprechen vorliegt, ist in § 864 nicht näher umschrieben. Von der Lehre werden Aneignungs- und Gebrauchshandlungen sowie Erfüllungshandlungen genannt[9]). In unserem Fall liegen in dieser Richtung nur das Öffnen der Verpackung und das Reinhören in die CD vor. Nach der Rahmenvereinbarung werden die CDs „zum Reinhören“ zugesandt, was dem Mitglied das Recht einräumt, die Waren vor Annahme zu prüfen. Eine Prüfung setzt notwendig das Öffnen der Verpackung voraus, erlaubt aber natürlich auch das Abspielen der CD. In dieser Tätigkeit allein kann daher keine Handlung liegen, die als Annahme des Offerts gedeutet werden könnte. Darüber hinaus fehlt es bei A an dem für die stille Annahme

[6]) Darunter ist entgegen dem Wortlaut auch eine konkludente Willenserklärung zu verstehen (*Rummel* in *Rummel/Lukas*[4], § 864 Rz 1), weil sonst bereits § 863 alle Fälle des § 864 erfassen, diese Norm daher überflüssig machen würde.

[7]) Vgl aber *Riedler* in *Schwimann/Kodek*[4], § 864 Rz 3, der bei real offerierten Kaufobjekten eine einschlägige Verkehrssitte annimmt.

[8]) *Riedler*, ZR I AT[6] Rz 11/42; *P. Bydlinski*, BR I AT[7] Rz 6/18; *Rummel* in *Rummel/Lukas*[4], § 864 Rz 3; *Riedler* in *Schwimann/Kodek*[4], § 864 Rz 3; aA *Gschnitzer* in *Klang*[2] IV/1, 86, der damit argumentiert, dass die Redaktoren des § 864 diesen Fall mit Absicht nicht in das Gesetz aufgenommen haben. Das ist zwar zutreffend (vgl Materialien zur 3. Teilnovelle 255 f), schließt aber eine analoge Behandlung dieses Falles nicht aus, da die von den Gesetzesverfassern geäußerten Bedenken unbegründet waren (so auch *Gschnitzer* aaO) und entgegen *Gschnitzer* dem Offerenten durchaus freisteht zu bestimmen, welche Handlungen des Partners er als Annahme werten will, wenn nur das Interesse des Partners nicht verletzt wird. Interessen Dritter bzw der Rechtsordnung sind nicht gefährdet.

[9]) Vgl *Riedler* in *Schwimann/Kodek*[4], § 864 Rz 4; *Riedler*, ZR I AT[6] Rz 11/40; 11/43.

erforderlichen[10]) Element des Annahmewillens. Aus dem Sachverhalt ergeben sich nämlich keine Hinweise, dass das Öffnen der Verpackung und das Reinhören in die CD in der Absicht erfolgte, damit das Offert der B annehmen zu wollen. Da die CD „zum Reinhören" übersandt ist, spricht auch die allgemeine Lebenserfahrung gegen einen solchen Schluss. Das wird durch das Zurücksenden der CD durch A noch bestätigt. A hat auch an der CD keine Veränderung vorgenommen, die nicht wieder rückgängig gemacht werden kann, und auch nicht über die CD verfügt, was nach *Gschnitzer*[11]) zur stillen Annahme ohne Rücksicht auf einen Annahmewillen führen soll. A hat vielmehr die CD wieder sorgfältig verpackt. Eine „stille Annahme" des Realofferts liegt daher nicht vor.

b) Der Vertrag könnte weiters dadurch zustande gekommen sein, dass die CD nicht binnen zwei Wochen bei B eingelangt ist. Um den Tatbestand des Vertragsabschlusses zu bejahen, müsste man das in der Nichtrücksendung liegende Schweigen des A während der ihm gesetzten zweiwöchigen Frist als Annahmeerklärung auffassen können. Im Allgemeinen kann zwar dem Stillschweigen kein Erklärungswert beigelegt werden[12]), weil die Untätigkeit verschiedenste Gründe haben kann. Eine Ausnahme gilt jedoch dann, wenn für den Schweigenden eine Pflicht zum Reden (oder zu einem anderen Verhalten, das einen Willen, insbesondere Ablehnungswillen, zum Ausdruck bringt) besteht. Es ist also zu prüfen, ob A zur Ablehnung des Angebots verpflichtet war. Von den in Lehre und Rspr genannten Gründen für die Entstehung solcher Äußerungspflichten[13]) ist bezüglich A einschlägig, dass er sich in der Beitrittserklärung vertraglich verpflichtet hat, die CD binnen zwei Wochen nach Zusendung zurückzuschicken. Damit könnte seinem Schweigen wegen seiner eigenen früheren Vereinbarung Erklärungswert zukommen.

Fraglich ist aber, ob diese Klausel in der Beitrittserklärung wirksam ist, da gemäß § 6 Abs 1 Z 2 KSchG Vereinbarungen, nach denen ein bestimmtes Verhalten des Verbrauchers als Abgabe oder Nichtabgabe einer Erklärung gilt, im Prinzip ungültig sind. An der Anwendbarkeit des KSchG auf das Verhältnis A–B ist nicht zu zweifeln, stellt der Kauf von Musikdateien doch jedenfalls ein Privatgeschäft des A dar, selbst wenn A im Übrigen Unternehmer wäre, was aus dem Sachverhalt nicht hervorgeht. Auch dass eine „Musikplattform" Unternehmer iSd § 1 KSchG ist, darf als sicher angenommen werden; dies würde selbst

---

10) *Riedler* in *Schwimann/Kodek*[4], § 864 Rz 5; *Riedler*, ZR I AT[6] Rz 11/44; *P. Bydlinski*, BR I AT[7] Rz 6/18.

11) *Gschnitzer* in *Klang*[2] IV/1, 87; aA *Riedler* in *Schwimann/Kodek*[4], § 864 Rz 5.

12) *Riedler*, ZR I AT[6] Rz 11/30 f; *P. Bydlinski*, BR I AT[7] Rz 6/20; *Rummel* in *Rummel/Lukas*[4], § 863 Rz 27; *Riedler* in *Schwimann/Kodek*[4], § 863 Rz 19; OGH SZ 37/59; SZ 37/119; SZ 68/90.

13) Vgl *Rummel* in *Rummel/Lukas*[4], § 863 Rz 27; *Riedler* in *Schwimann/Kodek*[4], § 863 Rz 20; vgl auch OGH SZ 37/59; SZ 37/119; SZ 68/90.

dann gelten, wenn sie im Zuge ihrer marktbezogenen Tätigkeit keine Gewinnerzielungsabsicht verfolgte.[14])

Zu prüfen ist allerdings, ob die Ausnahmen des § 6 Abs 1 Z 2 KSchG zutreffen. Vereinbarungen im Sinne des § 6 Abs 1 Z 2 KSchG sind danach nicht sittenwidrig und daher zulässig, wenn der Verbraucher bei Fristbeginn auf die Bedeutung seines Verhaltens hingewiesen wird und eine angemessene Frist zur Abgabe einer ausdrücklichen Erklärung hat. Die erste Voraussetzung ist durch das beigelegte Schreiben erfüllt. Dass zwei Wochen eine angemessene Frist sind, wird man angesichts des geringen Kaufpreises bejahen müssen[15]).

Die Klausel, in der die „Redepflicht" in Form der Rücksendepflicht begründet wird, ist somit wirksam vereinbart. Schweigen durch zwei Wochen könnte also den Vertrag zustande bringen; wenn A das vermeiden will, ist er verpflichtet, die CD rechtzeitig zurückzusenden. Es ist aber zweifelhaft, ob dieser Pflicht bereits dann ausreichend entsprochen ist, wenn die CD innerhalb der zwei Wochen abgesendet wird, oder ob auch der Zugang beim Empfänger in dieser Frist zu erfolgen hat. Im ersten Fall wäre der „Widerspruch" des A rechtzeitig, im zweiten nicht. Die Grundsatzlösung des ABGB für das Wirksamwerden von Erklärungen in § 862 a entspricht der sog „Empfangstheorie", wonach es auf den Zugang der Erklärung, nicht auf ihre Absendung ankommt. Danach wäre das von A (jedenfalls aus der Sicht des B) durch 14 Tage beobachtete Schweigen ausreichend, die ablehnende, in der Rücksendung liegende Erklärung also nicht rechtzeitig zugekommen. Nach dem Zweck der Klausel, dh der damit verfolgten Parteienabsicht (§ 914) ist jedenfalls anzunehmen, dass B die CD bei Ablehnung effektiv zurückbekommen soll, dass also der in der Rücksendung liegende konkludente Widerspruch zugehen muss. Auch dass dieser Zugang nicht irgendwann, also auch Jahre später, erfolgen können soll, entspricht dem erkennbaren und von A akzeptierten Interesse des B. Offen bleibt bei Prüfung von Wortlaut und Sinn der Klausel, ob Absendung am letzten Tag der Frist und Zugang nach durchschnittlicher Postlaufzeit oder nur Zugang während der Frist ausreichen soll. Insofern kann man die Formulierung „an uns zurückschicken" als mehrdeutige, unklare Bestimmung des Zugangszeitpunktes ansehen.

Da sich B der undeutlichen Erklärung bedient hat, ist die Klausel gemäß § 915 Satz 2 zu Lasten von B auszulegen[16]). Selbst dann hätten aber nur fristge-

---

[14]) Zum Tatbestand des Verbrauchergeschäfts ausführlich *Apathy* in *Schwimann/Kodek*[4], § 1 KSchG Rz 1 ff; vgl auch *Mayrhofer/Nemeth* in *Fenyves/Kerschner/Vonkilch,* Klang[3], § 1 KSchG Rz 31 ff, 50 ff.

[15]) Zur angemessenen Frist *Mayrhofer/Tangl* in *Fenyves/Kerschner/Vonkilch,* Klang[3], § 6 KSchG Rz 25.

[16]) Das gilt trotz der Tatsache, dass beim seinerzeitigen Beitritt des A dieser die „Beitrittserklärung" und damit möglicherweise das Offert abgegeben hat (und sich daher scheinbar selbst dieser unklaren Formulierung „bedient"); denn nach der Lebenserfahrung sind die betreffenden Papiere vom Unternehmer vorformuliert.

rechte Absendung und Zugang innerhalb einer üblichen Postlaufzeit für Päckchen von 3 bis 5 Tagen nach der 2-Wochenfrist zur Verhinderung des Vertragsschlusses ausgereicht. Weil der Zugang der CD jedoch erst 10 Tage nach Fristablauf erfolgte, ist die Vertragsablehnung jedenfalls verspätet zugegangen.

Für B war aber auf Grund des Aufgabedatums im Poststempel erkennbar, dass A die CD rechtzeitig abgesandt hat. Es bleibt daher zu prüfen, ob dem A § 862 a Satz 2 zugutekommt. Unmittelbar erfasst diese Bestimmung nur den Fall einer durch Verzögerung beim Transport verspätet zugegangenen Annahmeerklärung. Da es sich in unserem Fall um eine Ablehnungserklärung handelt, für die – wie für alle anderen Arten von Erklärungen – eine vergleichbare Regel fehlt, ist eine Analogie zum 2. Satz des § 862 a zu erwägen. Der Fall der durch Beförderungsverzögerung verspäteten Annahme und der durch Beförderungsverzögerung verspäteten „Vertragsablehnung" müssten wertungsmäßig ähnlich sein, um eine Analogie rechtfertigen zu können. Wie die Regel des ersten Satzes allgemein auf alle Arten von empfangsbedürftigen Erklärungen erstreckt wird[17]), könnte man auch die des zweiten Satzes zu verallgemeinern versuchen. Ob das für Erklärungen, denen keine andere des nunmehrigen Empfängers vorhergegangen ist, zutrifft, ist fraglich, kann aber auch offen bleiben, da jedenfalls im zu begutachtenden Fall eine dem § 862 a vergleichbare Situation vorliegt: B hat offeriert; verzögert hat sich die daraufhin erfolgte Reaktion des A; ob das eine Annahme- oder Ablehnungserklärung ist, rechtfertigt keinen Unterschied in den Rechtsfolgen.

Sinngemäße Anwendung des § 862 a erlaubt aber auch dem Offerenten bei verspäteter Ablehnung, durch unverzügliche Erklärung den Vertrag „aufrechtzuerhalten". Da B aber erst drei Wochen nach Erhalt der CD Zahlung des Kaufpreises verlangt, liegt sorgfaltswidriges Zögern der B iSd § 862 a vor. Mangels „unverzüglichen" Beharrens der B ist somit kein Kaufvertrag zwischen A und B zustande gekommen. Ein Anspruch der B gegen A auf Zahlung von Euro 19,– gemäß § 1062 ist daher nicht gegeben.

II. Ansprüche des V gegen C

1. Anspruch des V gegen C auf Zahlung von Euro 19,– gemäß § 1062

Ein solcher Anspruch setzt voraus, dass zwischen V und C ein wirksamer Kaufvertrag über die CD geschlossen wurde. Zu prüfen ist daher, ob ein gültiger Antrag und eine diesem entsprechende Annahme vorliegt (§ 1054 iVm § 861).

a) Realangebot

In der Bestellung der Kopfhörer zum Preis von Euro 20,– liegt zwar ein wirksames Angebot zum Kauf von Kopfhörern, jedoch ist darin kein Angebot auch zum Kauf einer CD zu sehen.

---

[17]) *Rummel* in *Rummel/Lukas*[4], § 862 a Rz 1; *Riedler* in *Schwimann/Kodek*[4], § 862 a Rz 2; vgl auch *Koziol – Welser/Kletečka,* Bürgerliches Recht I[14] Rz 106, 109.

Ein wirksames Offert erfolgt vielmehr erst durch die Zusendung der CD durch V. Es liegt ein Realoffert vor, da das Angebot mit der Erbringung der angebotenen Leistung verbunden ist. Ware (CD „All Time Hits") und Preis (Euro 19,–) sind eindeutig bestimmt, durch die Übersendung der CD samt Begleitschreiben wird der Bindungswille des V manifestiert.

b) Annahme

aa) Fraglich ist, ob C dieses Angebot auch tatsächlich angenommen hat. In Betracht käme möglicherweise eine Annahme durch Willensbetätigung (§ 864).

Nimmt man bei real offerierten Kaufobjekten nicht ohnedies bereits eine entsprechende Verkehrssitte an, wonach solche Angebote durch Willensbetätigung regelmäßig angenommen werden[18]), so wäre jedenfalls im beiliegenden Begleitschreiben ein Verzicht des V auf eine ausdrückliche Annahmeerklärung enthalten.

Zu prüfen ist daher, ob C dem Realangebot des V tatsächlich entsprochen hat.

Laut Sachverhalt lässt C die CD vorerst eine Woche unbeachtet und ungehört liegen, da er sich über die aggressiven Werbemethoden ärgert. Er hat in dieser Zeit keinen entsprechenden Annahmewillen, schon gar nicht manifestiert sich ein solcher Entschluss in einer nach außen ersichtlichen Handlung, was aber für eine Annahme durch Willensbetätigung nach § 864 unbedingt erforderlich wäre[19]).

Ein nach außen in Erscheinung tretendes Verhalten, in dem sich ein Annahmewille zeigen könnte, setzt C, als er die CD einem Freund schenkt.

Darin könnte also eine Annahme mittels Willensbetätigung nach § 864 zu sehen sein. Auf einen entsprechenden Annahmewillen des V wäre deshalb zu schließen, weil ihm laut Sachverhalt die CD „höchst gelegen kommt". Im Weiterschenken wäre die dem Aneignungswillen Rechnung tragende Aneignungshandlung zu sehen[20]).

Daher könnte bei isolierter Betrachtung des § 864 Abs 1 ein Vertragsabschluss zwischen C und V zu bejahen sein.

---

[18]) So *Riedler* in *Schwimann/Kodek*[4], § 864 Rz 3.

[19]) Bei der Annahme durch Willensbetätigung muss jedenfalls eine nach außen in Erscheinung tretende Handlung gesetzt werden; ein bloß innerer Wille, eine Sache zu behalten, genügt nicht (vgl *Rummel* in *Rummel/Lukas*[4], § 864 Rz 7).

[20]) Dies mag dem Anfänger durchaus nicht sofort einleuchtend erscheinen, da jemand, der eine Sache weiterschenkt, sich die Sache nicht selbst aneignet, sondern sie eben hergibt. Indem er die Sache aber als Geburtstagsgeschenk für einen Freund einsetzt, handelt er wie ein Eigentümer. Davon zu unterscheiden ist der Fall, in dem jemand die Sache an einen anderen weitergibt, ohne dass damit ein Aneignungswille verbunden wäre, zB weil ihm die Sache im Wege ist.

bb) Zu beachten ist jedoch auch die Bestimmung des § 864 Abs 2. Danach soll das Behalten, Verwenden oder Verbrauchen einer Sache, die dem Empfänger ohne seine Veranlassung übersandt worden ist, nicht als Annahme eines Antrags zu werten sein.

Die Bestimmung ist vor dem Hintergrund der Richtlinie des Europäischen Parlaments und des Rates über die Rechte der Verbraucher zu sehen[21]). Das Aufdrängen von Waren und Dienstleistungen, die ohne Veranlassung zugesandt werden, soll als verpönte Vertriebstechnik unterbunden werden. Ein Unternehmer, der sich solcher Mittel bedient, wird als in keiner Weise schutzwürdig erachtet[22]). In Anlehnung an die Richtlinie soll dem Verbraucher daher die Möglichkeit eröffnet werden, unaufgefordert zugesandte Sachen zu behalten, sie zu verwenden oder sich ihrer durch bloßes Wegwerfen zu entledigen.

Zu prüfen ist daher, ob § 864 Abs 2 im vorliegenden Fall einem Vertragsabschluss mittels Willensbetätigung entgegensteht.

Fraglich ist zunächst, ob eine „ohne Veranlassung zugesandte Sache" vorliegt. Dieses Tatbestandsmerkmal ist nach Ansicht der Materialien[23]) dahingehend zu interpretieren, dass der Empfänger die konkrete einzelne Übersendung adäquat verursacht hat.

Die Materialien gehen davon aus, dass eine solche Veranlassung – neben den Fällen der schriftlichen oder telefonischen Bestellung – sogar dann vorliegt, wenn der Empfänger Sachen bestellt hat, diesen Sachen aber dann noch andere – nicht bestellte – Waren beigegeben werden. Folgt man dem, so hätte daher C, indem er bei V die Kopfhörer bestellt hat, auch die Sendung der CD „All Time Hits" adäquat verursacht.

Dieses Ergebnis zeigt deutlich, dass das Abstellen auf das Kriterium der adäquaten Ursächlichkeit im Rahmen des § 864 Abs 2 völlig unbefriedigend ist und mit dem Schutzzweck der Norm nicht übereinstimmt. In der Lehre tritt man daher unter Hinweis auf die Intention des unionsrechtlichen Verbraucherschutzrechts dafür ein, den Begriff des Veranlassens einschränkend zu interpretieren: Zweck des Richtlinienrechts sei die Hintanhaltung fragwürdiger Vertriebstechniken[24]), entscheidend sei der objektive Erklärungswert des vor der

[21]) Art 27 der Richtlinie 2011/83/EU des Europäischen Parlaments und des Rates vom 25. 10. 2011 über die Rechte der Verbraucher, ABl vom 22. 11. 2011, L 304/64.

[22]) Eine solche Vertriebstechnik stellt zugleich eine aggressive Geschäftspraktik dar und verwirklicht einen Tatbestand des unlauteren Wettbewerbs (Z 29 des Anhangs zum UWG in Umsetzung der Richtlinie 2005/29/EG des Europäischen Parlaments und des Rates vom 11. 5. 2005 über unlautere Geschäftspraktiken im binnenmarktinternen Geschäftsverkehr zwischen Unternehmen und Verbrauchern, ABl vom 11. 6. 2005, L 149/22); vgl ferner den Verwaltungsstraftatbestand in § 32 Abs 1 Z 5 KSchG.

[23]) 311 BlgNR 20. GP 14.

[24]) *Riedler* in *Schwimann/Kodek*[4], § 864 Rz 11; vgl auch *Wiebe* in *Kletečka/Schauer*, ABGB-ON § 864 Rz 8.

Zusendung gesetzten Verhaltens des Verbrauchers, mit dem die tatsächlich zugesendete Sache in Beziehung stehen müsse[25]). Eine Veranlassung wird man deshalb dann annehmen können, wenn der Veräußerer wegen fehlender Lagerbestände oder Lieferschwierigkeiten statt der bestellten Ware ein ähnliches Produkt liefert[26]). Mehrlieferungen, bei denen ein sachlicher Zusammenhang mit der Bestellung fehlt, stellen verbotene Vertriebstechniken dar und erscheinen im Hinblick auf die ratio der Fernabsatzrichtlinie problematisch. IS richtlinienkonformer Interpretation müssen die Fälle einer Mehrlieferung, noch dazu von etwas ganz anderem als dem Bestellten, daher idR als nicht „veranlasst" angesehen werden.

Es ist daher davon auszugehen, dass C das Zusenden der CD durch die Bestellung der Kopfhörer nicht veranlasst hat.

cc) Es wurde oben bereits erörtert, dass im Weiterschenken an den Freund ein „Verwenden" iSd § 864 Abs 2 seitens K vorliegt.

Zu überlegen könnte angesichts der ratio der Verbraucherrechte-RL allenfalls noch sein, ob die Bestimmung wirklich auch auf Aneignungshandlungen mit Vertragsabschlusswillen Anwendung finden soll, oder lediglich solche Handlungen des Verwendens, Verbrauchens oder Entledigens von der Bestimmung umfasst sein sollen, bei denen ohnehin ein entsprechender Vertragsabschlusswille nicht vorliegt. Letzterenfalls hätte die Bestimmung lediglich klarstellenden Charakter. Für eine solche Sichtweise könnte sprechen, dass derjenige, bei dem ohnehin ein Vertragsabschlusswille vorliegt, eines Schutzes vor der verpönten Vertriebstechnik gar nicht bedarf. Auf Grund einer solchen teleologischen Interpretation könnte es möglich sein, nach wie vor in diesen Fällen durch Willensbetätigung einen Vertrag zu schließen. Dies entspricht dem Stand der überwiegenden Lehre[27]).

Dagegen spricht allerdings die Intention des Gesetzgebers, der in den Fällen der verpönten Vertriebstechnik generell einen Vertragsabschluss durch Aneignungshandlungen – auch aus generalpräventiven Überlegungen – hintanhalten wollte. Ausreichender Schutz besteht nur, wenn dem Verkäufer schon von vornherein der Einwand abgeschnitten ist, der Verbraucher habe die Sache mit Annahmewillen verwendet. Solche Beweisprobleme sollen gar nicht entstehen[28]).

Wenn die Materialien ausführen, dass in den Fällen der unaufgeforderten Zusendung ein Vertragsabschluss nach §§ 863 f (!) möglich sein kann, so kann

[25]) *Saria,* Rechtsfragen des neuen § 864 Abs 2 ABGB, RdW 1997, 647 (650).

[26]) Vgl *Riedler* in *Schwimann/Kodek*⁴, § 864 Rz 11, der selbst in diesem Fall eine schriftliche Mitteilung des Veräußerers verlangt, dass das Ersatzprodukt bei Nichtgefallen zurückgesendet werden kann; *Rummel* in *Rummel/Lukas*⁴, § 864 Rz 11.

[27]) So *Rummel* in *Rummel/Lukas*⁴, § 864 Rz 10; *Riedler* in *Schwimann/Kodek*⁴, § 864 Rz 10; *Riedler,* ZR I AT⁶ Rz 11/47; *P. Bydlinski,* BR I AT⁷ Rz 6/19.

[28]) Wie hier auch *Wiebe* in *Kletečka/Schauer,* ABGB-ON § 864 Rz 9.

man dies auch so verstehen, dass – neben der Annahme durch Willenserklärung – *andere* Fälle der Willensbetätigung als Behalten, Verwenden oder Verbrauchen, also insbesondere durch Erfüllungshandlungen (Zahlung des Kaufpreises) nach wie vor zum Vertragsabschluss führen können.

Geht man von dieser Prämisse aus, so liegt in unserem Fall aber keine Willensbetätigung vor, die als eine Annahme des Angebots gewertet werden könnte.

Es wurde zuvor bereits darauf hingewiesen, dass auch bei unaufgefordert zugesandten Waren ein Vertrag durch konkludente Annahme (§ 863) zustande kommen kann. Wie bereits oben erörtert[29]), ist jedoch dem bloßen Schweigen kein Erklärungswert beizumessen. Insbesondere sind aus dem Sachverhalt keinerlei Anhaltspunkte erkennbar, aus denen auf eine Äußerungspflicht gegenüber V geschlossen werden könnte.

Der Anspruch des V gegen C auf Zahlung von Euro 19,– besteht daher nicht zu Recht.

2. Anspruch des V gegen C auf Zahlung von Euro 19,– gemäß § 1435 analog

Ein solcher Anspruch setzt eine rechtsgrundlose Vermögensverschiebung voraus. Eine Vermögensverschiebung ist ua dann rechtsgrundlos, wenn ein sie rechtfertigender Vertrag von vornherein fehlt. Das ist hier der Fall, da gemäß § 864 Abs 2 durch Verwenden oder Verbrauchen der Sache kein Vertrag zustande kommt. Vielmehr kommt bei Verwendung oder Verbrauchen der unbestellt zugesandten Sache nach Ansicht der Gesetzesverfasser[30]) ein Anspruch gem § 1041 in Betracht. Indem C die CD einem Freund schenkt, verwendet er sie. Er ist insofern bereichert, als er sich den Aufwand für ein anderes Geschenk erspart.

Da jedoch eine bewusste Zuwendung zur Erreichung eines bestimmten Zwecks (also eine Leistung iSd §§ 1431 ff[31])) erfolgt ist, würde als Anspruchsgrundlage nur eine Leistungskondiktion in Betracht kommen: Der Verkäufer (V) übersendet dem Verbraucher (C) die Ware, da er deren Bezahlung bezweckt. Da V die Leistung in Erwartung einer Gegenleistung erbringt, wäre der Anspruch auf § 1435 analog (condictio causa data, causa non secuta) zu stützen[32]).

Ein solcher Bereicherungsanspruch steht jedoch mit dem Zweck des § 864 Abs 2 in Widerspruch, da diesfalls die verpönte Vertriebstechnik im Bereicherungsrecht einen Nährboden fände. Art 9 der RL über den Verbraucherschutz

[29]) Siehe oben S 21 f.
[30]) Siehe oben FN 6.
[31]) *Riedler*, ZR IV SchRBT GesSch[4] Rz 11/3 ff; *Apathy/Riedler*, BR III SchRBT[5] Rz 15/5.
[32]) *Riedler*, ZR IV SchRBT GesSch[4] Rz 11/14; *Apathy/Riedler*, BR III SchRBT[5] Rz 15/10.

bei Vertragsabschlüssen im Fernabsatz bestimmt ausdrücklich, dass der Verbrauch von jedweder Gegenleistung bei unaufgefordert zugesandten Warensendungen zu befreien ist. IS einer richtlinienkonformen Interpretation sind daher auch Bereicherungsansprüche auszuschließen[33]).

Der Anspruch des V gegen C auf Zahlung von Euro 19,– besteht daher nicht zu Recht.

[33]) *Riedler* in *Schwimann/Kodek*[4], § 864 Rz 12; *Rummel* in *Rummel/Lukas*[4], § 864 Rz 12; *Wiebe* in *Kletečka/Schauer,* ABGB-ON § 864 Rz 9.

3. Fall

Der DVD-Player

Sachverhalt

Der 15-jährige Lehrling Langohr hat sich von seinem Monatsverdienst (Euro 400,–) in den vergangenen beiden Monaten Euro 45,– erspart; damit will er sich einen DVD-Recorder kaufen, um sich seine Lieblingssendungen im Fernsehen aufzeichnen und diese zu jeder Tages- und Nachtzeit immer wieder ansehen zu können. Im Geschäft des Händlers Hoffmann hat er ein gebrauchtes Gerät um diesen Preis entdeckt. Als er es mit seinem „Freund" Schlitzohr vom Schaufenster aus besichtigt, behauptet dieser, er wisse sicher, dass es sich um einen Recorder handle (weil er dem Langohr einen Streich spielen will). In Wahrheit ist das Gerät nur ein fast neuwertiger DVD-Player (Abspielgerät), was auch für jeden Interessierten am Preis erkennbar war.

Langohr kauft von Hoffmann das Gerät, ohne sich weiter zu erkundigen, und nimmt es mit. Nach Entdeckung seines Irrtums will Langohr vom bloßen DVD-Player nichts mehr wissen.

Wie ist die Rechtslage?

Erforderliche Kenntnisse: wie bei Fall 1 und 2; zusätzlich Geschäfts- und Deliktsfähigkeit; Willensmängel; Grundlagen des Bereicherungs- und Schadenersatzrechts; dazu zB *P. Bydlinski,* BR I AT[7] Rz 2/13–2/43, 8/1–8/42; *Riedler,* ZR I AT[6] Rz 6/15–6/37, 21/1–24/12; *Riedler,* ZR IV SchRBT GesSch[4] Rz 2/1–2/149, 10/1–14/28; *Apathy/Riedler,* BR III SchRBT[5] Rz 3/14ff; *Kerschner/Riedler,* Vertragsanfechtung/-anpassung wegen Irrtums, JAP 1995/96, 76ff; *Riedler,* Vertragsanfechtung/-anpassung wegen List, JAP 1995/96, 163ff.

Ziel: Erarbeiten konkreter Fallfragen in dreipersonalen Verhältnissen; Überblick über mögliche Arten von Anspruchsgrundlagen.

I. Vorüberlegungen

1. Zum Sachverhalt

Sobald der Sachverhalt komplizierter wird, insbesondere wenn Rechtsbeziehungen zwischen mehr als zwei Personen in Betracht kommen, kann es den Überblick erleichtern, wenn man sich vorab eine **Strichzeichnung** macht, wobei man die Personen mit Buchstaben abkürzt. Die möglichen Rechtsbeziehungen werden durch einen Strich, allenfalls schon erwogene oder nach der Fallfrage von den Beteiligten erhobene Ansprüche durch einen Pfeil symbolisiert. Wenn man über bestimmte Rechtsbeziehungen schon Klarheit zu haben glaubt, kann man sich diese stichwortartig bei der jeweiligen Linie vermerken. In unserem Fall müsste man überlegen, ob zwischen L und H möglicherweise ein Kaufvertrag besteht und ob L von S vielleicht Schadenersatz verlangen könnte, wenn er im Verhältnis zu H nicht völlig ohne Nachteile bleibt:

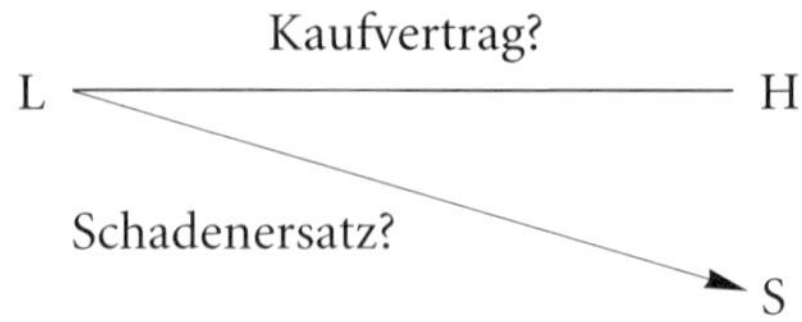

Zusätzlich kann man sich auf einem Merkzettel die als wesentlich erscheinenden Sachverhaltsdetails mit den ersten rechtlichen Assoziationen notieren, um in der Folge nichts zu vergessen, zB:

L 15 Jahre; Geschäftsfähigkeit? Monatsverdienst Euro 400,–

L will Recorder, bekommt Player; Dissens, Irrtum?

Täuschung durch S; § 874?

Verkehrsüblicher Preis: Euro 45,–

2. Zur Frage

Im Gegensatz zu den beiden ersten Fällen ist im jetzt zu behandelnden Fall keine konkrete Frage gestellt. Es heißt vielmehr allgemein: **„Wie ist die Rechtslage?“.** Wie schon in den Vorüberlegungen zum ersten Fall angedeutet, ist damit der Bearbeiter aufgefordert, umfassend **alle auf Grund des Sachverhalts möglichen Ansprüche** zwischen den Beteiligten zu prüfen. Die konkret zu prüfenden Fragen müssen daher erst erarbeitet werden.

Einige Fantasie und die bereits bekannte Grundfrage „Wer will was von wem?“ helfen weiter. Drei Personen, L, H und S, kommen vor. Daher sind theoretisch auch drei Rechtsverhältnisse mit wechselseitigen Ansprüchen möglich:

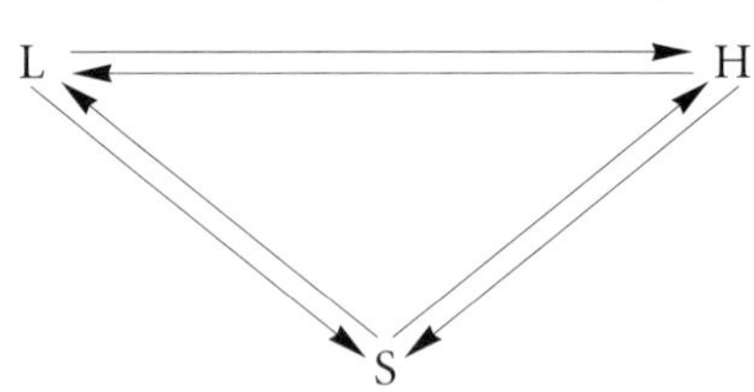

In jedem Rechtsverhältnis sind ein, zwei (Gegenanspruch) oder sogar mehr Ansprüche denkbar[1]), bei drei Personen daher sechs und mehr. Sehr häufig besteht aber doch nicht zwischen allen Beteiligten eine Rechtsbeziehung,

[1]) Über deren Verhältnis zueinander wird später insbesondere unter dem Stichwort „Anspruchskonkurrenz“ noch zu sprechen sein; vgl unten S 63, 65 f und 117.

sodass die Anzahl der konkret zu prüfenden Ansprüche hinter der theoretisch möglichen meist zurückbleibt.

Bei der Konkretisierung der allgemeinen Fallfrage ist das „was", also der **Gegenstand der einzelnen Begehren,** am schwierigsten zu bestimmen. Am ehesten erkennt man die tatsächlichen (möglichen) Begehren, wenn man sich als Bearbeiter in die Situation der einzelnen Beteiligten versetzt, sich mit deren Interessen identifiziert. Diese Vorgangsweise empfiehlt sich auch bei der juristischen Begründung. Wie ein Schachspieler, der mit sich selbst spielt und nach jedem Zug den Platz wechselt, schlüpft der Jurist bei der Begutachtung eines Falles abwechselnd einmal in die Rolle des Klägers, einmal in die des Beklagten, um Fantasie für mögliche Gegenargumente zu entwickeln, die es auszuräumen gilt.

Versetzen Sie sich daher in die Rolle des L, zunächst im Verhältnis zu H: Da er einen DVD-Recorder kaufen wollte, aber einen bloßen Player bekam, hat er – siehe Sachverhalt – an diesem kein Interesse. Sein primäres Begehren könnte daher auf Lieferung eines Recorders zu denselben Bedingungen gerichtet sein. Das „was" für einen ersten möglichen Anspruch des L ist damit festgelegt: Leistung eines DVD-Recorders. Die Prüfung dieses Anspruchs hat zugleich den für die weitere Arbeit nützlichen „Nebeneffekt", den Inhalt des zwischen den beiden (allenfalls) bestehenden Vertrages zu klären. Hier darf man freilich nicht stehen bleiben. Es ist weiters zu überlegen, was L sonst noch von H verlangen könnte, insbesondere wenn sein primäres Interesse rechtlich nicht durchsetzbar ist. In diesem Fall wird L zumindest sein Geld zurückhaben, besser formuliert, Rückzahlung des Kaufpreises verlangen wollen. Das „was" für einen weiteren möglichen Anspruch steht somit wieder fest: Zahlung von Euro 45,– von H. Auch der Laie wird bei diesem Begehren schon bedenken, dass damit die Rückgabe des Players verbunden sein wird (Anspruch des H gegen L). Weniger nahe liegend ist die immerhin überlegenswerte Frage, ob L, wenn er den Player nicht wieder los wird, wenigstens *einen Teil* des Kaufpreises zurückverlangen kann.

Die möglichen Begehren des H gegen L sind – wie schon angedeutet – davon abhängig, mit welchen Ansprüchen L durchdringt. Solange H den Kaufpreis behalten kann und keine weitere Leistung an L erbringen muss, ist ein Interesse, von L etwas zu verlangen, nicht ersichtlich. Da L Lieferung eines DVD-Gerätes mit Aufzeichnungsfunktion nur bei gleich bleibendem Kaufpreis Euro 45,– begehren wird, erübrigt es sich, gesondert zu prüfen, ob H für einen Recorder einen erhöhten Kaufpreis verlangen könnte. Muss H allerdings einen Recorder liefern oder den Kaufpreis zurückzahlen, wird er zweifellos von L den Player herausverlangen. Da L nach dem Sachverhalt dazu ohnehin bereit ist, wird dieser Gegenanspruch des H keinen großen Aufwand bei der Prüfung erfordern. Dass – anders als in den vorigen Fällen – nicht ein Begehren des H auf Zahlung des Kaufpreises zu prüfen ist, ergibt sich mit Selbstverständlichkeit daraus, dass L bereits bezahlt hat. Oft verschwenden Studenten kostbare Zeit mit der Prüfung eines Anspruchs, der nach dem Sachverhalt entfällt, weil er schon erfüllt ist.

Von S wird L vermutlich nur dann eine Leistung begehren, wenn er von H keinen Recorder erhält. Ansonsten wäre L ja „schadlos gestellt". Mit dieser Erkenntnis ist bereits festgelegt, dass die Ansprüche des L gegen H zweckmäßigerweise zuerst zu prüfen sind. Bleibt L auf dem – für ihn vielleicht wertlosen – DVD-Player sitzen, bekommt er also weder einen Recorder noch den Kaufpreis von H zurück, dann wäre es denkbar, dass er von S Schadenersatz wegen dessen Unredlichkeit verlangt. Sein Interesse wäre befriedigt, wenn er von S einen Recorder oder zumindest den an H bezahlten Kaufpreis erhielte.

Hat S dem L einen DVD-Recorder zu verschaffen oder den Kaufpreis zu ersetzen, könnte er seinerseits vielleicht die Herausgabe des Players verlangen. Auch für diesen Fall ergibt sich aus dem Sachverhalt, dass L dazu bereit ist.

Zwischen S und H ist jedenfalls auf den ersten Blick keine Rechtsbeziehung erkennbar.

Im vorliegenden Dreipersonenverhältnis sind daher (höchstens) fünf Ansprüche zu untersuchen:

1. Anspruch des L gegen H auf Lieferung eines DVD-Recorders.

2. Anspruch des L gegen H auf Rückzahlung des Kaufpreises in der Höhe von Euro 45,– gegen Rückstellung des Players.

3. Anspruch des L gegen H auf Rückzahlung eines Teiles des Kaufpreises.

4. Anspruch des L gegen S auf Lieferung eines DVD-Recorders gegen Herausgabe des Players.

5. Anspruch des L gegen S auf Zahlung von Euro 45,– (Kaufpreis) gegen Herausgabe des DVD-Players.

Wie man sieht, kann für die Erarbeitung der konkreten Fallfragen einiger Denkaufwand nötig sein. Bevor wir uns in unseren Vorüberlegungen zum DVD-Player-Fall der Hauptaufgabe, nämlich der rechtlichen Begründetheit der möglichen Ansprüche zuwenden, folgt ein auf die Lösung anderer Fälle vorbereitender Exkurs.

3. Exkurs: Arten von Fallfragen

Da es aus Platzgründen ausgeschlossen ist, alle denkbaren Fallfragen anhand konkreter Fälle darzustellen, soll hier auf andere mögliche Fragestellungen kurz eingegangen werden. Um den Fallbezug zu wahren, wird zunächst die Frage zum DVD-Player-Fall jeweils entsprechend (nur für Zwecke dieses Exkurses) variiert. Weitere Beispiele zu anderen Fällen folgen jeweils.

a) Konkretes, ausdrückliches Begehren

Diese bereits aus den Fällen 1 und 2 bekannte Fragestellung könnte im vorliegenden Fall lauten: Kann L von H Rückzahlung des Kaufpreises verlangen? Oder: L begehrt von H Lieferung eines Recorders. Zu Recht?

Weitere Beispiele: Kann A von B Herausgabe des PKW verlangen? A begehrt von B Unterlassung einer störenden Lärmeinwirkung auf sein Grundstück. Mit Recht?

b) Frage nach der Rechtslage

Dazu ausführlich oben im Text.

c) Frage nach Gestaltungsrechten[2])

Im DVD-Player-Fall: Kann L den Kaufvertrag mit H (wegen Irrtums oder Täuschung) anfechten? Diese Frage setzt das Zustandekommen eines Kaufvertrages offenkundig voraus; auch der Bearbeiter hat darauf nicht mehr einzugehen. Die Prüfung hat sich vielmehr auf das Bestehen des Anfechtungsrechts zu beschränken. Wie für Ansprüche eine Anspruchsgrundlage, ist dann eine gesetzliche Grundlage für das Gestaltungsrecht zu suchen (zB § 871). Unter die in Erwägung gezogene Norm ist der Sachverhalt zu subsumieren.

Andere Beispiele: Kann A vom Vertrag zurücktreten (den Vertrag wandeln)? Kann B den Arbeitsvertrag (Mietvertrag) mit C kündigen? Kann sich A von seiner Ehefrau scheiden lassen (Gestaltungsklagerecht)[3])?

d) Frage nach Bestehen oder Nichtbestehen eines Rechtsverhältnisses[4])

Im DVD-Player-Fall: Ist zwischen L und H ein Kaufvertrag zustande gekommen (abgeschlossen worden)? Auch bei dieser Fragestellung wären keine Ansprüche zu prüfen; vielmehr nur die gesetzlichen Voraussetzungen des gefragten Rechtsverhältnisses (zB §§ 1053 ff iVm §§ 861 ff).

---

[2]) Ein Gestaltungsrecht ist im Gegensatz zum Anspruch kein Recht auf Leistung. Ein Gestaltungsrecht ist vielmehr die Befugnis, durch einseitige Willenserklärung die Rechtslage zu ändern, also ein Rechtsverhältnis zu begründen, abzuändern oder zu beenden; vgl *Riedler*, ZR I AT[6] Rz 9/21; *P. Bydlinski*, BR I AT[7] Rz 3/10.

[3]) Beim Gestaltungsklagerecht wird die Rechtslage erst durch richterliches Urteil auf Begehren des Klägers verändert. Eine außergerichtliche Geltendmachung durch bloße Willenserklärung reicht nicht aus. Jedermann weiß, dass die Ehe nicht dadurch aufgelöst wird, dass der Ehemann seiner Frau erklärt: „Du hast Ehebruch begangen; deshalb bleibe ich nicht bei dir."

[4]) Der Frage nach dem Bestehen eines Anspruchs entspricht im Prozess die Leistungsklage; der nach Bestehen eines Rechtsverhältnisses die Feststellungsklage. Lesen Sie § 228 ZPO!

Andere Beispiele: Ist A Mitglied des Vereins (der Gesellschaft) B? Ist X gesetzlicher Erbe?

Bei den Fragen c) und d) geht es also nicht um Ansprüche. Jedoch dient auch die Ausübung von Gestaltungsrechten und die Erhebung eines Feststellungsbegehrens idR der Vorbereitung von Ansprüchen bzw der Beseitigung von Ansprüchen des Gegners. So hat zB die Kündigung des Mietvertrages durch den Vermieter das Ziel, die vermietete Sache herausverlangen zu können; die Kündigung durch den Mieter, künftig keinen Mietzins mehr zahlen zu müssen, also den entsprechenden Anspruch des Vermieters zum Erlöschen zu bringen. Feststellungsbegehren sind bisweilen deshalb nötig, weil ein konkreter Anspruch, zB mangels Fälligkeit, (noch) nicht durchgesetzt werden kann (Beispiel: Der Vermieter begehrt Feststellung, dass eine vom Mieter ausgesprochene Kündigung unwirksam sei, weil ein Leistungsbegehren bezüglich der künftigen Mietzinse nicht möglich ist – § 406 ZPO).

Zurück zum DVD-Player-Fall:

4. Auffinden der Anspruchsnormen

Für die oben erarbeiteten tatsächlichen Begehren sind nun mögliche Anspruchsgrundlagen zu suchen. Diese Aufgabe ist hier wesentlich komplexer als in den beiden ersten Fällen, in denen jeweils nur vertragliche Ansprüche in Frage standen. Zwar ist auch zwischen L und H möglicherweise ein wirksamer Kaufvertrag zustande gekommen, der auch in diesem Verhältnis Grundlage der Ansprüche des L sein könnte. Zwischen L und S ist aber schon auf den ersten Blick keinesfalls eine vertragliche Beziehung gegeben. In Betracht kommen daher nur außervertragliche, also gesetzliche Anspruchsgrundlagen. Damit ist bereits die grundsätzliche, auch in § 859 niedergelegte Zweiteilung der Ansprüche aufgegriffen, die als erste Orientierungshilfe dienen kann[5]). Die gesetzlichen Ansprüche gründen sich, wie § 859 sagt, „unmittelbar" auf ein Gesetz.

Beispiel: Schadenersatz, insbesondere §§ 1293 ff; ungerechtfertigte Bereicherung, insbesondere § 1041 oder §§ 1431 ff; Geschäftsführung ohne Auftrag, §§ 1035 ff; Eigentumsherausgabe, § 366; Unterhalt, zB § 94; Pflichtteilsrecht, §§ 756 ff.

Die vertraglichen Ansprüche beruhen demgegenüber auf dem Vertrag, freilich auch nur in Verbindung mit dem Gesetz, das der Vereinbarung ihre Gültigkeit und Verbindlichkeit verleiht. Der Inhalt der vertraglichen Ansprüche

---

[5]) Die in § 859 enthaltene Dreiteilung („Gesetz", „Rechtsgeschäft", „erlittene Beschädigung") reduziert sich dadurch auf die genannte Zweiteilung in rechtsgeschäftliche (wovon „vertragliche" nur der typische Fall sind) und gesetzliche Ansprüche, dass man die Schadenersatzansprüche üblicherweise zu den gesetzlichen zählt, sie also nicht mehr als eigene Kategorie begreift.

ist daher aus dem Zusammenspiel von Vereinbarung und Gesetz abzuleiten, wie das in den beiden ersten Fällen (Kaufvertrag, § 1062) auch mit scheinbarer Selbstverständlichkeit geschehen ist.

Dieser erste grobe Überblick über die möglichen Anspruchsgrundlagen soll hier genügen, ein ausführlicheres Anspruchsschema folgt bei Fall 5. Es gilt nun, Normen zu finden, die die fünf Begehren des L rechtfertigen könnten.

a) Für einen Anspruch des L gegen H auf Lieferung eines DVD-Recorders kommt nach dem Sachverhalt nur eine vertragliche Grundlage, konkret ein Kaufvertrag, in Betracht. Für die Pflicht des Verkäufers zur Übergabe der Kaufsache findet sich in § 1061 eine ausdrückliche gesetzliche Anordnung.

b) Auch für den Anspruch des L auf Rückzahlung von Euro 45,– gegen H ist der unerfahrene Bearbeiter vielleicht geneigt, „den Kaufvertrag" als Grundlage zu nennen. Es wäre dies aber ein gravierender, wenn auch in Übungen oft beobachteter Fehler. Ein Kaufvertrag verpflichtet nämlich zwar den Käufer (§ 1062) zur Zahlung des Kaufpreises, nicht aber den Verkäufer zu dessen Rückzahlung. Man wird in den Kaufvertragsnormen vergeblich nach einer solchen Verkäuferpflicht suchen. Das Gesagte unterstreicht die bereits früher hervorgehobene Notwendigkeit, stets die ganz konkrete Norm zu suchen, die den geprüften Anspruch rechtfertigen könnte, also nicht „den Kaufvertrag", sondern bestimmte Worte der Vereinbarung oder einen bestimmten Paragrafen, der bei Vorliegen eines Kaufvertrages die fragliche Rechtsfolge enthält.

In unserem Fall zeigt sich vielmehr bei eingehenderem Nachdenken, dass nur dann ein Rückzahlungsanspruch besteht, wenn der Kaufvertrag nicht (mehr) aufrecht ist. Ein gültiger Kaufvertrag wäre ja gerade der Grund für H, den Kaufpreis zu behalten.

Das legt nahe, die Gültigkeit und, falls man sie bejaht, Möglichkeiten zur Beseitigung („Anfechtung") des Kaufvertrages zu prüfen. Es wäre freilich auch verfehlt, in den Normen über die Irrtums- bzw Täuschungsanfechtung (§§ 870, 871, 875) die Anspruchsgrundlage für die Rückzahlung zu sehen (häufiger Fehler!). Diese Normen bilden zunächst bloß eine Grundlage für Gestaltungsrechte, ermöglichen daher nur dem Irrenden bzw Getäuschten, einseitig die Rechtslage zu ändern, konkret den Kaufvertrag aufzulösen. Gelingt das oder ist der Vertrag aus anderen Gründen unwirksam, fehlt der erfolgten Leistung die Rechtsgrundlage. Für die dann gebotene Rückabwicklung, also für den Ausgleich der dann rechtsgrundlosen Vermögensverschiebungen bilden die Normen des Bereicherungsrechts die Anspruchsgrundlage (§§ 877, 1431, 1435). Auch in der gerichtlichen Praxis wird diese gebotene Trennung zwischen Vertragsauflösung (Gestaltungsrecht) und darauf aufbauender Rückforderung (Anspruch) leider nicht immer genügend beachtet.

Ob der Kaufvertrag zwischen L und H wirksam ist und damit, ob L die gezahlten Euro 45,– zurückverlangen kann, erscheint unter mehreren Gesichtspunkten zweifelhaft. Als Anspruchsnormen für die Rückforderung des L kommen jedenfalls nur bereicherungsrechtliche Tatbestände in Betracht. Deren Kenntnis in den Grundzügen ist auch für Anfängerfälle oft unentbehrlich. Für die im DVD-Player-Fall denkbaren Unwirksamkeitsgründe (Geschäftsunfähigkeit, Dissens, Irrtum, Täuschung) ist § 877 iVm §§ 1431 ff[6]) als Anspruchsgrundlage in Erwägung zu ziehen.

c) Auch für einen allfälligen Anspruch des L gegen H auf Rückzahlung bloß eines Teiles des Kaufpreises kommen nur bereicherungsrechtliche Normen in Frage. Der Kaufpreis müsste insofern herabgesetzt, der Kaufvertrag „angepasst" werden, eine Rechtsfolge, die man § 872 („angemessene Vergütung") entnimmt. Für die Rückforderung selbst kann auf das oben Ausgeführte verwiesen werden.

d) Für das Begehren des L gegen S auf Lieferung eines Recorders scheiden vertragliche oder bereicherungsrechtliche Grundlagen aus. Denkbar und nahe liegend (absichtliche Irreführung) ist allein ein Schadenersatzanspruch, daher §§ 1293 ff bzw § 874.

e) Aus denselben Gründen kommt allenfalls ein Schadenersatzanspruch des L gegen S auf Zahlung von Euro 45,– gemäß § 874 bzw §§ 1293 ff in Betracht.

5. Erkennen der Fallprobleme; Lösungsgliederung

Schon aus „klausurpsychologischen" Gründen drängt sich bei der Lektüre des Sachverhalts auf, dass die Geschäftsfähigkeit des L in Frage steht. Nicht umsonst wird der Fallverfasser Alter, Monatsverdienst und Ersparnis des Lehrlings in den Sachverhalt aufgenommen haben (lesen Sie § 865 und § 170!). Die Geschäftsfähigkeit des L für den vorliegenden Vertrag wird man auch deshalb zweckmäßigerweise vorweg prüfen, weil ihr Fehlen weitere Fragen nach anderen Mängeln der Einigung (Dissens, Irrtum usw) erübrigen würde.

Da L einen Recorder kaufen, H seinen Player verkaufen will, wird weiters zu fragen sein, ob überhaupt zwei einander korrespondierende Willenserklärungen vorliegen (Dissensproblematik). Damit eng verbunden ist die Frage nach dem Inhalt der Vereinbarung: Verkauf eines DVD-Recorders oder eines bloßen DVD-Players. Der „Streich" des S wird einerseits unter Täuschungs- bzw Irrtumsaspekten wichtig werden, andererseits wird das listige Vorgehen des S für eine allfällige Schadenersatzpflicht eine Rolle spielen.

---

[6]) § 877 ist, weil für sich genommen in Tatbestand und Rechtsfolge unvollständig, durch die allgemeineren Bestimmungen der §§ 1431 ff über Leistungskondiktionen zu ergänzen; vgl *Rummel* in *Rummel/Lukas*[4], § 877 Rz 1 u 5.

Folgende **Lösungsgliederung** drängt sich demnach auf:

1. Anspruch des L gegen H auf Lieferung eines DVD-Recorders aus Kaufvertrag (§ 1061)
   a) Vertragsunwirksamkeit wegen Geschäftsunfähigkeit des L
      aa) prinzipielle Geschäftsunfähigkeit
      bb) Ausnahmen: §§ 865, 170 Abs 2
   b) Vertragsunwirksamkeit wegen Dissenses (§ 869)
   c) Vertragsinhalt
   d) Vertragskorrektur gemäß § 872
2. Anspruch des L gegen H auf Rückzahlung des Kaufpreises gemäß §§ 877, 1431 ff gegen Rückstellung des DVD-Players
   a) nach Anfechtung wegen Irrtums (§ 871)
   b) nach Anfechtung wegen Täuschung (§ 870)
3. Anspruch des L gegen H auf Rückzahlung eines Teiles des Kaufpreises
4. Anspruch des L gegen S auf Lieferung eines DVD-Recorders gemäß § 874
   a) nachteilige Folge
   b) Kausalität der Täuschung
5. Anspruch des L gegen S auf Zahlung von Euro 45,– gemäß § 874
   a) Vermögensschaden
   b) immaterieller Schaden

II. Gutachten

1. Anspruch des L gegen H auf Lieferung eines DVD-Recorders

Dieser Anspruch könnte sich auf § 1061 stützen. Das setzt voraus, dass zwischen L und H ein wirksamer Kaufvertrag über einen DVD-Recorder zustande gekommen ist.

Dem Abschluss eines gültigen Kaufvertrages könnte zunächst die beschränkte Geschäftsfähigkeit des erst 15-jährigen L entgegenstehen. Als Minderjähriger kann L grundsätzlich gemäß § 865 nur ein „bloß zu seinem Vorteil gemachtes Versprechen“ annehmen, also lediglich solche Verträge abschließen, aus denen er nur berechtigt, nicht aber verpflichtet wird. Da aber ein Kaufvertrag wechselseitige Pflichten auferlegt (§§ 1061 f), bedürfte es gemäß § 865 zur Gültigkeit des zwischen L und H abgeschlossenen Vertrages grundsätzlich der Zustimmung des gesetzlichen Vertreters von L. Eine solche ist dem Sachverhalt nicht zu entnehmen.

§ 170, auf den § 865 verweist, sieht aber von diesem Erfordernis in bestimmten Fällen ab. Gemäß § 170 Abs 2 kann ein mündiger Minderjähriger über sein Einkommen aus eigenem Erwerb soweit verfügen und sich verpflichten, als dadurch nicht die Befriedigung seiner Lebensbedürfnisse gefährdet wird.

Der 15-jährige Lehrling L, der gemäß § 21 Abs 2 bereits mündig ist, hat sich von seinem Monatsverdienst, also aus eigenem Erwerb, in den beiden vergangenen Monaten Euro 45,– erspart. L hat also durchschnittlich Euro 22,50 monatlich zur Seite gelegt. Die monatlich verbleibenden Euro 377,50 haben ausgereicht, die Lebensbedürfnisse des L zu befriedigen. L hätte sich sonst Euro 45,– nicht „ersparen" können. Der Verbrauch von Ersparnissen stellt zumindest dann keine Gefährdung der Lebensbedürfnisse dar, wenn jene nicht der Deckung zukünftiger notwendiger Aufwendungen dienen sollten. Dafür ergibt der Sachverhalt aber keine Anhaltspunkte.

Da sowohl die positiven wie auch die negativen Voraussetzungen des § 170 Abs 2 erfüllt sind, bedurfte L zum Abschluss des Kaufvertrages mit H keiner Zustimmung seines gesetzlichen Vertreters.

Ob ein Kaufvertrag über einen DVD-Recorder zustande gekommen ist, erscheint aber deshalb fraglich, weil von keiner Seite eine ausdrückliche Willenserklärung über die Eigenschaften des zu erwerbenden DVD-Gerätes abgegeben wurde. L wollte zwar einen Recorder kaufen. Umgekehrt wollte H das von ihm ausgestellte DVD-Gerät (ein bloßer Player) verkaufen. Ob trotz dieser Willensdiskrepanz ein Vertrag zustande gekommen ist und, wenn ja, mit welchem Inhalt, ist eine Frage der Auslegung der beiderseitigen Erklärungen, die als Angebot und Annahme gemäß § 861 zum Vertragsschluss geführt haben können. Das Ausstellen des Gerätes im Schaufenster ist nur als Aufforderung, ein Angebot zu stellen, zu werten[1]). Nach der Lebenserfahrung wird erst L im Geschäft dem H etwa folgendes Angebot gemacht haben: „Ich möchte das im Schaufenster ausgestellte DVD-Gerät um Euro 45,– kaufen". Eine nähere Qualifikation des Gerätes als Recorder oder bloßen Player hat L nach dem Sachverhalt in seinem Angebot nicht getroffen.

Ein objektiver, redlicher Erklärungsempfänger in der Lage des H durfte auf Grund des genannten Preises das Angebot des L dahin verstehen, dass dieser eben das im Schaufenster ausgestellte DVD-Gerät mit bloßer Abspielfunktion kaufen wolle. H hat dieses Angebot auch angenommen. Es liegen demnach zwei objektiv übereinstimmende Erklärungen vor, Dissens ist nicht gegeben. Ein Kaufvertrag ist gültig zustande gekommen, Inhalt ist nicht ein DVD-Recorder, sondern der im Schaufenster ausgestellte DVD-Player.

Ein Anspruch des L gegen H auf Lieferung eines Recorders zum Preis von Euro 45,– gemäß § 1061 könnte nur dann noch zu Recht bestehen, wenn L eine entsprechende Vertragskorrektur wegen Irrtums gemäß § 872 erreichen könnte. Von den übrigen Voraussetzungen dieser Norm abgesehen, würde eine Vertragsanpassung jedenfalls nur dann möglich sein, wenn auch H den Kauf-

[1]) Vgl *Riedler,* ZR I AT^6 Rz 12/2; *P. Bydlinski,* BR I AT^7 Rz 6/8.

vertrag ebenso über ein DVD-Gerät mit Aufzeichnungsfunktion zum Preis von Euro 45,– abgeschlossen hätte, für beide Vertragspartner der Irrtum also „unwesentlich“ iSd § 872 war[2]). Das trifft für H mangels irgendwelcher Anhaltspunkte im Sachverhalt mit Sicherheit nicht zu.

Da H mit Hilfe des § 872 nicht in einen Vertrag gezwungen werden darf, den er niemals abgeschlossen hätte, kann L keine Vertragsanpassung begehren.

Da der Kaufvertrag zwischen L und H über einen DVD-Player geschlossen worden war und eine Vertragskorrektur ausgeschlossen ist, besteht kein Anspruch des L gegen H nach § 1061 auf Lieferung eines DVD-Geräts mit Aufzeichnungsfunktion.

2. Anspruch des L gegen H auf Rückzahlung des Kaufpreises von Euro 45,– gegen Rückstellung des DVD-Players

Dieser Anspruch könnte sich auf § 877 iVm §§ 1431 ff gründen, wenn L den, wie dargelegt, gültig zustande gekommenen Kaufvertrag wegen eines Willensmangels (Irrtum, Täuschung) anfechten[3]) kann. Wegen Wegfalls des Kaufvertrages wäre dann die Leistung des L in der Höhe von Euro 45,– (und die des H) ohne Rechtsgrund.

a) Anfechtung wegen Irrtums

Eine Aufhebung des Vertrages könnte L durch eine Irrtumsanfechtung gemäß § 871 erreichen. L ist beim Vertragsschluss von einer Aufzeichnungsfunktion des Gerätes ausgegangen, somit einem Irrtum unterlegen. Sein Irrtum war auch ursächlich (kausal) für den Vertrag, weil L bei Kenntnis der wahren Eigenschaft das DVD-Gerät nicht gekauft hätte.

Aus § 871 in Zusammenhang mit § 901 ergibt sich, dass bei entgeltlichen Geschäften, daher auch bei einem Kaufvertrag, nicht jeder Irrtum, sondern nur ein Irrtum „über den Inhalt der Erklärung“ zur Anfechtung berechtigt. Bloße Motivirrtümer bleiben unberücksichtigt. Ein solcher liegt dann vor, wenn sich der Irrtum auf einen Umstand bezieht, der außerhalb des Geschäftsinhalts liegt[4]). Irrtum über den Inhalt der Erklärung kann einerseits ein Erklärungsirrtum sein, wenn der Erklärende meint, etwas anderes zu erklären, als er wirklich erklärt. Ein solcher liegt nicht vor, weil L das erklärte („dieses Gerät“), was er erklären wollte.

---

[2]) Vgl *Riedler,* ZR I AT[6] Rz 21/36; *P. Bydlinski,* BR I AT[7] Rz 8/15; *Kerschner/Riedler,* JAP 1995/96, 78.

[3]) Die Rechtsfolge bloßer Anfechtbarkeit, dh (nach hA: gerichtlicher) Aufhebung des Vertrages wird von der hL (vgl *Riedler,* ZR I AT[6] Rz 21/48; *P. Bydlinski,* BR I AT[7] Rz 8/22; *Koziol – Welser/Kletečka,* Bürgerliches Recht I[14] Rz 500 f und Rspr (SZ 48/30 uva) gestützt ua auf § 877 („Aufhebung verlangen“).

[4]) *Riedler,* ZR I AT[6] Rz 21/18 f; *P. Bydlinski,* BR I AT[7] Rz 8/11.

Irrtum über den Inhalt der Erklärung ist aber auch (neben anderen Fällen)[5]) ein Irrtum über für das Geschäft bedeutsame Eigenschaften der gekauften Sache. Es stellt sich daher die Frage, ob die Eigenschaft „Aufzeichnungsfunktion" des DVD-Gerätes, über die L sich im Irrtum befindet, im Sinne von § 871 Inhalt des Kaufvertrages zwischen L und H geworden ist. Das ist durch Auslegung des Vertrages zu ermitteln. Lehre und Rspr sehen vom Erfordernis einer ausdrücklichen Erklärung insoweit ab. Auch nicht ausdrücklich bedungene, aber nach der Verkehrsauffassung bei einem derartigen Vertragsobjekt gewöhnlich vorausgesetzte Eigenschaften können Gegenstand eines Geschäftsirrtums ieS sein. Aufzeichnungsfunktion bei einem DVD-Gerät wird man nun in vielen Fällen als vertragserheblich ansehen müssen, da sie Preis und Verwendbarkeit entscheidend beeinflusst. Weil aber die Relevanz dieser Eigenschaft gemäß § 871 stets am konkreten Vertrag zu messen ist, hat man zu fragen, ob nach *diesem* Vertrag Aufzeichnungsfunktion als vereinbart anzusehen ist. Wie aus dem Sachverhalt hervorgeht, war für jeden Interessierten am Preis erkennbar, dass das von L gekaufte Gerät nur für das Abspielen von Filmen geeignet ist. Daraus kann geschlossen werden, dass die Aufzeichnungsfunktion bei diesem konkreten, für einen DVD-Player angemessenen Preis nicht Vertragsinhalt iSv § 871 wurde. Die Aufzeichnungsfunktion war im Kaufvertrag nicht wertbildend, also nicht maßgeblich für die Bestimmung der Gegenleistung[6]). L hat sich somit in einem Motivirrtum befunden, der unbeachtlich ist. L kann den Vertrag nicht gemäß § 871 anfechten.

b) Anfechtung wegen Täuschung

Zu prüfen ist weiters die Möglichkeit einer Anfechtung des Vertrages gemäß § 870. Es steht fest, dass L über die Eigenschaft des ausgestellten DVD-Gerätes von S getäuscht wurde und dass dadurch sein Irrtum entstanden ist. Täuschungsabsicht des S liegt nach dem Sachverhalt eindeutig vor („Streich").

In den Fällen der Täuschung kommt idR auch einem Motivirrtum Beachtlichkeit zu, da dem Täuschenden jegliche Schutzwürdigkeit fehlt[7]). § 870 erlaubt eine Anfechtung jedoch nur (vgl „von dem anderen Teile"), wenn der Vertragspartner selbst die Täuschungshandlung vorgenommen hat. L wurde jedoch nicht von H, seinem Vertragspartner, sondern von S, also einem außen stehenden Dritten getäuscht.

§ 875 lässt in solchen Fällen nur dann eine Anfechtung zu, wenn der Vertragspartner an der Handlung des Dritten teilnahm oder offenbar davon wissen musste. Weder das eine noch das andere kann aber von H behauptet werden.

---

[5]) *Riedler*, ZR I AT[6] Rz 21/8 f; *P. Bydlinski*, BR I AT[7] Rz 8/9; vgl auch *Gschnitzer*, Allg Teil[2] 636.

[6]) *Riedler*, ZR I AT[6] Rz 21/21; *P. Bydlinski*, BR I AT[7] Rz 8/12; *Kerschner/Riedler*, JAP 1995/96, 78.

[7]) *Riedler*, ZR I AT[6] Rz 22/2; *P. Bydlinski*, BR I AT[7] Rz 8/27; *Gschnitzer*, Allg Teil[2] 621.

Das Gespräch zwischen L und S findet außerhalb des Geschäfts des H statt. Auch Anhaltspunkte einer Absprache zwischen H und S sind aus dem Sachverhalt nicht ersichtlich. Eine Anfechtung des Kaufvertrages wegen Täuschung durch einen Dritten gemäß § 870 iVm § 875 scheidet daher aus.

Weil der Kaufvertrag zwischen L und H unanfechtbar ist, finden die erbrachten Leistungen darin ihre rechtliche Deckung, sodass auch eine Rückforderung des Kaufpreises in der Höhe von Euro 45,– von L gegen H gemäß § 877 ausgeschlossen ist.

3. Anspruch des L gegen H auf Rückzahlung eines Teiles des Kaufpreises

Dieser Anspruch würde voraussetzen, dass L durch Vertragskorrektur gemäß § 872 wegen der fehlenden Aufzeichnungsfunktion eine Reduzierung des Kaufpreises bewirken könnte. Auch für eine Anpassung nach § 872 ist jedoch erforderlich, dass L einem, wenn auch unwesentlichen, Geschäftsirrtum unterlegen ist[8]). Das ist – wie oben – zu verneinen. Ein Recht zur Vertragsänderung wegen Täuschung[9]) scheidet wie die Anfechtung aus, weil die Voraussetzungen des § 875 nicht erfüllt sind.

Eine Rückzahlung eines Teiles des Kaufpreises gemäß den Regeln über die Gewährleistung, nämlich nach Minderung (§ 932) des Kaufpreises würde voraussetzen, dass das gekaufte DVD-Gerät einen Mangel (§ 923) hat, was gemäß § 922 wieder am konkreten Vertrag zu messen ist. Ein solcher Mangel liegt aus den schon bei der Frage des Geschäftsirrtums erörterten Gründen nicht vor.

L kann daher auch nicht einen Teil des Kaufpreises von H zurückverlangen.

4. Anspruch des L gegen S auf Lieferung eines DVD-Recorders

Ein solcher Anspruch könnte sich aus § 874 ergeben, wonach der Täuschende verpflichtet ist, für alle nachteiligen Folgen seiner Handlung Genugtuung zu leisten. Dass L für seine Euro 45,– keinen DVD-Recorder bekommen hat, müsste also eine „nachteilige Folge“ der Täuschung des S sein. Auch wenn S den L nicht über die Aufzeichnungsfunktion des DVD-Gerätes getäuscht hätte, hätte aber L keinen DVD-Recorder zum selben Preis bekommen. Der Nachteil, dass L keinen Recorder um Euro 45,– erhalten hat, ist also von S nicht verursacht worden. Wegen fehlender Kausalität der Täuschung besteht daher kein Anspruch des L gegen S auf Lieferung eines DVD-Recorders aus § 874.

---

[8]) Vgl *P. Bydlinski,* BR I AT[7] Rz 8/25; *Riedler,* ZR I AT[6] Rz 21/42.

[9]) Obwohl § 870 keine dem § 872 entsprechende Anordnung enthält, wird auch bei List eine Vertragsanpassung zugelassen; *P. Bydlinski,* BR I AT[7] Rz 8/33; *Riedler,* ZR I AT[6] Rz 22/22.

5. Anspruch des L gegen S auf Zahlung von Euro 45,–

Auch für diesen Anspruch könnte § 874 die Grundlage sein, wonach der Täuschende für die „nachteiligen Folgen“ seiner Handlung „Genugtuung“ zu leisten hat. Genugtuung ist gemäß § 1323 eine Form des Schadenersatzes. Schaden wiederum kann gemäß § 1293 ein Nachteil am Vermögen oder der Person sein. Ob dem L ein Schaden (nachteilige Folge) entstanden ist, erscheint fraglich, weil der gezahlte Kaufpreis dem objektiven Wert des Players entspricht. Obwohl L die Euro 45,– für etwas ausgelegt hat, was er nicht wollte, läge ein Vermögensschaden nämlich nur dann vor, wenn das Gerät überhaupt nicht oder nur mit Verlust weiterverkauft werden könnte. Dafür fehlen Hinweise im Sachverhalt. Ein konkreter Vermögensschaden ist daher bei L nicht eingetreten.

Es bleibt zu fragen, ob L einen anderen ersatzfähigen Nachteil (insbesondere „an seiner Person“, § 1293) erlitten hat. Ein solcher, wenngleich nicht unmittelbar in Geld ausdrückbarer, sondern immaterieller Nachteil könnte darin liegen, dass L jetzt auf dem für ihn „uninteressanten“ DVD-Player sitzt und sich zur Wiedererlangung seiner ausgelegten Euro 45,– erst auf die Suche nach einem Käufer machen muss. § 874 spricht dem Getäuschten „volle Genugtuung“ zu, was man gemäß der Definition des § 1323 als Anspruch auch auf Immaterialschadenersatz verstehen kann. Auch insofern gilt der Grundsatz der Naturalrestitution (§ 1323 Satz 1). L hat daher Anspruch gegen S auf Zahlung von Euro 45,– gegen Herausgabe des Players gemäß § 874.

Weiterführende Literatur:

Faistenberger, Vorkaufsrecht (1967) 76ff;

Geroldinger, Die Zurechnung Dritter nach § 875 ABGB, JBl 2012, 29, 94;

Iro, Versuch eines harmonischen Verständnisses der Bestimmungen über Willensmängel bei Verkehrsgeschäften, JBl 1974, 232f;

Kerschner, Irrtumsanfechtung insbesondere beim unentgeltlichen Geschäft (1984) 24ff;

Rummel, Anmerkungen zum gemeinsamen Irrtum und zur Geschäftsgrundlage, JBl 1981, 2.

4. Fall

Erneuerung einer Althausfassade

Sachverhalt

Grundsachverhalt: Dem beklagten Hauseigentümer, wohnhaft in Wels, hat der klagende Baumeister (Unternehmen in Gmunden) nach einer Besichtigung des Objekts verbindlich zugesagt, die Fassade seines Althauses in der Zeit von Mai bis Juni 2013 zu renovieren. Die Frage des Baumeisters, ob er sich „auf die Sache verlassen" könne, da er den Einsatz seiner Leute planen müsse, hat der Hauseigentümer bejaht. Über den Preis wurde nicht gesprochen.

Variante 1: Noch vor Beginn der Arbeiten verlangt der Baumeister einen „Vorschuss" in der Höhe von Euro 2.000,–, weil verschiedenes Material und Werkzeug angeschafft werden müssten. Der Beklagte, der es sich in der Zwischenzeit anders überlegt hat, verweigert die Bezahlung aus folgenden Gründen:

Erstens sei nichts schriftlich vereinbart worden. Zweitens habe man noch gar nicht über den Preis gesprochen. Drittens werde er wegen einer Gesetzesänderung den erhofften Althaussanierungskredit nicht bekommen. Schließlich habe der Kläger noch keinerlei Leistung erbracht.

Variante 2: Mitte Juni ist die Fassade mit Ausnahme des Sockels fertig. Da der Baumeister für die Bezahlung seiner Dienstnehmer dringend Geld benötigt, verlangt er vom Hauseigentümer den aliquoten Entgeltsanteil in der Höhe von Euro 7.000,–.

Variante 3: Der Beklagte hat bereits Euro 2.000,– „Vorschuss" gezahlt. Da der Anstrich kurz nach Fertigstellung an einigen Stellen, an denen die Dienstnehmer des Klägers mit dem Härtezusatz „gespart" haben, abblättert, verweigert der Beklagte die Restzahlung (Euro 10.000,–). Die Kosten für die Ausbesserung durch einen Dritten würden Euro 3.000,– betragen.

Variante 4: Sofort nach einwandfreier Fertigstellung (15. 6. 2013) hat der Baumeister Rechnung gelegt. Anfang Jänner 2016 behauptet er, dass die Fassadenerneuerung noch immer nicht bezahlt sei. Der Beklagte, bisher in der Meinung, seine verstorbene Frau hätte die Schuld beglichen, sucht vergeblich eine Quittung. Mit der Bemerkung, er sei momentan nicht „flüssig", ersucht er den Kläger, noch drei Monate zuzuwarten. Der Kläger stimmt zu. Der Baumeister klagt a) im Februar 2016, b) Ende Juni 2016 auf Zahlung von Euro 17.000,– sA.

Variante 5: wie Variante 4; der Beklagte findet eine Quittung noch während des Verfahrens in I. Instanz.

In den Fällen 1, 2 und 3 erhebt der Baumeister Zahlungsklage gegen den Hauseigentümer beim BG Wels, in den Fällen 4 und 5 beim LG Wels. Beurteilen Sie Zulässigkeit und Begründetheit der einzelnen Klagen.

Erforderliche Kenntnisse: Zuständigkeit im Zivilprozess; dazu *Rechberger/Simotta*, Zivilprozessrecht[8] (2010) Rz 97 ff; *Dolinar/Holzhammer*, Zivilprozessrecht I[13] (2014) 6 ff; Form der Rechtsgeschäfte; Lehre von der Geschäftsgrundlage; Verjährung; Werkvertrag (Gewährleistung); Anerkenntnis; dazu zB *Riedler*, ZR I AT[6] Rz 20/4 ff; 25/1 ff; 32/1 ff; *Riedler*, ZR II SchRAT[5] Rz 7/1 ff; 19/1 ff; *P. Bydlinski*, BR I AT[7] Rz 7/18 ff, 8/40 ff; 3/28 ff; *Dullinger*, BR II SchRAT[5] Rz 3/66 ff; 5/14 f.

Ziel: Bewältigung mehrerer Sachverhaltsvarianten; Behandlung prozessualer Vorfragen; *Schwerpunkt:* Einwendungen.

I. Vorüberlegungen

1. Zum Sachverhalt

Das Besondere dieses Sachverhalts liegt zunächst darin, dass auch prozessuale Fakten aufscheinen. Die beteiligten Personen werden als Kläger bzw Beklagter bezeichnet, auch das angerufene Gericht wird genannt. Daraus und vor allem aus der Fragestellung wird der Bearbeiter schließen, dass auch verfahrensrechtliche Probleme zu klären sind.

Weiters ist nicht – wie meist – nur ein Sachverhalt rechtlich zu würdigen, sondern es sind in Wahrheit sechs (zwei Untervarianten in Variante 4) verschiedene Fälle zu klären, denen nur der Grundsachverhalt gemeinsam ist. Daher ist es unbedingt anzuraten, die Fälle – auch bezüglich des Sachverhalts – voneinander getrennt zu behandeln. Gerade bei mehreren Fallvarianten ist die Gefahr von Sachverhaltsverfälschungen besonders groß.

2. Zu den prozessualen Fragen

Da der Richter erst in die Prüfung der materiellen Rechtslage eintritt, wenn die Klage verfahrensrechtlich zulässig ist, hat sich auch der Gutachter gleich am Beginn der Arbeit mit den verfahrensrechtlichen Problemen auseinander zu setzen. Mit der Aufnahme prozessualer Fragen in privatrechtliche Fälle wird bezweckt, auf den in der Praxis eminent wichtigen **Zusammenhang zwischen Prozessrecht und materiellem Recht** hinzuweisen. Wer etwa beim falschen Gericht klagt und dadurch eine Frist versäumt, dem nützt es nichts, wenn der eingeklagte Anspruch eindeutig materiell abgesichert ist. Im Fall der Unzuständigkeit hat das Gericht die Klage als unzulässig zurückzuweisen oder an das zuständige Gericht zu überweisen.

Eine prozessuale Vorfrage ist ebenso wie ein materieller Anspruch nur dann zu prüfen, wenn dafür im Sachverhalt bzw in der Fragestellung Anhaltspunkte zu finden sind. Im konkreten Fall sind solche nur bezüglich der örtlichen und sachlichen Zuständigkeit des angerufenen Gerichts ersichtlich (Wohnsitz des Beklagten; Standort des Unternehmens des Klägers; BG bzw LG Wels, Höhe der einzelnen Klagebegehren).

Unter **sachlicher Zuständigkeit** versteht man die Zugehörigkeit einer bestimmten Rechtssache in I. Instanz zum Geschäftskreis eines bestimmten Gerichtstyps, also (im Rahmen der ordentlichen Gerichtsbarkeit) zum Bezirksgericht einerseits, zum Landesgericht (Gerichtshof I. Instanz) andererseits. Im Prinzip gehören alle vermögensrechtlichen Streitigkeiten bis zu einem Streitwert von Euro 15.000,– vor die Bezirksgerichte (§ 49 Abs 1 JN). Neben der Wertzuständigkeit kennt die Jurisdiktionsnorm auch die Eigenzuständigkeit (§ 49 Abs 2 bis 4 JN): Manche ausdrücklich bestimmte Rechtssachen gehören unabhängig vom Streitwert vor das Bezirksgericht oder den Gerichtshof; zB Unterhaltsstreitigkeiten zwischen Ehegatten vor das Bezirksgericht, Arbeitsrechtssachen vor den Gerichtshof I. Instanz.

Da es viele Bezirks- und mehrere Landesgerichte gibt, muss nach Bestimmung der *sachlichen* Zuständigkeit festgelegt werden, welches *konkrete* Gericht zuständig ist. Darauf geben die Regeln der **örtlichen Zuständigkeit** Antwort. Dazu nur so viel: Besteht kein besonderer Gerichtsstand (zB bei Streit um dingliche Rechte an unbeweglichen Sachen das Gericht, in dessen Sprengel die Sache liegt: „forum rei sitae"), entscheidet der allgemeine Gerichtsstand des Beklagten, das ist bei natürlichen Personen idR der Wohnsitz (§§ 65 f JN).

3. Zum Auffinden der Anspruchs- und Einwendungsnormen

In allen Fallvarianten ergibt sich das „wer, was, von wem" eindeutig aus dem jeweiligen Zahlungsbegehren des Baumeisters. Auch das Entdecken der Anspruchsnorm für das Zahlungsbegehren des Klägers ist in diesem Fall verhältnismäßig einfach. Aus dem Sachverhalt kann man schließen, dass der Kläger ein Entgelt für die Erbringung einer Leistung (Erneuerung der Fassade) begehrt, die er „verbindlich zugesagt" hatte. Der Art nach handelt es sich um keine Dienstleistung (lesen Sie § 1151!), vor allem weil der Baumeister bezüglich der Durchführung der Arbeiten weisungsunabhängig ist. Der Kläger hatte vielmehr einen Werkerfolg versprochen, sodass die mögliche Anspruchsgrundlage im Recht des Werkvertrages zu suchen ist. Aus dem 1. Fall kennen wir schon die konkrete Anspruchsgrundlage für das Zahlungsbegehren des Werkunternehmers, nämlich § 1151 iVm § 1170. Es wird sich zeigen, dass die Subsumtion des Sachverhalts unter die Anspruchsnorm wenig problematisch ist.

Damit kann es der Bearbeiter aber in den verschiedenen Varianten nicht bewenden lassen. Dem Beklagten können nämlich Einwendungen gegen den „an sich" gegebenen Anspruch zustehen. **Unter Einwendungen im weitesten Sinn sind alle Verteidigungsmittel des Beklagten zu verstehen, die geeignet sind, den Anspruch selbst zu vernichten oder zumindest dessen Durchsetzung (zeitweilig oder dauernd) zu verhindern.**

Wie der Kläger im Prozess versuchen wird, alle Anspruchsvoraussetzungen zu behaupten und zu beweisen, wird der Beklagte versuchen, dem alles entgegenzusetzen, was die Klage als unbegründet erscheinen lässt. Mehr noch als bei der

Anspruchskonkurrenz (zu dieser eingehend unten S 65) ist bei den Einwendungen auch die anwaltliche Praxis geneigt, alle nach dem Sachverhalt nur denkbaren Einwendungen (zB in einer Klagebeantwortung) nebeneinander geltend zu machen, um womöglich wenigstens mit einem Argument „durchzukommen". Das ist schon wegen der zT verschiedenen Beweislast, Verjährung und anderer Voraussetzungen völlig berechtigt. Auch im Gutachten haben Sie daher alle denkbaren Grundlagen (Normen) für die in Betracht kommenden Einwendungen zu erörtern (konkret zB in Variante 4 Minderung und Schadenersatz).

Im Einzelnen unterscheidet man rechtshindernde, rechtsvernichtende und rechtshemmende Einwendungen. Zunächst zu den **rechtshindernden:** Bei Gesetz- oder Sittenwidrigkeit beispielsweise ist der Vertrag gemäß § 879 nichtig, also überhaupt nicht entstanden. Da jede Partei im Zivilprozess prinzipiell die Beweislast für das Vorliegen aller tatsächlichen Voraussetzungen der ihr günstigen Rechtsnormen trägt, der Kläger also die rechtsbegründenden und der Beklagte die sog Einredetatsachen zu beweisen hat, erklärt es sich, dass der Beklagte auch für rechtshindernde Tatsachen (behauptungs- und) beweispflichtig ist. Diese abstrakte Behauptung wird am genannten Vertragsbeispiel anschaulich: Der Kläger muss zwar den Vertragsschluss in seinen äußeren Merkmalen (Übereinstimmen von Angebot und Annahme; Einigung über den vom Gesetz geforderten Mindestinhalt) beweisen, nicht aber, dass der Vertrag nicht gesetz- oder sittenwidrig ist[1]). Das wird der Gegner einwenden, oder es ist von Amts wegen wahrzunehmen.

Im Gutachten (Klausur, Hausarbeit) sind mögliche Einwendungen (ebenso wie mögliche Ansprüche) nur dann zu prüfen, wenn dafür Hinweise im Sachverhalt zu finden sind, sei es, dass sie von einem Beteiligten ausdrücklich erhoben werden oder sonst angedeutet sind. Verjährung eines im Grundsatz bejahten Anspruchs zB wird man nur erörtern, wenn der Sachverhalt Zeitangaben enthält, die diese Prüfung nahe legen. Allerdings ist zu bedenken, dass auf die Sachverhaltselemente, aus denen sich Einwendungen ergeben, oft nicht schon durch die Frage hingeführt wird. Meist müssen Sie sie durch sorgfältige Prüfung erst entdecken.

Das Folgende soll – ohne Bezug zum oben vorangestellten 4. Fall – zunächst eine **Liste möglicher rechtshindernder Einwendungen** bieten, die man je nach Sachverhalt in Erwägung zu ziehen hat, wenn ein vertraglicher Anspruch zur Debatte steht; in der jeweiligen konkreten Falllösung sind sie im Rahmen der Prüfung der Anspruchsnorm mitzuerörtern, also bei der Frage, ob der Vertrag gültig zustande gekommen ist:

a) Geschäftsunfähigkeit (§ 865)

[1]) Wenn es um eine andere als die im Beispiel genannte vertragliche Anspruchsgrundlage geht, kommen natürlich auch andere rechtshindernde Einwendungen in Betracht, bei einem Schadenersatzanspruch etwa Notwehr, bei einem Eigentumsherausgabeanspruch das Recht des Beklagten zur Innehabung.

b) mangelnde „wahre Einwilligung“ (§ 869)
   aa) Dissens
   bb) Scherzerklärung
   cc) (durchschaute) Mentalreservation
   dd) Scheingeschäft (§ 916)
c) Formmangel (§ 883)
   (Beachte: trotz fehlender Form Naturalobligation, § 1432)
d) anfängliche Unmöglichkeit iSv § 878[2])
e) Gesetzesverstoß (§ 879)
f) Sittenwidrigkeit (§ 879; § 6 KSchG)

Solche rechtshindernden Einwendungen scheint der Beklagte im Fassadenfall in der Sachverhaltsvariante 1 geltend zu machen (Formmangel; Dissens).

Ist im Gutachten die Anspruchsnorm im Grundsatz bejaht, so sind anschließend allfällige **rechtsvernichtende Einwendungen** zu prüfen. Dabei geht es um Normen, die an ein bestimmtes Verhalten bzw Ereignis (Tatbestand) die **Rechtsfolge des Untergangs eines bereits entstandenen Anspruchs** knüpfen. Nächstliegendes Beispiel: Durch Erfüllung wird die Verbindlichkeit „aufgelöst“; vgl § 1412.

Als Einwendungen im technischen Sinne sind etwa möglich:

a) Eintritt einer auflösenden Bedingung (§ 897 iVm § 696 Satz 3)
b) Erfüllung (§ 1412)
c) Erfüllungssurrogate
   aa) Hinterlegung (§ 1425)
   bb) Leistung an Zahlungs statt (§ 1414)
d) Vereinigung (§ 1445)
e) Erlass; Verzicht (§ 1444)
f) Zeitablauf (§ 1449)
g) Tod des Schuldners (bei höchstpersönlichen Leistungen; § 1448)
h) zufällige nachträgliche Unmöglichkeit (§ 1447)

In der Variante 5 des Fassadenfalles wird der Beklagte Erfüllung einwenden. Sie sehen aber an den genannten Beispielen, dass die rechtsvernichtenden Einwendungen nicht mehr so speziell auf vertragliche Ansprüche zugeschnitten sind wie die oben aufgezählten rechtshindernden. Auch ein Schadenersatzanspruch kann durch Erfüllung oder Erlass untergegangen sein; ein Eigentumsherausgabeanspruch durch Untergang der Sache erloschen sein.

---

[2]) Bei „schlichter“ anfänglicher Unmöglichkeit kommt der Vertrag nach hL gültig zustande; vgl *P. Bydlinski*, BR I AT[7] Rz 7/16 f; *Riedler*, ZR I AT[6] Rz 18/9 f; vgl auch *Koziol – Welser/Kletečka*, Bürgerliches Recht I[14] Rz 545 ff.

Mit den gerade erörterten Einwendungen im technischen Sinne haben die **Gestaltungsrechte** gemeinsam, dass auch sie zur Vernichtung eines einmal entstandenen Anspruchs führen können. Zu ihrer Ausübung ist aber im Gegensatz zu jenen die Abgabe einer Gestaltungserklärung nötig[3]). Ein Beispiel haben wir bereits kennen gelernt: Anfechtung eines Vertrages wegen Irrtums oder Täuschung. Auch hier wieder eine Liste möglicher rechtsvernichtender Einreden, die sich auf ein Gestaltungsrecht stützen:

a) Anfechtung bzw Anpassung wegen Drohung, Täuschung oder Irrtums (§§ 870 ff)
b) Rücktritt als Instrument des Verbraucherschutzes (§§ 3, 3 a, 30 a KSchG; § 11 FAGG, § 12 VKrG ua)
c) Rücktritt wegen Leistungsstörung (§§ 918 ff)
d) Wandlung; Minderung (§ 932)
e) laesio enormis (§ 934)
f) Kündigung; Entlassung
g) Aufrechnung („Kompensation"; § 1438)
h) Widerruf (bei Schenkungen; §§ 948 ff, 1247)
i) Berufung auf Fehlen oder Wegfall der Geschäftsgrundlage

Im Fassadenfall wird das Bestehen eines Gestaltungsrechts des Beklagten in den Varianten 1 und 3 zu untersuchen sein. In Variante 1 könnte der Entfall des Althaussanierungskredites unter dem Gesichtspunkt des Irrtums oder des Wegfalls der Geschäftsgrundlage sowie des besonderen Rücktrittsrechts gemäß § 3 a KSchG bedeutsam sein. Da in Variante 3 die Werkleistung des Baumeisters mangelhaft ist, liegt es nahe, ein Wandlungs- oder ein Minderungsrecht des Beklagten (§ 1167 iVm § 932) zu prüfen. Auch eine Aufrechnungsbefugnis des Beklagten könnte bestehen.

Eine weitere Spielart rechtsvernichtender Einwendungen kann sich aus dem Umstand ergeben, dass der Kläger seine Gläubigerstellung oder der Schuldner seine Schuldnerstellung verloren hat. Dies ist vor allem bei der Zession (Abtretung) und bei der privativen Schuldübernahme der Fall. In solchen Fällen bleibt zwar der Anspruch als solcher bestehen; aber zumindest eine der ursprünglich beteiligten Personen ist aus dem Rechtsverhältnis ausgeschieden, weshalb eine Geltendmachung des Anspruchs im Verhältnis zwischen diesen Personen nicht mehr möglich ist.

---

[3]) Oben S 33 in und bei FN 3 wurde schon darauf hingewiesen, dass manche Gestaltungsrechte nur gerichtlich geltend gemacht werden können („Gestaltungsklagerecht"); so nach verbreiteter Ansicht in der Rspr auch die Anfechtung wegen Willensmangels (zB OGH SZ 44/59; JBl 1997, 791; *Riedler* in *Schwimann/Kodek*[4], § 871 Rz 37; aM *Kerschner*, Irrtumsanfechtung 59 ff; *Rummel* in *Rummel/Lukas*[4], § 871 Rz 30 mwN; *P. Bydlinski*, BR I AT[7] Rz 8/22; *B. A. Koch*, ecolex 2000, 863; zweifelnd auch *Koziol – Welser/Kletečka*, Bürgerliches Recht I[14] Rz 507.

Neben rechtshindernden und rechtsvernichtenden Einwendungen kann man noch rechtshemmende[4]) (Einreden) unterscheiden. **Rechtshemmende Einwendungen sind Verteidigungsmittel, die den entstandenen Anspruch unberührt lassen, dessen Geltendmachung (Durchsetzung) aber zeitweilig („dilatorische" Einreden) oder dauernd („peremtorische" Einreden) hindern.** Sie werden nicht von Amts wegen, sondern nur auf Verlangen der Partei beachtet.

Als Beispiele kommen vor allem in Betracht (a–d: dilatorisch, e: peremtorisch):

a) Einrede des nichterfüllten Vertrages (§ 1052 Satz 1)
b) Unsicherheitseinrede bei Vorleistungspflicht (§ 1052 Satz 2)
c) Einrede des Zurückbehaltungsrechts (§ 471)
d) Stundung
e) Verjährung (§ 1452)

Auch hier ist deutlich erkennbar, dass sich die angeführten Einreden nicht nur auf vertragliche Ansprüche beziehen können, zumindest die zu c)–e) genannten (vgl etwa § 1489 für Schadenersatzansprüche). Die zu a) und c) genannten Einreden haben gemeinsam, dass sie den Anspruch nur insoweit hemmen, als er von der Erfüllung einer Gegenforderung abhängig gemacht wird. Im Prozess erfolgt, wenn sowohl die Klagsforderung als auch die Einrede zu Recht bestehen, eine Verurteilung des Beklagten zur Leistung Zug um Zug gegen Erbringung der Gegenleistung. Im Fassadenfall könnten solche Einreden in den Varianten 1, 2 und 4 eine Rolle spielen.

Um es noch komplizierter zu machen: Auch den Einwendungen können wieder Gegeneinwendungen entgegengehalten werden usw. Wie ein Anspruch kann auch eine Einwendung entweder von vornherein unbegründet oder nachträglich wieder weggefallen sein. Wie zB auf einen Anspruch verzichtet werden, ein Anspruch verjährt sein kann, kann zB auch auf eine Einrede verzichtet werden bzw diese verfristet sein. Wie wir in Variante 5 sehen werden, entfällt die Einwendung der Erfüllung, wenn der Anspruch nachträglich vom Beklagten (konstitutiv) anerkannt ist.

Auf eine Gliederung wird für das folgende Gutachten zum Fassadenfall verzichtet, weil sie sich aus den Varianten im Wesentlichen von selbst ergibt. Die prozessualen Vorfragen werden für alle Varianten gemeinsam vorweg geprüft. Da die Anspruchsgrundlage (Werkvertrag, §§ 1151, 1170) in allen Varianten gleichbleibt, werden im Gutachten in den Varianten 2–5 nur mehr die jeweiligen Einwendungen erörtert.

---

[4]) Die Bezeichnung dieser rechtshemmenden Einwendungen als „Einrede" im Gegensatz zu „Einwendungen" ist im österreichischen Rechtsbereich nicht geläufig, im deutschen hingegen sehr verbreitet, wobei freilich noch zwischen materiell-rechtlicher und prozessualer Bedeutung der Termini unterschieden wird; vgl *Wolf/Neuner*, Allgemeiner Teil des Bürgerlichen Rechts[10] § 21 Rz 12 ff.

II. Gutachten

1. Zulässigkeit der Klage

Fraglich ist, ob das BG bzw LG Wels für die Entscheidung über die vom Baumeister erhobene(n) Klage(n) zuständig ist. Da aus dem Sachverhalt keine Hinweise auf eine besondere Eigenzuständigkeit ersichtlich sind, ist für die sachliche Zuständigkeit gemäß § 49 Abs 1 JN der Streitwert entscheidend. Da der Streitgegenstand jeweils in einem Geldbetrag besteht, ist dieser für den Streitwert maßgeblich (§ 49 Abs 1 JN). In den Varianten 1 (Euro 2.000,–), 2 (Euro 7.000,–) und 3 (Euro 10.000,–) ist die Wertzuständigkeit des BG (Euro 15.000,– im Zeitpunkt der Klagserhebung) nicht überschritten und dieses damit auch sachlich zuständig. In den Varianten 4 und 5 übersteigt die eingeklagte Summe die bezirksgerichtliche Streitwertgrenze. Das in diesen Fällen angerufene LG ist daher ebenfalls sachlich zuständig. Weiters ist die örtliche Zuständigkeit zu prüfen. Mangels Hinweises auf einen besonderen Gerichtsstand ist gemäß § 65 JN der allgemeine Gerichtsstand des Beklagten entscheidend. Da dieser bei natürlichen Personen durch den Wohnsitz bestimmt wird und der Beklagte in Wels wohnhaft ist, ist das BG bzw LG Wels auch örtlich zuständig.

2. Begründetheit der Klage

Variante 1

Der Anspruch des klagenden Baumeisters (Kl) gegen den beklagten Hauseigentümer (Bekl) auf Zahlung von Euro 2.000,– könnte sich aus §§ 1151, 1170 ergeben. Das setzt das Zustandekommen eines Werkvertrages zwischen Kl und Bekl voraus.

Dass bezüglich der Werkleistung (Fassadenerneuerung) eine Vereinbarung vorliegt, ist nach dem Sachverhalt unzweifelhaft. Der erste Einwand des Bekl, es sei nichts schriftlich vereinbart, geht von der Behauptung aus, Werkverträge bedürften der Schriftform. Auf Grund des Prinzips der Formfreiheit der Verträge (§ 883) sind aber auch mündliche Vereinbarungen verbindlich, sofern nicht gesetzlich eine bestimmte Form vorgeschrieben ist. Eine gesetzliche Formpflicht für Werkverträge besteht nicht[1]). Diese Einwendung gegen die behauptete Zahlungspflicht ist daher unbegründet.

Fraglich ist weiters die Bestimmtheit des Vertrages (§ 869), da nach dem Sachverhalt nicht über den Werklohn gesprochen wurde. Darauf zielt auch der zweite Einwand des Bekl. Es könnte daher an einem „essentiale negotii“, also

[1]) Das Bauträgervertragsgesetz (BTVG), aus dem sich ein Schriftformgebot ergeben würde (§ 3 Abs 1 BTVG), ist auf den vorliegenden Fall ersichtlich nicht anwendbar (vgl die Definition des Bauträgervertrags in § 2 Abs 1 und die Mindestzahlungspflichten in § 1 Abs 1 BTVG).

einer notwendigen Mindestvoraussetzung für einen gültigen Werkvertrag fehlen. Aus § 1152, wonach mangels Vereinbarung eines Entgelts und mangels vereinbarter Unentgeltlichkeit ein angemessenes Entgelt als bedungen gilt, ist jedoch abzuleiten, dass die Vereinbarung eines Werklohnes keinen notwendigen Bestandteil des Werkvertrages darstellt. Zu demselben Ergebnis führt § 354 Abs 1 UGB, wonach bei unternehmensbezogenen Geschäften, wenn nicht Unentgeltlichkeit vereinbart ist, regelmäßig ein angemessenes Entgelt als bedungen gilt. Die Unternehmereigenschaft des Baumeisters wird sich nicht bestreiten lassen (§ 1 UGB); er handelt überdies im Betrieb seines Unternehmens (§ 343 Abs 2 UGB). Der Wirksamkeit des Vertrages steht daher die mangelnde Werklohnbestimmung nicht entgegen.

Der dritte Einwand stützt sich auf das Ausbleiben des erhofften Sanierungskredites. Zu prüfen ist, ob sich der Bekl deswegen vom Vertrag lösen kann. Es wäre zunächst an das gesetzliche Rücktrittsrecht in § 3a KSchG zu denken. Nach dieser Bestimmung kann der Verbraucher vom Vertrag zurücktreten, wenn maßgebliche Umstände, wie etwa die Aussicht auf einen Kredit, vom Unternehmer als wahrscheinlich dargestellt werden, in Folge aber nicht oder nur in erheblich geringerem Ausmaß eintreten. Aus dem Sachverhalt lässt sich nicht entnehmen, dass der klagende Baumeister die Erteilung des Althaussanierungskredits als wahrscheinlich dargestellt hat. Dem Hauseigentümer steht somit, auch wenn er Verbraucher ist, kein entsprechendes Rücktrittsrecht zu.

Als Nächstes ist eine Anfechtung wegen Irrtums gemäß § 871 zu erwägen. Der Bekl ging im Zeitpunkt des Vertragsabschlusses auf Grund der bestehenden Gesetzeslage davon aus, er werde für die Finanzierung der Fassadenerneuerung einen Althaussanierungskredit bekommen. Wegen der Gesetzesänderung erwies sich diese Erwartung als falsch. Der Bekl irrte daher. Nach dem Sachverhalt ist anzunehmen, dass der Bekl ohne diesen Irrtum den Werkvertrag nicht geschlossen hätte; sein Irrtum war also vertragskausal. Ob er auch iSd § 871 beachtlich, also kein bloßer Motivirrtum ist, erscheint aber fraglich. Entscheidend ist dafür, ob die Erlangung eines Althaussanierungskredites durch den Bekl Vertragsinhalt geworden ist. Da zwischen dem Kl und dem Bekl nach dem Sachverhalt über den Kredit überhaupt nicht gesprochen wurde, muss das verneint werden. Der Bekl ist daher einem prinzipiell unbeachtlichen Motivirrtum unterlegen. Eine Anfechtung des Werkvertrages gemäß § 871 scheidet somit aus. Auch eine den Kredit betreffende Bedingung iSd § 901 ist offensichtlich nicht vereinbart worden.

Fraglich ist allerdings, ob sich der Bekl wegen seiner fehlgeschlagenen Erwartung auf Wegfall der Geschäftsgrundlage berufen kann. Auch dadurch könnte der Werkvertrag aufgelöst werden. Die Bedeutung des Fehlens oder Wegfalls der Geschäftsgrundlage ist im ABGB nicht ausdrücklich geregelt. In Rechtsanalogie zu den §§ 936, 1052, 1170a, 947ff wird von der hA eine Auflösung des Vertrages zugelassen, wenn sich der Irrtum auf ein typisches Motiv bezieht, die Entwicklung unvorhersehbar war und nicht der eigenen Sphäre des Irrenden entstammt[2]).

Ob die Erwartung eines Althaussanierungskredites als typisches Motiv für den Abschluss eines Werkvertrages über eine Fassadenerneuerung zu werten ist, erscheint bereits äußerst fraglich. Dagegen spricht, dass Werkvertragspartner vom Vorliegen dieses Umstands nicht stets mit Selbstverständlichkeit ausgehen. Der konkrete Werkvertrag baute gerade nicht offensichtlich auf der entsprechenden Gesetzeslage auf, was von der Rspr in ähnlichen Fällen vorausgesetzt wird[3]). Zweifellos aber trifft der maßgebliche Umstand allein die Sphäre des Bekl, sodass jedenfalls deshalb eine Berufung auf den Wegfall der Geschäftsgrundlage abzulehnen ist. Der Bekl hat somit kein Recht, den Werkvertrag aufzulösen.

Zu prüfen bleibt daher noch der letzte Einwand des Bekl, dass nämlich der Kl noch keinerlei Leistung erbracht hat. Er kann auf zweierlei Rechtsfolgen abzielen. Zum Ersten könnte der Bekl damit überhaupt vom Vertrag abstehen wollen. Gemäß § 1168 hätte der Kl dann zwar weiterhin Anspruch auf Entgelt, müsste sich aber Ersparnisse und sonstigen Verdienst anrechnen lassen[4]). Ein solches Recht des Werkbestellers, das Werk abzubestellen, besteht aber nur mangels gegenteiliger Vereinbarung. Die Zusage des Bestellers, der Unternehmer könne sich „auf die Sache verlassen", wird man als Ausschluss dieses Rechts ansehen müssen.

Zum Zweiten könnte der Einwand des Bekl nur auf einen Aufschub seiner Leistungspflicht zielen. Im Allgemeinen sind in Analogie zu § 1052 bei allen synallagmatischen Verträgen die Leistungen Zug um Zug zu erbringen (vgl auch § 1334 Satz 2). Gemäß § 1170 ist – davon abweichend – der Werkunternehmer idR sogar zur Vorleistung verpflichtet[5]). Da der Kl das Werk noch nicht „vollendet" hat, könnte dem Bekl daher die Einrede des nichterfüllten Vertrages zustehen. Dafür, dass die dispositive Norm des § 1170 abbedungen worden wäre, finden sich im Sachverhalt keine Hinweise.

---

[2]) Diese von *Pisko* in *Klang*[1] II/2, 348 ff entwickelte Geschäftsgrundlagelehre ist von der Rspr weitgehend übernommen worden, ohne dass diese sich stets an die genannten Voraussetzungen hält; vgl die Darstellung bei *Rummel* in *Rummel/Lukas*[4], § 901 Rz 5 f; *Riedler* in *Schwimann/Kodek*[4], § 901 Rz 6 ff; *Pletzer* in *Kletečka/Schauer,* ABGB-ON § 901 Rz 15 ff; zur Lehre *Piskos* auch *Riedler,* ZR I AT[6] Rz 25/3.

[3]) Vgl OGH SZ 43/63 = EvBl 1971/2 = JBl 1970, 420 (Gesetzesänderung im Wohnbauförderungsrecht); SZ 45/92; SZ 54/4 = JBl 1982, 431 = EvBl 1982/38; RdW 1990, 249.

[4]) Aus der Formulierung des § 1168 wird geschlossen, dass der Werkbesteller jederzeit die weitere Erbringung des Werkes ablehnen könne; vgl *Adler/Höller* in *Klang*[2] V 382 f und 402; dort auch zur im Gutachtentext vorgetragenen Einschränkung; *Rebhahn/Kietaibl* in *Schwimann/Kodek*[4], § 1165 Rz 66 f und § 1168 Rz 31; *Krejci* in *Rummel*[3], § 1168 Rz 11; *Kletečka* in *Kletečka/Schauer,* ABGB-ON § 1168 Rz 17.

[5]) Vgl aber § 1170 b zum – hier für die Falllösung nicht relevanten – Recht des Bauwerkunternehmers auf Bestellung einer Sicherheit für seinen Werklohnanspruch.

Der Kl könnte sich allenfalls auf die in § 1170 normierte Einschränkung der Vorleistungspflicht für den Fall berufen, dass das Werk mit Auslagen verbunden ist, die er nicht auf sich genommen hat. Das können nur unvorhersehbare oder eigens durch Vereinbarung dem Besteller auferlegte Auslagen sein; die üblichen Materialbeschaffungen sind bei dem zu begutachtenden Vertragstyp nach der Verkehrsauffassung (§ 914) vom Unternehmer zu bevorschussen; er hat sie „auf sich genommen" (§ 1170). Da ein Auslagenvorschuss zwischen Kl und Bekl auch nicht vereinbart worden ist, steht dem Anspruch des Kl die Einrede des nichterfüllten Vertrages entgegen.

Variante 2

Auch in diesem Fall könnte der Bekl die Einrede des nichterfüllten Vertrages erheben, weil der Kl den Sockel noch nicht restauriert und somit das Werk noch nicht vollendet hat. Andererseits begehrt der Kl nur das entsprechende Entgelt für das bereits Geleistete, sodass Fälligkeit gegeben sein könnte, soweit das Werk „in Abteilungen" verrichtet wird (§ 1170 Satz 2). Ob der Kl mit diesem Gegeneinwand durchdringt, hängt davon ab, ob – mangels besonderer Vereinbarung – nach der Verkehrsauffassung die Erneuerung der Fassade ohne Sockel den Charakter einer selbstständigen Leistung hat[6]). Dafür spricht, dass die beiden Leistungen faktisch durchaus trennbar sind. Dagegen spricht aber, dass ein Hauseigentümer idR an einer bloß teilweisen Erneuerung der Fassade kein Interesse haben wird. Da bei Werkleistungen anders als bei manchen sonstigen Verträgen der Besteller zur Vollendung des Werkes idR weniger leicht auf andere Unternehmer zurückgreifen kann, wird ihm durch das Zurückbehaltungsrecht des § 1170 Satz 1 ein zusätzliches Druckmittel eingeräumt, den Werkunternehmer auch faktisch zur Vollendung des Werkes zu zwingen. Dieser Zweck der Vorleistungspflicht wird auch hier zutreffen. Die bloße Erneuerung des Sockels ist wirtschaftlich für andere Unternehmer kaum von großem Interesse, die Selbstständigkeit der vom Kl bisher erbrachten Leistung daher zu verneinen. Mangels Fälligkeit ist der Anspruch des Kl somit als unbegründet abzuweisen.

Variante 3

a) Dem Anspruch des Kl auf Zahlung des Restbetrages von Euro 10.000,– könnte der Bekl trotz Fälligkeit nach Vollendung des Werks Gewährleistung gemäß § 1167 iVm §§ 922 ff ABGB wegen der aufgetretenen Mängel entgegenhalten. Da der Kl nur die Restzahlung verweigert, könnte man sein Begehren als auf Minderung gerichtet zu qualifizieren haben. Dass das Abblättern der Farbe kurz nach der Fertigstellung einen Mangel darstellt, kann wohl nicht bezweifelt

[6]) Zu dieser Frage vgl *Adler/Höller* in *Klang*[2] V 418 f; *Krejci* in *Rummel*[3], § 1170 Rz 9; *Rebhahn/Kietaibl* in *Schwimann/Kodek*[4], § 1170 Rz 11; *Kletečka* in *Kletečka/Schauer*, ABGB-ON § 1170 Rz 14.

werden. Der Mangel war überdies im Zeitpunkt der Übergabe bereits der Anlage nach vorhanden[7]), weil die Dienstnehmer des Kl mit dem Härtezusatz „gespart" haben. Da dieser Umstand auf Grund des Sachverhalts feststeht, muss auf die Vermutung des § 924 Satz 2 gar nicht zurück-gegriffen werden. Das Recht auf Minderung des Preises gehört jedoch zu den sekundären Gewährleistungsbehelfen. Es steht dem Übernehmer nur dann zu, wenn die primären Rechtsbehelfe versagen. Die primären Rechtsbehelfe sind Verbesserung oder Austausch der Sache. Im konkreten Fall könnte der Mangel durch eine sachgerechte Neuherstellung der betroffenen Stellen wohl verbessert werden. Ein „Umstieg" auf die sekundären Rechtsbehelfe – Minderung oder Wandlung – kommt nur nach Maßgabe des § 932 Abs 4 in Betracht. Durch den Vorrang von Verbesserung und Austausch soll der Übergeber (also der gewährleistungspflichtige Teil) eine „zweite Chance" erhalten, durch die Beseitigung des Mangels doch noch einen vertragskonformen Zustand herbeizuführen (Recht auf zweite Andienung). Damit wird auch einer ökonomischen Zielsetzung entsprochen, weil der ursprüngliche Vertragspartner die Mängelbehebung häufig kostengünstiger herbeiführen kann als ein Dritter.

Ein Recht auf Minderung des Werklohns stünde dem Bekl im vorliegenden Fall nur zu, wenn eine der Voraussetzungen des § 932 Abs 4 erfüllt wäre. Unter den dort genannten Gründen könnte allenfalls der unverhältnismäßige Aufwand (der Mängelbehebung) in Betracht kommen. Dagegen spricht aber, dass laut Sachverhalt nur einige Stellen der Fassade von dem Mangel betroffen sind, so dass der Aufwand zur Verbesserung nicht unverhältnismäßig groß sein dürfte[8]). Hinzu kommt ein grundsätzlicher Einwand: Wenn eine Mängelbehebung mit unverhältnismäßigem Aufwand nicht geleistet werden muss, dann sollen die Interessen des Übergebers geschützt werden. Ein Umsteigen auf die sekundären Rechtsbehelfe ist dann aber nur möglich, wenn der Übergeber den unverhältnismäßigen Aufwand eingewendet hat. Keinesfalls soll der Übernehmer aber berechtigt sein, Preisminderung oder Wandlung geltend zu machen und das Recht des Übergebers auf eine zweite Andienung zu unterlaufen, wenn dieser trotz des unverhältnismäßigen Aufwands zur Mängelbehebung bereit ist[9]). Da der Baumeister im konkreten Fall die Unverhältnismäßig des Aufwands gar nicht eingewendet hat, kommt ein Recht des Hauseigentümers auf Minderung des Preises bereits aus diesem Grund nicht in Betracht.

b) Man könnte ferner daran denken, dass der Beklagte wegen der mangelhaften Errichtung des Werks einen Anspruch auf Schadenersatz hat, den er der

---

[7]) Vgl dazu *Dullinger,* BR II SchRAT[5] Rz 3/82.

[8]) Zum unverhältnismäßigen Aufwand *Dullinger,* BR II SchRAT[5] Rz 3/91; *Ofner* in *Schwimann/Kodek*[4], § 932 Rz 47 f; *Zöchling-Jud* in *Kletečka/Schauer,* ABGB-ON § 932 Rz 46 ff.

[9]) *W. Faber,* Handbuch zum neuen Gewährleistungsrecht (2001) 118, 122; vgl auch *Welser/B. Jud,* Die neue Gewährleistung (2001) § 932 Rz 17.

Werklohnforderung des Klägers im Wege der Aufrechnung (§§ 1438 ff) entgegensetzen könnte. Richtig ist, dass die Mangelhaftigkeit der Leistung einen Schaden darstellen kann[10]), für den dem Übernehmer bei Verschulden des Übergebers Schadenersatz zusteht (§ 933 a). Eine objektive Sorgfaltswidrigkeit der bei der Werkerrichtung eingesetzten Dienstnehmer, deren Verhalten dem Bauunternehmer zurechenbar ist (§ 1313 a), dürfte sich wegen der „sparsamen" Arbeitsweise nicht in Zweifel ziehen lassen. Zu beachten ist freilich, dass die im Gewährleistungsrecht vorgesehene Unterscheidung in primäre und sekundäre Rechtsbehelfe auch für den Ersatz des Mangelschadens gilt. Denn auch aus dem Titel des Schadenersatzes kann der Geschädigte zunächst nur Verbesserung oder Austausch verlangen. Geldersatz steht ihm erst unter den gleichen Voraussetzungen zu, unter denen er auch im Gewährleistungsrecht die sekundären Rechtsbehelfe geltend machen könnte (§ 933 a Abs 2). Da der Hauseigentümer derzeit gewährleistungsrechtlich nur Verbesserung verlangen kann, ist er auch schadenersatzrechtlich hierauf beschränkt. Eine Aufrechnung der auf Geld gerichteten Werklohnforderung mit einem auf Verbesserung gerichteten Schadenersatzanspruch scheitert aber bereits an der mangelnden Gleichartigkeit der Ansprüche[11]).

c) Begehrt der Bekl Verbesserung, so kann ihm die Einrede des nicht (gehörig) erfüllten Vertrags zustehen (§ 1052)[12]). Fraglich ist aber, ob der Beklagte aus diesem Grund das gesamte ausstehende Entgelt in der Höhe von Euro 10.000 zurückbehalten kann oder ob ihm nur ein Zurückbehaltungsrecht im Ausmaß von Euro 3.000,– zu gewähren ist. Für die Einschränkung des Zurückbehaltungsrechts könnte sprechen, dass der Mangel zu diesem Preis auch von einem Dritten behoben werden kann. Daraus könnte man schließen, dass der Zurückbehaltungsberechtigte nur ein hierauf beschränktes Retentionsinteresse hat. Dennoch räumt die hM dem Gewährleistungsberechtigten ein Leistungsverweigerungsrecht in der vollen Höhe seiner noch ausstehenden Zahlungspflicht und nicht etwa nur in der dem Mangel entsprechenden Teil ein[13]).

---

[10]) Vgl *Dullinger,* BR II SchRAT[5] Rz 3/154; *Riedler,* ZR II SchRAT[5] Rz 7/72 ff.

[11]) Zur Gleichartigkeit *Riedler,* ZR II SchRAT[5] Rz 12/10; *Dullinger,* BR II SchRAT[5] Rz 4/26.

[12]) *Dullinger,* BR II SchRAT[5] Rz 3/9; *Spitzer/Binder* in *Schwimann/Kodek*[4], § 1052 Rz 28 f; aA *Karollus/Lukas,* Das sogenannte Zurückbehaltungsrecht des Werkbestellers, JBl 2001, 677, 766 (678 ff), nach deren Ansicht bei Mangelhaftigkeit des Werks mangels „Vollendung" die Fälligkeit der Werklohnforderung nicht eintritt; dogmatisch unklar die Rspr, die dem Werkbesteller zwar ein Leistungsverweigerungsrecht einräumt, aber bezüglich der Rechtsgrundlage klare Aussagen vermeidet (zB OGH wbl 1987, 37; JBl 1990, 248 mit Anm *Rebhahn*) oder sowohl die Einrede des nicht gehörig erfüllten Vertrags als auch die mangelnde Fälligkeit ins Treffen führt (so zB OGH RdW 1997, 449; RdW 1999, 134).

[13]) *Apathy/Riedler,* BR III SchRBT[5] Rz 3/10; *Welser/Zöchling-Jud,* Bürgerliches Recht II[14] Rz 186; *Aicher* in *Rummel*[3], § 1052 Rz 1; *Verschraegen* in *Kletečka/Schauer,* ABGB-ON § 1052 Rz 26; OGH JBl 1990, 248 mit Anm *Rebhahn;* RdW 1999, 134.

Dadurch soll auf den Übergeber Druck ausgeübt werden, die Verbesserung vorzunehmen, und zugleich dem Gewährleistungsberechtigten erspart werden, den Mangel durch einen Dritten beheben zu lassen. Dass diese Ansicht dem Willen des Gesetzgebers entspricht, hat sich in neuerer Zeit anlässlich der Reform des Handelsrechts[14]) gezeigt: Im Zuge des Gesetzgebungsverfahrens war eine im Verhältnis zu den Verbesserungskosten stehende Beschränkung des Zurückbehaltungsrechts erwogen worden; sie wurde aber nicht in das Gesetz aufgenommen[15]).

Der Bekl kann deshalb, wenn er Verbesserung begehrt, dem Zahlungsbegehren des Kl die Einrede des § 1052 entgegensetzen. Die Erhebung dieser Einrede würde freilich nicht zur Abweisung der Klage, sondern zu seiner Verurteilung zur Leistung Zug um Zug mit der Gegenleistung führen[16]).

Variante 4

a) Dem Anspruch des Kl auf Zahlung des Werklohnes könnte der Bekl bei Klagserhebung im Februar 2016 entgegenhalten, dass der Kl den Betrag gestundet habe. Der Kl hat dem Ersuchen des Bekl zugestimmt; am Zustandekommen einer Stundungsvereinbarung ist nicht zu zweifeln. Da der Baumeister noch während der Stundungsfrist klagt, ist der Anspruch als derzeit unbegründet abzuweisen, wenn der Bekl die Einrede der Stundung erhebt.

b) Nach Ablauf der Stundungsfrist kann der Bekl diesen Einwand Ende Juni 2016 nicht mehr erheben. Fraglich ist jedoch, ob er die Verjährungseinrede geltend machen kann. Gemäß § 1486 Z 1 verjähren Forderungen für Ausführung von Arbeiten in einem gewerblichen, kaufmännischen oder sonstigen geschäftlichen Betrieb in 3 Jahren.

Da am 16. 6. 2013 die Frist zu laufen begonnen hat, wäre der Werklohnanspruch des Kl Ende Juni 2016 bereits verjährt, weil die dreijährige Frist am 15. 6. 2016 abgelaufen ist. Fraglich ist allerdings, ob der Fristenlauf durch das Stundungsgesuch des Bekl unterbrochen worden ist. In dem Stundungsgesuch könnte nämlich ein konkludentes Anerkenntnis des Bekl zu sehen sein, das nach § 1497 die Verjährung unterbricht. Aus einem Stundungsangebot darf der Gläubiger zumindest auf ein deklaratives Anerkenntnis, also die Wissenserklärung, dass die Schuld bestehe, schließen. Ein solches reicht als Unterbrechungsgrund iSd § 1497 aus[17]). Da mit dem Anerkenntnis die dreijährige Verjährungs-

---

[14]) Handelsrechts-Änderungsgesetz (HaRÄG, BGBl I 2005/120).

[15]) *Schauer* in *Krejci,* Reformkommentar UGB – ABGB (2007) § 1170b ABGB Rz 13.

[16]) Dazu allgemein *Aicher* in *Rummel*³, § 1052 Rz 15ff; *Spitzer/Binder* in *Schwimann/Kodek*⁴, § 1052 Rz 80f; aA – wegen ihrer abweichenden dogmatischen Prämisse (oben FN 12) – *Karollus/Lukas,* JBl 2001, 680f.

[17]) Vgl *Riedler,* ZR I AT⁶ Rz 32/30; *P. Bydlinski,* BR I AT⁷ Rz 3/40; *M. Bydlinski* in *Rummel*³, § 1497 Rz 2; *Mader/Janisch* in *Schwimann/Kodek*⁴, § 1497 Rz 2; vgl auch *R. Madl* in *Kletečka/Schauer,* ABGB-ON § 1497 Rz 11f.

frist wieder neu zu laufen begonnen hat, ist die Verjährungseinrede des Bekl unbegründet (durch Gegeneinwand entkräftet), dem vom Kl geltend gemachten Anspruch daher stattzugeben.

Variante 5

Durch den Nachweis der Zahlung mit Hilfe der Quittung könnte der Bekl dem Anspruch des Kl die Einwendung der Erfüllung entgegenhalten. Entscheidend ist allerdings, ob der Bekl die Schuld anlässlich der Stundungsbitte bloß deklarativ oder konstitutiv anerkannt hat, was oben (bei der Frage der Unterbrechung der Verjährung) offen bleiben konnte. Beim deklarativen Anerkenntnis handelt es sich um die bloße Wissenserklärung, dass die Schuld bestehe. Stellt sie sich im Beweisverfahren als falsch heraus, so ist sie ohne Wirkung. Ein konstitutives Anerkenntnis wäre hingegen die Willenserklärung, ohne Rücksicht auf die bestehenden Zweifel über die Schuld jedenfalls zahlen zu wollen[18]). Es würde einen neuen Verpflichtungsgrund schaffen, der nur mehr durch eine – noch dazu gegenüber den allgemeinen Regeln erschwerte – Anfechtung wegen Irrtums beseitigt werden könnte. Ob ein deklaratives oder konstitutives Anerkenntnis vorliegt, ist Frage des Einzelfalles. Mangels eindeutiger Erklärungen des Anerkennenden darf der Gläubiger auf ein konstitutives konkludentes Anerkenntnis allenfalls dann gemäß § 863 vertrauen, wenn das Recht oder Rechtsverhältnis umstritten war. Sonst besteht nämlich idR keinerlei Grund anzunehmen, dass der Schuldner eine neue, vom Bestand der Altschuld unabhängige Verbindlichkeit einzugehen bereit war[19]). Eine solche Bereitschaft des Bekl ist auf Grund des Sachverhalts nicht anzunehmen. Der Bekl kann daher sein deklaratives Anerkenntnis durch den Erfüllungsnachweis beseitigen. Der Anspruch des Klägers ist somit bereits erloschen.

[18]) Zur Unterscheidung von deklarativem und konstitutivem Anerkenntnis *Riedler*, ZR II SchRAT[5] Rz 19/6; *Dullinger*, BR II SchRAT[5] Rz 5/14 f.

[19]) Vgl *Ertl* in *Rummel*[3], § 1380 Rz 7; *Heidinger* in *Schwimann*[3], § 1375 Rz 14 mN; *Kajaba* in *Kletečka/Schauer*, ABGB-ON § 1497 Rz 14.

5. Fall

Der verkaufte Stier (Hausarbeit)

Sachverhalt

Der Landwirt Leopold und sein Nachbar und Berufskollege Bruno verhandeln über den Verkauf eines Stiers des Leopold. Nach verschiedenen Vorschlägen und Gegenäußerungen einigen sich die beiden schließlich, der Preis solle „2½" betragen. Bruno verspricht, zwei Tage später mit dem Kaufpreis vorbeizukommen. Er nimmt den Stier sofort mit und bringt ihn zum Fleischhauer Fritz, dem er ihn um Euro 2.300,– bar verkauft und übergibt. Als Bruno mit dem Kaufpreis wieder bei Leopold erscheint, stellt sich heraus, dass Leopold Euro 2.500,– verlangt, während Bruno nur bereit ist, Euro 2.125,–, nämlich Euro 2,50 pro Kilogramm Lebendgewicht des Stiers (850 kg) zu zahlen. Beide berufen sich auf die getroffene Abrede.

In der betreffenden Gegend ist beim Viehkauf sowohl die Vereinbarung eines Pauschal- wie eines Preises pro Kilogramm Lebendgewicht üblich. Der Verkehrswert des Stiers liegt bei etwa Euro 2.250,–.

Wie ist die Rechtslage?

Erforderliche Kenntnisse: Wie bei Fall 1–3; zusätzlich: culpa in contrahendo; Eigentumserwerb; Grundzüge des Bereicherungsrechts; dazu zB *Koziol – Welser/Kletečka,* Bürgerliches Recht I[14] Rz 887 ff und *Welser/Zöchling-Jud,* Bürgerliches Recht II[14] Rz 68 ff, 1675 ff; *P. Bydlinski,* BR I AT[7] Rz 6/35 ff; *Dullinger,* BR II SchRAT[5] Rz 1/25 ff; *Apathy/Riedler,* BR III SchRBT[5] Rz 15/1 ff; *Iro,* BR IV SachenR[6] Rz 6/36 ff.

Ziel: Erwerb eines Überblicks über häufige Anspruchsgrundlagen (Anspruchsschema); *Schwerpunkt:* Reihenfolge der Prüfung von Anspruchsnormen.

I. Vorüberlegungen

1. Zu den Besonderheiten einer Hausarbeit

Dieser Fall weist den Schwierigkeitsgrad einer Hausarbeit auf; seine Lösung soll zugleich ein Muster für deren Anfertigung darstellen. Im Gegensatz zur Klausur, bei der idR nur der Gesetzestext zur Verfügung steht, hat der Verfasser einer Hausarbeit **auch die einschlägige Fachliteratur und Rspr** heranzuziehen und in sein Gutachten einzuarbeiten. Das erleichtert einerseits die Falllösung, erschwert sie aber andererseits. Die Erleichterung liegt darin, dass Sie nicht nur auf Ihr Wissen angewiesen sind, sondern auch „nachschauen" können. Hausarbeiten sind meist auf Rechtsprobleme zugeschnitten, für die bereits in Lehre und Rspr Lösungen angeboten werden. Erschwert wird die Falllösung aber dadurch, dass die Rechtsprobleme idR schwieriger und umstritten sind, also in der Literatur verschiedene Meinungen zu einer Rechtsfrage vertreten werden. Für den Gutachter bringt das drei Aufgaben mit sich: 1. Erkennen der Fallprobleme; 2. Möglichst vollständiges Auffinden der einschlägigen Literatur und Judikatur; 3. Entscheidung für eine der vertretenen Lösungen mit entsprechender Begründung.

Die erste Aufgabe ist von den früheren Fällen her bekannt; mit einer Kombination von Wissen und „Technik“ ist sie auch bei Hausarbeiten zu bewältigen. Fleiß und Ausdauer braucht man, um die zweite Hürde, nämlich das Finden des „Materials“, zu überwinden. Hinweise zumindest für den Einstieg sind hier aber möglich. Gleiches gilt für die Verwertung des gefundenen Materials. Im Anhang II wird die übliche Zitierweise dargestellt. Die dritte Aufgabe, Entscheidung eines umstrittenen Rechtsproblems, macht einen guten Teil der eigentlichen Kunst des Juristen aus. Abgesehen von formalen Fragen (Darstellung des Streitstandes; Wiedergabe der fremden Argumente) kann sie nicht durch abstrakte Anweisungen, sondern nur durch Anschauung und Übung erlernt werden. Je mehr Zeit Sie also während Ihres Studiums auf die Lektüre von Entscheidungen, Aufsätzen, auch des „Kleingedruckten“ in den gängigen Lehrbüchern verwenden (und nicht nur auf Skripten oder sonstige bloße Vermittler im Wesentlichen unstreitigen Minimalwissens), desto eher werden Sie ein Gespür für überzeugende Argumente gewinnen. Der 6. und zT auch der 7. Fall dieser Sammlung werden im Übrigen diese Aufgabe nochmals schwerpunktmäßig behandeln.

2. Zur Frage

Gefragt ist wieder nach der Rechtslage, somit nach allen nach dem Sachverhalt möglichen Ansprüchen zwischen den Beteiligten.

Nach Aufspaltung des Sachverhalts in Zweipersonenverhältnisse ist – wie schon früher im DVD-Player-Fall (3. Fall) – die konkrete Interessenlage zu ermitteln, um das „was“ der tatsächlichen Begehren feststellen zu können.

Versetzt man sich in die Rolle des L, so ist im Verhältnis zu B bereits nach dem Sachverhalt nahe liegend, dass L primär Zahlung von Euro 2.500,– fordern wird. In zweiter Linie wäre für L wohl die Herausgabe des Stiers von Interesse. Sollte das nicht möglich sein (weil B den Stier nicht mehr hat), könnte L zumindest einen geringeren Betrag als Euro 2.500,– von B verlangen wollen. In Frage kommen Euro 2.300,– (Erlös aus Verkauf an F), Euro 2.250,– (Verkehrswert des Stiers) und schließlich ein Betrag von Euro 2.125,–, den aber B ohnehin zu zahlen bereit ist.

Im Verhältnis zu F könnte L den Stier herausverlangen wollen, wenn er nicht Euro 2.500,– von B bekommen kann. Schon weil L nach dem Sachverhalt den Stier nur um Euro 2.500,– verkaufen wollte (subjektiver Wert), aber auch weil eine Herausgabe des Stiers eine Reihe anderer Ansprüche von vornherein ausschließen würde, wird das Herausgabebegehren gegenüber jeder Geldforderung, die unter Euro 2.500,– liegt, vorrangig zu prüfen sein. Damit ergibt sich für L folgende „Rangordnung" seiner Begehren, die sich im Aufbau des Gutachtens niederschlägt:

1. Euro 2.500,– von B
2. Herausgabe des Stiers von B bzw F
3. allenfalls niedrigerer Betrag von B

Im Sachverhalt liegen keine Anhaltspunkte dafür vor, dass L von F etwas anderes als die Herausgabe des Stiers verlangen könnte (etwa weil dieser schon geschlachtet wäre: keine eigenmächtigen Sachverhaltsergänzungen!). Auch Gegenansprüche des F sind nicht erkennbar (zum an B gezahlten Kaufpreis vgl § 333; für Aufwandersatz, etwa wegen Fütterung, fehlen jegliche Sachverhaltsangaben).

Da B dem L den Kaufpreis noch nicht bezahlt hat, ist auch ein Rückforderungsanspruch des B gegen L nicht zu prüfen.

Nur wenn B an L für den Stier Euro 2.500,– zahlen müsste, könnte B an eine Rückforderung des Stiers von F denken, um den sonst erlittenen Verlust von Euro 200,– (zB durch einen günstigeren Verkauf an eine andere Person) zu vermeiden. F würde dann natürlich von B Euro 2.300,– zurückfordern; das übrigens auch, wenn F dem L den Stier herausgeben muss. Für darüber hinausgehende Ansprüche (zB zusätzlicher Schaden des F aus Fütterungskosten oä) fehlen neuerlich Hinweise im Sachverhalt.

3. Finden der Anspruchsnormen

Um gesetzliche Grundlagen für die genannten möglichen Ansprüche der Beteiligten auffinden zu können, braucht man bereits einen **Überblick über mögliche Anspruchsgrundlagen** im Allgemeinen. Eine Orientierungshilfe soll das anschließend dargestellte – vom fünften Fall im Prinzip unabhängige und keineswegs erschöpfende – Anspruchsschema bieten. Die meisten der genannten Anspruchsgrundlagen werden in Anfängerübungen noch nicht oder doch nicht im Detail behandelt werden. Jedenfalls die fett gedruckte Grobeinteilung sollte man aber auch als Anfänger schon vor Augen haben.

Wichtige Anspruchsgrundlagen

RECHTSGESCHÄFT

1. Einseitige Rechtsgeschäfte
Auslobung, §§ 860 ff
Letztwillige Erklärung: Testament, Vermächtnis, § 533, §§ 552 ff

2. Zwei- und mehrseitige Rechtsgeschäfte; insbesondere Verträge
a) Schenkung, §§ 938 ff
Verwahrung, §§ 957 ff
Leihe, §§ 971 ff
Darlehen, §§ 983 ff
Auftrag, §§ 1002 ff
Tausch, §§ 1045 ff

Kauf, §§ 1053 ff
Miete, Pacht, §§ 1090 ff; MRG
Dienst- und Werkvertrag, §§ 1151 ff
Gesellschaft, §§ 1175 ff
Ehepakt, §§ 1217 ff
Glücksverträge, §§ 1267 ff

b) ungeregelte bzw atypische Verträge, zB Leasing, Factoring, Franchising, Abbauvertrag, Fernlehrvertrag

GESETZ

1. Dingliche Rechtsstellung

a) Eigentum
   aa) Herausgabe, § 366
   bb) Unterlassung, §§ 354, 364 ff
   cc) Beseitigung, §§ 354, 364 ff
b) Besitz, §§ 339 ff, 372[1])
c) Pfandrecht, §§ 458 ff
d) Servitut, §§ 482 ff

2. Familienrechtliche Stellung

Unterhalt zwischen Ehegatten, § 94
Abgeltung für Mitwirkung im Erwerb, § 98
Unterhalt nach Scheidung, §§ 66 ff EheG
Aufteilung des Gebrauchsvermögens und der Ersparnisse nach Scheidung, §§ 81 ff EheG
Unterhalt der Kinder, §§ 231 ff, 177
Ausstattung, § 1220

3. Gesetzliche Erbenstellung

Gesetzliche Erbfolge, §§ 727 ff
Pflichtteil, §§ 756 ff

4. Geschäftsführung ohne Auftrag

§§ 1035 ff

5. Schadenersatz

a) Verschuldenshaftung, §§ 1293 ff
b) Gefährdungshaftung, zB EKHG, RHG, PHG, AtomHG
c) Eingriffshaftung, zB § 364 a, § 1306 a

6. Bereicherung

a) Leistungskondiktionen, §§ 1431 ff, 1174, 921, 877, § 4 KSchG, §§ 14 ff FAGG, § 27 Abs 3 MRG
b) Verwendungsanspruch, § 1041
c) Aufwandersatzanspruch, § 1042
d) Aufopferungsanspruch, § 1043

7. Regress

Gesamtschuldnerregress, § 896
Spezielle Regressnormen, zB § 1302, § 1313; DHG; § 332 ASVG

---

[1]) Ob der Besitz zu den dinglichen Rechten zählt (vgl § 308), ist freilich umstritten; vgl zB *Helmich* in *Kletečka/Schauer*, ABGB-ON § 308 Rz 3; *Kisslinger* in *Fenyves/Kerschner/Vonkilch*, Klang[3] § 308 Rz 6 mwN.

Als Auswahlkriterium ist bei obigem Schema insbesondere die Häufigkeit bzw Wahrscheinlichkeit der Relevanz der Anspruchsnormen in Klausuren, Hausarbeiten und mündlichen Prüfungen herangezogen worden. Genannt sind fast ausschließlich Anspruchsgrundlagen aus dem ABGB und eng damit zusammenhängenden Nebengesetzen; ein Überblick über die ungezählten Spezialtatbestände, etwa des Gesellschaftsrechts, des Arbeitsrechts, des Immaterialgüterrechts etc ist ganz unmöglich. Es ist aber zu bedenken, dass auch solche Ansprüche, abgesehen von ihrem Entstehungstatbestand, weitgehend den Regeln des allgemeinen bürgerlichen Rechts folgen (etwa bezüglich Fälligkeit, Verjährung, Stundung usw). Es muss auch nochmals betont werden, dass die nach dem jeweiligen Stichwort genannten Paragrafengruppen dem Leser nur das Auffinden erleichtern sollen, dass er aber selbst dann die möglichst spezielle Anspruchsnorm zu suchen hat[2]).

Von den – wie gesagt, nicht einmal vollständig – aufgezählten möglichen Anspruchsgrundlagen sind für den konkreten Fall nur einige wenige so nahe liegend, dass deren Prüfung überhaupt in Betracht zu ziehen ist. Über alle übrigen sollte man im schriftlichen Gutachten kein Wort verlieren.

Für das Begehren des L auf Zahlung von Euro 2.500,– kommt als Grundlage primär natürlich Kaufvertrag, konkret § 1062 gegenüber B, für die Herausgabe des Stiers § 366 (Eigentum) sowohl gegenüber B als auch gegenüber F in Betracht (L war nach dem Sachverhalt jedenfalls vor dem Verkauf Eigentümer des Stiers). Als Stütze für ein anderes Zahlungsbegehren des L (Euro 2.300,– oder Euro 2.250,–) gegenüber B bieten sich allenfalls bereicherungs- und schadenersatzrechtliche Normen an. Für die Rückforderung des Kaufpreises (Euro 2.300,–) von B durch F für den Fall, dass dieser den Stier an L herausgeben muss, kommt ebenfalls Bereicherung (Leistungskondiktion nach Wandlung, also Aufhebung des Kaufvertrages hier wegen Rechtsmangels, vgl § 923 iVm § 932) in Betracht.

4. Reihenfolge der Anspruchsprüfung

Hat man die möglichen Anspruchsgrundlagen erkannt, stellt sich die Frage, womit zu beginnen und in welcher Reihenfolge fortzusetzen ist. Es wurde schon angedeutet, dass die verschiedenen Ansprüche einander beeinflussen, voneinander abhängig sind. Besonders einleuchtend ist das am Beispiel des Verhältnisses zwischen vertraglichen und Bereicherungsansprüchen, also zB auf Kaufpreiszahlung einerseits, auf Rückgabe des Stiers wegen rechtsgrundloser Leistung (oder des für sie erzielten Erlöses oder ihres Wertes) andererseits. Ist der Kaufvertrag wirksam zustande gekommen, so ist die Leistung des Stiers zunächst nicht rechtsgrundlos. Die Vermögensverschiebung ist daher gerechtfertigt, sodass für einen Bereicherungsanspruch zu ihrer Rückabwicklung kein Raum ist, falls der Vertrag nicht etwa durch Anfechtung beseitigt werden kann.

[2]) Vgl oben S XV, 15 und 60 f.

Das genannte Beispiel illustriert aber auch, dass vertragliche Ansprüche und dingliche, insbesondere solche auf Grund des Eigentums, vielfach einander bedingen oder – öfter noch – ausschließen. Wenn der Verkäufer einen Anspruch auf Kaufpreiszahlung hat, wird er idR nicht zugleich vom Käufer Herausgabe der verkauften und übergebenen Sache verlangen können.

In Mehrpersonenverhältnissen können Ansprüche gegenüber verschiedenen Personen derart aufeinander wirken, dass bei Bejahung (Durchsetzung) eines Anspruchs gegen X der Anspruch gegen Y entfällt bzw erst entsteht. Dringt beispielsweise L gegenüber F mit der Eigentumsherausgabeklage durch, ist ein Bereicherungs- bzw Schadenersatzanspruch des L gegen B vermutlich ausgeschlossen. Umgekehrt kann durch die Herausgabe des Stiers an L ein Anspruch (Bereicherungsanspruch nach Wandlung, also Aufhebung des Kaufvertrages zwischen B und F) des F gegenüber B entstehen.

Als gewisse **Faustregel** kann gelten, dass die jeweilige **Anspruchsprüfung möglichst unbelastet von Vorfragen** sein soll (Bestehen des Kaufvertrages ist Vorfrage für die Leistungskondiktion). Damit erspart man sich allzu verschachtelte Gedankengänge. Weil die wechselseitigen Abhängigkeiten typischer Anspruchsgrundlagen meist gleichartig sind, haben sich Regeln für eine möglichst sinnvolle, logische und auch ökonomische Reihenfolge der Prüfung von Anspruchsnormen entwickelt[3]). Zwingend sind diese Richtlinien natürlich nicht; und da sie von der materiellen Rechtslage bestimmt sind, kann man Überlegungen zu einer fremden Rechtsordnung, hier insbesondere der deutschen, auch keinesfalls unbesehen übernehmen. So ist zB der Zusammenhang zwischen Kaufvertrag und Eigentumserwerb für das ABGB wegen des **Grundsatzes der kausalen Tradition** (lesen Sie §§ 380, 425 und 1053) anders als für das BGB, das zur Gültigkeit des Eigentumserwerbs einen Titel nicht erfordert. Aber auch im Rahmen der österreichischen Rechtsordnung können außergewöhnliche Umstände des Einzelfalls, eine besondere Interessenlage des Klägers, wie auch manchmal und in gewissen Grenzen der persönliche Geschmack des Gutachters eine andere Reihenfolge nahe legen.

Im Allgemeinen empfiehlt sich aber folgende Vorgangsweise:

a) Vorrangig sind **vertragliche Ansprüche** zu prüfen. Das erklärt sich daraus, dass durch Vereinbarung (lex contractus kraft Privatautonomie) die Beteiligten ihre Rechtsverhältnisse verbindlich gestalten, insbesondere auch das dispositive Recht ändern können. Wie sehr alle diese scheinbar formalen Regeln vom materiellen Recht bestimmt sind, mögen die folgenden Einzelbeispiele noch erläutern:

aa) Die Vorrangigkeit von Vertragsansprüchen gegenüber solchen aus Geschäftsführung ohne Auftrag (GoA) ergibt sich aus dem Wesen des Instituts

[3]) Vgl für das deutsche Recht zB *Medicus/Petersen*, Bürgerliches Recht[23] Rdnr 7 ff.

der GoA mit Notwendigkeit. Dessen Anwendung ist ausgeschlossen, wenn die Geschäftsführung durch vertragliche Vereinbarung gedeckt ist; vgl § 1035.

bb) Gegenüber dinglichen Ansprüchen sind Verträge zunächst schon deshalb vorrangig, weil sie einen Titel zur Veränderung der dinglichen Rechtslage darstellen können. Im konkreten Fall etwa hätte L bei wirksamem Kaufvertrag mit anschließender Übergabe sein Eigentumsrecht an dem Stier verloren (lesen Sie § 1063!).

Weiters können (obligatorische) Ansprüche aus Vertrag die dingliche Rechtsstellung – zumindest zeitweilig – beschränken, wenn etwa der Eigentümer das Benutzungsrecht vertraglich an einen Dritten übertragen hat, zB in Form der Miete. Durch Vertrag kann also ein Recht zur Innehabung oder zum Besitz eingeräumt sein, das auch gegenüber dem dinglichen Recht des Eigentümers durchgreift, den Herausgabeanspruch „blockiert".

cc) Durch Vertrag kann ein nach allgemeinem, aber dispositivem Recht bestehender Schadenersatzanspruch modifiziert sein; das kann zu einer Verstärkung, aber auch zu einer Abschwächung der Stellung des Geschädigten führen; etwa durch Vereinbarung einer Vertragsstrafe („Pönale") zur Verstärkung des gesetzlichen Ersatzanspruches; Beschränkung der Schadenersatzhaftung auf vorsätzliche und grob fahrlässige Handlung oä.

Das Vorliegen eines Vertrages ist vielfach auch für die Frage der Rechtswidrigkeit des Handelns maßgeblich. So können sich aus Vertrag gegenüber dem Partner Pflichten ergeben, die ohne Vertrag, bloß auf Grund des Deliktsrechts, also gegenüber jedermann sonst nicht bestehen. Umgekehrt berechtigt eine absichtliche Wertminderung einer Sache durch einen Dritten den Eigentümer im Allgemeinen zum Schadenersatz. Ein Mieter jedoch handelt bei normaler Abnützung der Sache durch Gebrauch nicht rechtswidrig.

Das Bestehen eines Vertrages kann zwischen Schädiger und Geschädigtem endlich auf die allgemeinen schadenersatzrechtlichen Zurechnungsregeln Einfluss haben; vgl insbesondere § 1298 (Beweislastumkehr); § 1313 a (verschärfte Gehilfenhaftung).

dd) Wie schon angedeutet, kann ein (wirksames) Vertragsverhältnis den Rechtsgrund für eine Vermögensverschiebung darstellen und somit Bereicherungsansprüche ausschließen.

Alle diese Gesichtspunkte sprechen also in ganz verschiedenen Fallgestaltungen dafür, in aller Regel mit vertraglichen Ansprüchen zu beginnen.

b) Nach den vertraglichen Ansprüchen pflegt man im Allgemeinen solche aus **Geschäftsführung ohne Auftrag** zu prüfen, weil diese die übrigen Ansprüche in ähnlicher Weise beeinflussen können (Rechtsgrund für Vermögensverschiebung; haftungsrechtliche Sonderregeln). Selbstverständlich sind Ansprüche aus GoA – wie auch alle übrigen – nur dann zu prüfen, wenn hinreichende Anhaltspunkte im Sachverhalt vorliegen. Erfahrungsgemäß kommen sie in Prüfungsfällen eher selten vor. Ebenso erfahrungsgemäß werden sie, wenn sie einmal vorkommen, zumeist übersehen.

c) An dritter Stelle werden allgemein die **dinglichen Ansprüche** geprüft. Deren Vorrang bei der Prüfung gegenüber Bereicherungs- und Schadenersatzansprüchen ist zunächst deshalb gerechtfertigt, weil die dingliche Rechtslage für solche Ansprüche sehr oft erst die Grundlagen liefert. So setzt zB der Verwendungsanspruch des § 1041 idR Eigentum des Klägers an der rechtsgrundlos verwendeten Sache voraus. Auch die Rechtswidrigkeit einer Handlung im Schadenersatzrecht gründet sich oft auf die (sorgfaltswidrige) Verletzung eines dinglichen Rechts. Schließlich enthalten die im Sachenrecht zu findenden Normen über das Eigentümer-Besitzer-Verhältnis vor allem für den Unredlichen besondere Schadenersatz- (vgl § 335) und Nutzungsregeln (§§ 329 ff).

d) Keine besondere Rangfolge wird üblicherweise – jedenfalls im Zweipersonenverhältnis – zwischen **Bereicherungs- und Schadenersatzansprüchen** angenommen, weil diese einander in den Anspruchsvoraussetzungen nicht bedingen.

Die angeführten Beispiele wechselseitiger Abhängigkeit von Anspruchsgrundlagen dürfen nicht zu dem Schluss verleiten, dass das Bestehen eines Anspruchs zwischen zwei Personen andere Ansprüche des gleichen oder ähnlichen Inhalts allgemein oder auch nur in der Regel ausschließen würde. Man kann für das Privatrecht geradezu von einem gegenteiligen Prinzip ausgehen: dem **Prinzip der** Anspruchskonkurrenz, besser, der **Anspruchsgrundlagenkonkurrenz**[4]). Danach gelten die verschiedenen, den gleichen sachlichen Anspruch begründenden Normen idR nebeneinander; ein Kläger kann sich also, soweit er sein Begehren überhaupt rechtlich qualifizieren will, auf alle seinen Anspruch stützenden Grundlagen berufen und die sie rechtfertigenden Tatsachen vorbringen. Das ist vor allem deshalb zweckmäßig, weil sich im Prozess vielleicht bezüglich der Voraussetzungen einer Anspruchsgrundlage Beweisschwierigkeiten ergeben könnten, weil ein Anspruch verjährt sein könnte usw. Selbstverständlich wird ein Anspruch, der sich auf mehrere Grundlagen (Normen) stützen kann, deswegen nicht mehrmals zugesprochen oder befriedigt.

Auch im Gutachten, das ja dazu dient, über die Rechtslage in Bezug auf die gestellte Frage möglichst vollständig zu informieren, darf der Bearbeiter sich also nicht zufrieden geben, wenn er eine Grundlage für einen Anspruch gefunden hat, sondern muss **alle in Betracht kommenden weiteren Anspruchsgrundlagen** ebenfalls prüfen.

Wendet man die vorgenannten Richtlinien auf den Stier-Fall an, so ergibt sich folgende **Reihenfolge für die Anspruchsprüfung: 1.** Anspruch des L gegen B auf Zahlung des Kaufpreises in der Höhe von Euro 2.500,– gemäß § 1062 (vertraglicher Anspruch).

---

[4]) Vgl *Koziol – Welser/Kletečka*, Bürgerliches Recht I[14] Rz 126 f; *P. Bydlinski*, BR I AT[7] Rz 1/33.

Für Ansprüche aus GoA fehlen Hinweise im Sachverhalt; daher: **2.** Anspruch des L gegen B auf Herausgabe des Stiers gemäß § 366 (dinglicher Anspruch).

Nach diesem dinglichen Anspruch gegen B könnte man alle übrigen, noch möglichen bereicherungs- bzw schadenersatzrechtlichen Ansprüche des L gegen B prüfen, um das Zweipersonenverhältnis L–B abschließen zu können (was sich im Allgemeinen empfiehlt), um dann auf das Verhältnis L–F einzugehen. Da in diesem aber ebenfalls ein dinglicher Anspruch gegen F in Frage steht, der möglicherweise für die außervertraglichen Ansprüche zwischen L und B von Bedeutung sein könnte (siehe schon oben), ist es ratsamer, **3.** den Anspruch des L gegen F auf Herausgabe des Stiers gemäß § 366 zu untersuchen. Diese Reihenfolge deckt sich zudem mit den (wahrscheinlichen) Prioritäten des L (vgl oben). Je nach Ergebnis des Herausgabeanspruches gegen F werden die Schadenersatz- bzw Bereicherungsansprüche des L gegen B bzw die Bereicherungsansprüche F gegen B zu untersuchen sein.

5. Erkennen der Fallprobleme

Dass im Verhältnis L–B ein Einigungs-, also Vertragsschlussproblem zu untersuchen sein wird, ist nach dem Sachverhalt unschwer zu erkennen. Darauf weisen insbesondere die verschiedenen Behauptungen von L und B hin. Da B den Stier bereits weiterveräußert hat, ist ein Eigentumsherausgabeanspruch des L vor allem wegen fehlender Innehabung des B fraglich. Weil dieses Tatbestandsmerkmal des § 366 offensichtlich fehlt, liegt es nahe, den Herausgabeanspruch nur mit diesem Argument abzulehnen. Damit erspart man sich die üblicherweise vorrangige Prüfung des Eigentums des L. Diese wird dann erst im Rahmen des dinglichen Anspruchs des L gegen F erforderlich.

L könnte sein Eigentum durch die beiden Kaufverträge (L–B; B–F) samt Übergabe verloren haben. Der Bearbeiter wird dabei, wenn er einen Erwerb des B verneint hat, die Frage des gutgläubigen Erwerbs durch F gemäß § 367 leicht erkennen.

Wesentlich schwieriger zu entdecken sind schon die schadenersatzrechtlichen Probleme im Verhältnis L–B. Die Frage der Haftung aus culpa in contrahendo bei Dissens wird dem Anfänger kaum geläufig sein.

Noch komplexer ist die bereicherungsrechtliche Haftung des B. Ohne eingehenderes Studium der einschlägigen Literatur und Rspr sind die Fragen, ob und in welcher Höhe B allenfalls Wertersatz als Bereicherungsausgleich zu leisten hat, kaum zu beantworten.

Vor Lektüre der folgenden Falllösung sollten Sie wieder zuerst selbst versuchen, mit Hilfe von Literatur und Rspr[5]) alle angedeuteten Rechtsfragen zu

[5]) Beachten Sie die entsprechenden Hinweise im Anhang II.

lösen. Ein anschließender Vergleich Ihres mit unserem Gutachten soll als Kontrolle dienen.

6. Zur Gliederung des Gutachtens (der Hausarbeit)

Die bei jedem Hausarbeitsgutachten **voranzustellende Gliederung** bezweckt, einen **Überblick über Gegenstand und Aufbau der Untersuchung** zu geben. Ergebnisse sollen dabei nicht vorweggenommen, Frageform möglichst vermieden werden. Zumeist erweist sich eine Gliederung nach den verschiedenen Ansprüchen als die zweckmäßigste; so auch hier.

Vor diese Gliederung stellen Sie in der Hausarbeit allerdings noch das **Literaturverzeichnis.** Darin sind **die im Gutachten zitierten** (nur diese!) **Werke** bibliografisch vollständig (vgl Anhang II) anzuführen; der Übersicht halber alphabetisch gereiht; bei einer längeren Liste allenfalls nach Kommentaren, Lehrbüchern und monographischen Abhandlungen gegliedert. Bei größeren Arbeiten erleichtert man sich die Erstellung des Literaturverzeichnisses dadurch, dass man sich von jedem Werk, das man in die Hand nimmt, sogleich alle nötigen Angaben (elektronisch oder auf Karteikarten) notiert[6]). Das Verzeichnis dient dem Leser dazu, einen raschen Überblick über die von Ihnen verwendete Literatur zu gewinnen; für Sie selbst hat es den Vorteil, dass Sie im Gutachten die betreffenden Werke mit einem **Kurztitel** zitieren können (vergleichen Sie das folgende Literaturverzeichnis und die Fußnoten 1 und 5; blättern Sie unter diesem Aspekt auch noch einmal die früheren Seiten dieses Buches durch und achten Sie auf die Zitierweise sowie unser Literaturverzeichnis S 137 f). Selbstverständlich sollten Sie die jeweils **neueste Auflage** verwenden. **Einzelne Entscheidungen, Gesetzesausgaben, Zeitschriften als solche haben im Literaturverzeichnis nichts verloren!**

Wann muss zitiert werden? Immer dann, wenn Sie eine fremde Meinung zu einer Ihrer Ansicht nach zweifelhaften Frage wiedergeben oder übernehmen. Aussagen, die sich (Ihrer Meinung nach) eindeutig aus dem Gesetz ergeben, brauchen nicht auch noch mit Literatur- oder Rechtsprechungszitaten belegt zu werden. Andererseits ist es ein Gebot der Redlichkeit, sich nicht mit fremden Federn zu schmücken (und der Prüfer entdeckt solche Sünden auch in aller Regel!). Die Zitate können nur eine Rechtsansicht belegen, nicht eine Frage des konkreten Falles. Es kann also niemals heißen: „X hat den Y rechtswidrig bedroht[1])" und dann in der Fußnote: „[1]) *Koziol – Welser/Kletečka,* Bürgerliches Recht I[14] Rz 527 ff", auch wenn dort die Ausführungen zur Drohung zu finden sind, denn jedenfalls steht ja dort nichts über die Herren X und Y. Vielmehr könnte nur zu lesen sein: „X hat Y bedroht. Die Drohung war rechtswidrig, weil X zwar ein rechtmäßiges Mittel eingesetzt hat, aber zu dem Zweck, den Y zu

[6]) Als Hilfe dazu sei auf das Juscript für Judikatur- und Literatureinträge der CD-ROM *Kerschner,* Wissenschaftliche Arbeitstechnik und Methodenlehre für Juristen[6], verwiesen.

einem Geschäftsabschluss zu bringen[1]), auf den er keinen Anspruch hatte". Fußnote: „[1]) Zur Rechtswidrigkeit der Drohung vgl insofern *Koziol – Welser/ Kletečka,* Bürgerliches Recht I[14] Rz 527 ff".

Das Zitat sollte genau, aber soweit möglich in eigenen Worten des Gutachters die zitierte Meinung wiedergeben. Wörtliche Übernahme ist durch Anführungszeichen kenntlich zu machen; sie soll nur dann erfolgen, wenn es auf die vom zitierten Autor gebrauchten einzelnen Worte ankommt. Lange wörtliche Zitate sind tunlichst überhaupt zu vermeiden. Vollkommen verpönt – und wissenschaftlich unredlich – ist eine „Copy and paste"-Technik, bei der ein bestimmter Textblock (zB ein ganzer Absatz) aus einer Originalquelle in die eigene Arbeit hineinkopiert wird. Daran ändert auch der Umstand nichts, dass am Ende eines solchen Textblocks eine Fußnote mit Quellenangabe gesetzt wird, weil der Leser in einem solchen Fall nicht erkennen kann, dass es sich um eine wörtliche Wiedergabe eines fremden Textes handelt, und dass der gesamte Textblock aus dieser Quelle stammt. Der Leser wird nämlich in der Regel dazu neigen, das Zitat in der Fußnote lediglich auf jenen Satz zu beziehen, an dessen Ende sie steht. Ist eine fremde Ansicht ausführlicher darzustellen, was in Hausarbeiten seltener, jedoch in Seminararbeiten eher vorkommen wird, dann sollte dies in der Regel in indirekter Rede geschehen. Stets ist durch die Zitierung in eindeutiger Weise offenzulegen, welche Gedanken der fremden Quelle entnommen sind. Als Faustregel gilt: Besser ein Zitat zu viel als eines zu wenig, damit der Verdacht einer unredlichen Arbeitstechnik gar nicht erst entstehen kann.

Ihre Hausarbeit zum Stier-Fall sähe also insgesamt wie folgt aus (die folgenden Regeln gelten grundsätzlich ohne Rücksicht darauf, ob Sie die Arbeit auf Papier einreichen oder lediglich elektronisch, zB als pdf-Dokument, übermitteln): Vorweg das **Deckblatt** mit Ihrem Namen, Anschrift (einschließlich E-Mail-Adresse), Semester, Matrikel-Nummer, Bezeichnung der Arbeit (etwa: „Übung aus bürgerlichem Recht für Anfänger, SS 2017, Univ.-Prof. Dr . . ., 1. Hausarbeit"). Dann auf einer neuen Seite der **Sachverhalt** (Sie können den ausgegebenen Originaltext in Kopie beilegen oder elektronisch in die Arbeit kopieren). Es folgt das:

II. Literaturverzeichnis

Apathy, Das Recht des redlichen Besitzers an den Früchten, JBl 1978, 517 ff.

P. Bydlinski, Bürgerliches Recht I Allgemeiner Teil[7] (2016).

Dullinger, Bürgerliches Recht II Schuldrecht Allgemeiner Teil[5] (2014).

Ehrenzweig, Armin, System des österreichischen allgemeinen Privatrechts I[2], 1. Hälfte: Allgemeiner Teil (1951); II[2], 1. Hälfte: Das Recht der Schuldverhältnisse (1928).

Fischer-Czermak, Zum Verwendungsanspruch gegen den redlichen Besitzer, FS 200 Jahre ABGB (2011) 955 ff.

Flume, Allgemeiner Teil des bürgerlichen Rechts, II, Das Rechtsgeschäft[4] (1992).

Gschnitzer, Lehrbuch des österreichischen bürgerlichen Rechts, Allgemeiner Teil², bearb von *Faistenberger/Barta* ua (1992); Schuldrecht Allgemeiner Teil², bearb von *Faistenberger/Barta/Eccher* (1986); Schuldrecht Besonderer Teil und Schadenersatz², bearb von *Faistenberger/Barta/Eccher* (1988).

Iro, Bürgerliches Recht IV Sachenrecht⁶ (2016).

Kalss/Schauer/Winner, Allgemeines Unternehmensrecht² (2014).

Kerschner, Irrtumsanfechtung insbesondere beim unentgeltlichen Geschäft (1984).

Klang, Kommentar zum ABGB² (hrsg von *Klang* und *Gschnitzer)* (1951–1978).

Kletečka/Schauer (Hrsg), ABGB-ON – Kommentar zum Allgemeinen Bürgerlichen Gesetzbuch (ab 2010).

Koziol – Welser/Kletečka, Bürgerliches Recht I¹⁴ (2014)

Krejci (Hrsg), Kommentar zu den durch das HaRÄG 2005 eingeführten Neuerungen im Unternehmensgesetzbuch und im Allgemeinen bürgerlichen Gesetzbuch (2007).

Ostheim, Zur Haftung für culpa in contrahendo bei grundloser Ablehnung des Vertragsschlusses, JBl 1980, 522 ff.

Reischauer, Willensmängel, Geschäftsfähigkeit und unwirksame Veräußerungen als Probleme des Anvertrauens (§ 367 ABGB), JBl 1973, 589 ff.

Reischauer, Verschulden und Beweislast, ZVR 1978, 134 ff.

Rummel, Kondiktion bei verbotenen und sittenwidrigen Rechtsgeschäften, ÖJZ 1978, 253 ff.

Rummel (Hrsg), Kommentar zum ABGB I³ (2002).

Rummel/Lukas (Hrsg), Kommentar zum ABGB⁴ (ab 2014).

Schuhmacher, Verbraucherschutz bei Vertragsanbahnung (1983).

Schwimann (Hrsg), Praxiskommentar zum ABGB³ (2005).

Schwimann/Kodek (Hrsg), Praxiskommentar zum ABGB⁴ (2016).

Stubenrauch, Kommentar zum ABGB⁸ (1902/03).

Vonkilch, Kennt das ABGB eine Haftung für die sorgfaltswidrige Abgabe einer wegen Willensmangel anfechtbaren Willenserklärung? JBl 2004, 759 ff.

Welser, Vertretung ohne Vollmacht (1970);

Welser/Zöchling-Jud, Bürgerliches Recht II¹⁴ (2015).

Auch elektronisch zugängliche Quellen können zitiert werden, sofern sie wissenschaftlichen Anforderungen genügen (also zB nicht Wikipedia). Für die Zitierung gelten grundsätzlich dieselben Regeln; freilich mit der Besonderheit, dass die Web-Adresse anzuführen ist, unter der die elektronische Quelle zugänglich ist. Ferner muss – wegen der Veränderlichkeit der Inhalte – in den Fußnoten, in denen das Zitat erscheint, auch das Datum der Abfrage angeführt werden.

Nach dem Literaturverzeichnis folgt die:

III. Gliederung

1. Anspruch des L gegen B auf Zahlung von Euro 2.500,– aus Kaufvertrag (§ 1062)
2. Anspruch des L gegen B auf Herausgabe des Stiers gemäß § 366

3. Anspruch des L gegen F auf Herausgabe des Stiers gemäß § 366
   a) Eigentumsverlust des L durch Veräußerung an B
   b) Eigentumsverlust des L durch Veräußerung des B an F
4. Sonstige Ansprüche des L gegen B auf Zahlung
   a) Schadenersatz (culpa in contrahendo)
   b) Bereicherung, §§ 877, 1431 ff
      aa) Rechtsgrund des Anspruchs
      bb) Höhe des Anspruchs
5. Anspruch des F gegen B auf Rückzahlung von Euro 2.300,– aus Bereicherung

IV. Gutachten

1. Anspruch des L gegen B auf Zahlung von Euro 2.500,–

Leopold (L) könnte gegen Bruno (B) einen Anspruch auf Zahlung von Euro 2.500,– gemäß § 1062 haben, wenn zwischen beiden ein gültiger Kaufvertrag zustande gekommen ist und der vereinbarte Kaufpreis Euro 2.500,– beträgt. Ein solcher Kaufvertrag (§ 1053) setzt nach § 1054 die Vereinbarung eines bestimmten Preises voraus; im Übrigen gelten für das Zustandekommen die allgemeinen Regeln (§§ 861 ff).

Im vorliegenden Fall ist zweifelhaft, ob die Preisvereinbarung „2½" die nach §§ 1054, 869 erforderliche Bestimmtheit aufweist. Dem Wortlaut nach sind L und B „einig geworden". Es stellt sich aber heraus, dass jeder unter „2½" etwas anderes verstanden hat. Ein solches Missverständnis veranlasst zur Frage, ob die Parteien die für einen Vertragsschluss nötige Einigung erzielt haben. Das ist dann der Fall, wenn die Erklärungen der Parteien einen objektiv eindeutigen, übereinstimmenden Inhalt haben (und zumindest eine Partei auch auf diesen Inhalt vertraut hat)[1]).

Auch wenn sich ein solcher objektiv eindeutiger Inhalt nicht feststellen lassen sollte, könnte ein Vertragsschluss vorliegen, wenn die Parteien die – wenn auch objektiv unbestimmte oder mehrdeutige – Erklärung im gleichen Sinne aufgefasst haben[2]). Das ist nach dem Sachverhalt aber nicht der Fall.

Es ist also zu prüfen, ob die Erklärung „2½" einen eindeutig bestimmten Inhalt hat. Wäre das nicht der Fall, so läge mangels übereinstimmenden Verständnisses der Parteien in Wahrheit keine Einigung vor (versteckter Dissens).

---

[1]) *Rummel* in *Rummel/Lukas*⁴, § 861 Rz 4 und § 863 Rz 14; *Pletzer* in *Kletečka/Schauer,* ABGB-ON § 869 Rz 4.

[2]) *Koziol – Welser/Kletečka,* Bürgerliches Recht I^{14} Rz 345; *P. Bydlinski,* BR AT^{5} Rz 6/15; *Ehrenzweig,* System^{2} I/1, 240; *Rummel* in *Rummel/Lukas*^{4}, § 871 Rz 9; *Pletzer* in *Kletečka/Schauer,* ABGB-ON § 869 Rz 6.

Es müssen daher die Erklärungen, um „2½“ kaufen bzw verkaufen zu wollen, ausgelegt werden; dabei ist „auf die im Verkehr geltenden Gewohnheiten und Gebräuche Rücksicht zu nehmen“ (§ 863; vgl auch § 914 zur Auslegung von Verträgen). Die Erklärung „2½“ ist demgemäß so auszulegen, wie sie ein redlicher Erklärungsempfänger in der konkreten Situation mit Rücksicht auf die Verkehrssitte verstehen durfte und musste. Diese Auslegung ergibt nach den Angaben im Sachverhalt, dass die Erklärung auch objektiv in der betreffenden Gegend keinen eindeutig bestimmten Aussagewert hat: Der Gebrauch in beiden von den Parteien gemeinten Bedeutungen ist möglich und üblich. Auch der Verkehrswert des Stiers, nämlich Euro 2.250,–, gibt keine Anhaltspunkte, da keine der von den Parteien genannten Zahlen so unwahrscheinlich ist, dass die ihr zugrunde liegende Berechnungsmethode für einen verständigen Geschäftspartner von vornherein ausscheiden müsste. Die somit objektiv mehrdeutige Erklärung könnte noch gemäß § 915 Satz 2 zu Lasten jener Partei ausgelegt werden, die sich der undeutlichen Erklärung bedient hat. § 915 Satz 2 ist aber nur anwendbar, wenn man feststellen kann, wer sich der fraglichen Erklärung „bedient“ hat, wenn die Erklärung „2½“ also eindeutig entweder dem L oder dem B allein zuzurechnen ist[3]). Das ist nach dem Sachverhalt nicht der Fall. Dann spricht die Vermutung dafür, dass sich beide der Erklärung in gleicher Weise bedient haben[4]). Da nun jede Partei jeweils die andere, ihr günstigere Bedeutung ihrer Erklärung gemeint hatte, liegt weder subjektiv noch objektiv Einigung in einer der möglichen Richtungen vor.

Die Rechtsfolge richtet sich nach § 869: Es „entsteht kein Vertrag“. Daher ist ein Anspruch des L auf Kaufpreiszahlung gemäß § 1062 in Höhe von Euro 2.500,– nicht gegeben.

2. Anspruch des L gegen B auf Herausgabe des Stiers gemäß § 366

Dieser Anspruch ist jedenfalls deshalb abzulehnen, weil B nach Weiterveräußerung des Stiers nicht mehr deren Inhaber ist, sodass ein Tatbestandsmerkmal des § 366 offensichtlich nicht erfüllt ist. Auf die Frage des Eigentums des L braucht daher an dieser Stelle nicht eingegangen zu werden.

3. Anspruch des L gegen F auf Herausgabe des Stiers

L könnte gegen den Fleischhauer Fritz (F) als derzeitigen Inhaber des Stiers einen Eigentumsherausgabeanspruch gemäß § 366 haben, wenn er (L) noch Eigentümer ist. Da er einmal Eigentümer des Stiers war (im Sachverhalt wird von dem „Stier des Leopold“ gesprochen), ist zu prüfen, ob L sein Eigentum später verloren hat.

---

[3]) Vgl *Ehrenzweig,* System² I/1, 262f; ausführlich dazu auch *Heiss* in *Kletečka/Schauer,* ABGB-ON § 915 Rz 17ff.

[4]) *Rummel* in *Rummel/Lukas*⁴, § 915 Rz 5.

a) Die Übergabe des Stiers von L an B konnte mangels eines gültigen Titels (§§ 380, 423 f) nicht zum Eigentumserwerb des B führen. L blieb weiterhin Eigentümer.

b) Dagegen könnte L sein Eigentum durch das Geschäft zwischen B und F verloren haben. Da der Veräußerer B nicht Eigentümer der verkauften Sache war, kommt nur gutgläubiger Erwerb des F gemäß § 367 in Betracht. F hat auf Grund gültigen Kaufvertrages von B den Stier erhalten. Ein gutgläubiger Eigentumserwerb ist nach § 367 Abs 1 möglich, wenn der Veräußerer dabei als Unternehmer im gewöhnlichen Betrieb seines Unternehmens gehandelt hat. B ist als Landwirt vom Unternehmerbegriff des § 1 UGB erfasst[5]). Dagegen ist fraglich, ob B bei der Veräußerung des Stiers im gewöhnlichen Betrieb seines Unternehmens handelt. Dies wird man bei einem Landwirt jedenfalls dann bejahen müssen, wenn er zugleich einen Viehhandel betreibt; bei bloßer Viehzucht ist die Zugehörigkeit eines solchen Geschäfts zum gewöhnlichen Betrieb des Unternehmens jedoch zweifelhaft. Insofern bietet der Sachverhalt keine hinreichend klaren Anhaltspunkte, um die Verwirklichung dieses Tatbestandsmerkmals eindeutig bejahen zu können.

Dagegen ist die dritte Variante des § 367, nämlich die des „Anvertrauens" erfüllt. Unter Anvertrauen ist jede freiwillige Übertragung der ausschließlichen Gewahrsame durch den Eigentümer an den nunmehrigen Veräußerer zu verstehen. Der Rechtsgrund spielt dabei keine Rolle; die Übertragung der Gewahrsame kann zB auf Miete oder Leihe beruhen, aber auch auf einem unwirksamen oder anfechtbaren Kaufvertrag[6]). Dadurch, dass L dem B den Stier in Erfüllung seiner vermeintlichen Pflicht aus dem – wegen Dissens freilich unwirksamen – Kaufvertrag übergeben hat, hat er ihn dem B „anvertraut". F hat daher gutgläubig iSd § 367 Eigentum erworben, da mangels gegenteiliger Angaben im Sachverhalt auch von seiner Redlichkeit auszugehen ist (§ 328). Da F Eigentümer des Stiers geworden ist, besteht kein Herausgabeanspruch des L nach § 366.

4. Sonstige Ansprüche des L gegen B auf Zahlung

a) Ein Anspruch des L gegen B auf Zahlung einer Geldsumme, deren Höhe erst nach Prüfung des Anspruchsgrundes geklärt werden kann, könnte sich aus dem Titel des Schadenersatzes wegen Verschuldens beim Vertragsschluss ergeben (culpa in contrahendo). Dieser von Lehre und Rspr in Analogie zu den §§ 874, 932 Abs 1 Satz 2, 1003 entwickelte Anspruch[7]) ist möglicher-

[5]) Vgl *Kalss/Schauer/Winner*, Unternehmensrecht^2 Rz 2/44; *Dehn* in *Krejci* (Hrsg), Reform-Kommentar UGB – ABGB (2007) § 1 Rz 44 ff.

[6]) Dazu etwa *Holzner* in *Kletečka/Schauer*, ABGB-ON § 367 Rz 9.

[7]) Statt vieler: *Gschnitzer* in *Klang*^{2} IV/1, 173 ff; *Welser/Zöchling-Jud*, Bürgerliches Recht II^{14} Rz 69; *Welser*, Vertretung 56 ff; *Ostheim*, JBl 1980, 522 ff; gegen das Institut der culpa in contrahendo in seiner von der hL vertretenen Verallgemeinerung, wohl aber für Haftung wegen Erklärungsfahrlässigkeit (Analogie zu § 878) *Reischauer*, ZVR

weise gegeben, wenn B sich schuldhaft (nach dem Sachverhalt allenfalls: fahrlässig) eines mehrdeutigen Ausdrucks bedient haben sollte und dem L dadurch ein Schaden entstanden wäre.

Als Schaden des L könnte man ansehen, dass er seinen Stier hergegeben und im Ergebnis das Eigentum an ihm verloren hat, ohne einen vertraglichen Anspruch auf eine Gegenleistung zu erlangen. Diesen Schaden hätte B durch sein schuldhaftes Verhalten verursacht, wenn man davon ausginge, dass er als Landwirt die Zweideutigkeit seiner Erklärung hätte kennen müssen (Erklärungsfahrlässigkeit).

Es ist aber umstritten, ob beim Tatbestand des Dissenses eine Haftung wegen Erklärungsfahrlässigkeit überhaupt in Betracht kommt. § 869 letzter Satz sieht nämlich ausdrücklich nur eine Haftung für den Fall vor, dass sich jemand *absichtlich* einer undeutlichen Erklärung bedient. Das ist nach dem Sachverhalt aber sicher nicht der Fall. Zu erwägen bleibt freilich eine nun zunehmend vertretene Analogie zur Erklärungshaftung nach § 878 Satz 3. Ohne das Verhältnis zwischen den §§ 869 und 878, die allenfalls auf verschiedenen Wertungen beruhen, klären zu müssen, kann man auch eine Haftung des B analog § 878 ausschließen. Setzt man nämlich den Sorgfaltsmaßstab für B so hoch an, dass er die Mehrdeutigkeit der Erklärung „2½" hätte erkennen müssen, muss man dasselbe auch für L annehmen. Beide sind bezüglich des Viehkaufs auf gleicher „Sachverständigenstufe" einzuordnen. § 878 bejaht eine Ersatzpflicht nämlich nur, „falls von diesem" (also dem Geschädigten) „nicht dasselbe gilt" (Kulpakompensation). Insoweit liegt **nach (noch) hA** eine Abweichung von der allgemeinen Regel des § 1304 vor, wonach bei gleichem Verschulden Schadensteilung einzutreten hätte[8]). Daher kann die allgemeine Frage der Haftung wegen Fahrlässigkeit bei Dissens hier offen bleiben[9]). Ein Anspruch des L gegen B aus culpa in contrahendo ist daher abzulehnen.

b) Fraglich ist, ob L gegen B Bereicherungsansprüche geltend machen kann. Als Rechtsgrundlage für solche Ansprüche kommen §§ 877, 1431 ff und 1041 in Betracht.

1978, 134 ff; *ders* in *Rummel*[3], vor § 918 Rz 14 ff; kritisch auch *Schuhmacher*, Verbraucherschutz 180 ff.

[8]) *Koziol – Welser/Kletečka*, Bürgerliches Recht I[14] Rz 423; kritisch *Apathy/Riedler*, BR III SchRBT[5] Rz 13/67; *Kerschner*, Irrtumsanfechtung 118; diesem zustimmend *Riedler* in *Schwimann/Kodek*[4], § 878 Rz 17; wie im Text *Rummel* in *Rummel/Lukas*[4], § 878 Rz 18.

[9]) Ablehnend *Gschnitzer* in *Klang*[2] IV/1, 97 f; vgl auch *Welser*, Vertretung 66 FN 43; ebenso für das deutsche Recht *Flume*, Rechtsgeschäft[4] 626; anders *Kerschner*, Irrtumsanfechtung 116; OGH SZ 57/94 = JBl 1986, 177 mit insoweit zust Anm von *Wilhelm; Rummel* in *Rummel/Lukas*[4], § 869 Rz 15; *Gschnitzer*, Allg Teil[2] 661; ausführlich *Vonkilch*, Kennt das ABGB eine Haftung für die sorgfaltswidrige Abgabe einer wegen Willensmangel anfechtbaren Willenserklärung? JBl 2004, 759 ff; vorsichtig zustimmend auch *Riedler* in *Schwimann/Kodek*[4], § 869 Rz 15 f.

aa) Sowohl § 877 als auch §§ 1431 ff enthalten die Regelung von Leistungskondiktionen, wobei § 877 eine allgemeine condictio sine causa regelt, die nach der älteren Lehre auch auf Vertragsnichtigkeit wegen Dissenses anwendbar ist[10]). Diese Auffassung wird jedoch von der heute wohl herrschenden Lehre bestritten[11]), weil es keinen Grund gebe, bei Dissens auf das Irrtumserfordernis der §§ 1431, 1432 zu verzichten. Diese Frage kann hier ebenfalls offen bleiben, da L den Stier in Unkenntnis des Dissenses geleistet hat, sodass auch nach § 1432 eine Rückforderung gemäß § 1431 nicht ausgeschlossen wäre. Da § 877 keine nähere Regelung der Rechtsfolgen enthält, sind für diese jedenfalls §§ 1431 ff heranzuziehen.

Danach ist der Empfänger der rechtsgrundlosen Leistung gemäß § 1437 wie ein redlicher oder unredlicher Besitzer zu behandeln, je nachdem, ob er vom Fehlen des Rechtsgrundes wissen konnte oder nicht. Da B mangels weiterer Anhaltspunkte im Sachverhalt im Einklang mit der Vermutung des § 328 als redlich anzusehen ist, wäre er nach dem Wortlaut des § 1437 in Verbindung mit § 330 nicht zur Herausgabe von „Nutzungen" verpflichtet. Die Lehre vermeidet für den Erlös aus der Veräußerung der fremden Sache dieses – insofern zweifellos untragbare und vom Gesetzgeber nicht gewollte – Ergebnis, indem sie neben § 330 noch § 1041 für anwendbar hält[12]) und damit den durch die Veräußerung erzielten Erlös dem früheren Eigentümer zuweist, oder aber, indem sie den in das Vermögen des Bereicherten gelangten Geldwert der Sache schon nach § 1431 schlechthin für geschuldet ansieht, ohne insofern die Regeln der §§ 1437, 330 anzuwenden[13]). Der Veräußerungserlös wäre danach vom Begriff der Nutzungen im § 330 nicht erfasst; auch die Regel des § 329 schließt nach den genannten Autoren nur Schadenersatz-, nicht Bereicherungsansprüche aus.

Da jedenfalls über das Ergebnis, dass der Erlös aus der Veräußerung nach Kondiktionsgrundsätzen herauszugeben sei, Einigkeit besteht, bedarf es einer

[10]) *Ehrenzweig,* System² II/1, 743; *Gschnitzer* in *Klang*² IV/1, 155; *Gschnitzer,* Schuldrecht, Bes Teil und Schadenersatz² 404.

[11]) Vgl *Rummel,* ÖJZ 1978, 255; zust *Welser/Zöchling-Jud,* Bürgerliches Recht II¹⁴ Rz 1699; *Mader* in *Schwimann*³, Vorbem zu §§ 1431 ff Rz 10; *Apathy/Riedler,* BR III SchRBT⁵ Rz 15/13.

[12]) *Gschnitzer,* Schuldrecht, Bes Teil und Schadenersatz 135 (anders die 2. Auflage, 399); *Ehrenzweig,* System² II/1, 729; *Koziol/Welser* I¹⁰ 425, 437 (anders die 14. Auflage, II Rz 1764 f); vgl *Apathy,* JBl 1978, 531 f; *Fischer-Czermak,* FS 200 Jahre ABGB 965; aA allerdings OGH JBl 2002, 451 mit zutreffender kritischer Anmerkung *Wagner.*

[13]) So zB *Stubenrauch,* Kommentar II⁸ 875; auch *Wilburg* in *Klang*² VI 474 f nimmt an, dass wegen §§ 1437, 330 eine Forderung des Erlöses vom gutgläubigen Veräußerer nicht ausgeschlossen sei; seine Argumente gehen dahin, dass der Ausschluss der Rückforderung der Nutzungen nach §§ 330, 1437 nur für den Fall gedacht gewesen sei, dass der Bereicherte seinerseits für die Erlangung der Sache einem Dritten einen (nunmehr möglicherweise verlorenen) Preis gezahlt habe. Das treffe bei der Kondiktion, bei der der Bereicherte die Sache vom Eigentümer erlangt hat, nicht zu; vgl auch *Mader* in *Schwimann*³, § 1437 Rz 3; *Rummel* in *Rummel*³, § 1437 Rz 3 ff.

Entscheidung über die Konstruktion des Ergebnisses nicht. L hat also einen Anspruch auf Herausgabe des aus der Veräußerung erzielten Nutzens gegen B.

bb) Was die Höhe des Anspruchs angeht, so kommt entweder (vgl § 1041) der gemeine Wert Euro 2.250,– oder eine höhere Summe bis zum von B erzielten Erlös von Euro 2.300,– in Betracht.

Geht man mit dem Sachverhalt davon aus, dass der Stier objektiv Euro 2.250,– wert ist, fragt sich, aus welchem Grund dem Eigentümer L mehr, nämlich der volle Erlös zufallen sollte[14]). Dagegen spricht sich etwa *Wilburg*[15]) aus, der an eine Aufteilung des Erlöses in dem Verhältnis denkt, in dem der Erlös teils auf der geleisteten Sache, teils auf Werten beruht, die der Empfänger selbst zum Erfolg beiträgt.

In einem Falle wie dem vorliegenden, in dem der Gewinn des B offenbar allein auf seiner Verkaufstätigkeit beruht, ist zweifelhaft, ob man diesen Mehrerlös dem L zuweisen kann. Andererseits erhöht natürlich die Aussicht, den Gewinn behalten zu dürfen, den Anreiz, über fremde Sachen zu verfügen und dann nur den (Einkaufs-)Wert zu ersetzen. Das Problem ist gesetzlich nicht geregelt; was man unter Wert in § 1041 zu verstehen hat, ist ebenso offen wie die Formulierung des § 1431, dass „in der Regel" die Sache verlangt werden könne. Auch die Worte des § 330 „alle aus der Sache entspringende Früchte" geben insofern keinen weiteren Aufschluss. Man wird wohl in der Regel, wenn der Erlös durch eigenen Verdienst des Bereicherten mitverursacht ist, danach unterscheiden müssen: Ist der Verwendende redlich, so hat er nur den Wert der Sache zu ersetzen, hier also Euro 2.250,–. Der restliche Erlös beruht auf seinem Einsatz und gebührt daher ihm selbst[16]). Anders bei Unredlichkeit, um den Anreiz des Spekulierens mit fremden Sachen zu nehmen: Dann ist grundsätzlich alles Erlangte (abzüglich nützlich gemachten Aufwandes) herauszugeben[17]).

Demnach kann L von B die Zahlung von Euro 2.250,– nach den §§ 877, 1431, 1437, 1041 verlangen.

5. Anspruch des F gegen B auf Rückzahlung von Euro 2.300,–

Da nach dem oben Ausgeführten F nicht zur Herausgabe des Stiers verpflichtet ist, kommt ein sonst denkbarer Anspruch des F gegen B auf Rückzahlung des geleisteten Kaufpreises nicht in Betracht.

---

[14]) So etwa *Stanzl* in *Klang*² IV/1, 920.

[15]) In *Klang*² VI 475.

[16]) Ebenso etwa *Fischer-Czermak*, FS 200 Jahre ABGB 965 f; *Lurger* in *Kletečka/Schauer*, ABGB-ON § 329 Rz 6.

[17]) Vgl aber *Bydlinski*, JBl 1969, 255, der auch beim Unredlichen im Prinzip für eine Aufteilung eintritt.

6. Fall

Tickets für die Fußballeuropameisterschaft

Sachverhalt

Teil I

Anton, der ein kleines Geschäft für Sportartikel betreibt, ist begeisterter Fußballfan. Er fiebert der lang ersehnten Europameisterschaft, die dieses Mal in Österreich stattfindet, entgegen und will seine spärliche Freizeit nützen, um live bei einem der großen Spiele dabei sein zu können. Deshalb informiert er sich auf der offiziellen Homepage der diese Tourniere regelmäßig veranstaltenden europäischen **Fußballvereinigung U,** die ihren Hauptverwaltungssitz in der Schweiz hat, über die Details zum Erwerb von Karten. Da **Anton** gehört hat, dass Geschäfte über das Internet viele Sicherheitsrisiken in sich bergen, ist er erfreut, als er auf der Homepage liest, dass er neben einer Onlinebestellung die Bestellung auch mittels ausgedruckten, ausgefüllten und per Fax an **U** zu übermittelnden Bestellscheins möglich ist. Daraufhin füllt **Anton** den Bestellschein für eine Viertelfinalkarte um Euro 75,– unter Angabe seiner Privatadresse aus und unterschreibt ihn. Da er aber noch unsicher ist, ob er eine Karte für das Viertelfinalspiel oder doch für ein anderes Spiel haben möchte, schickt er den Bestellschein noch nicht ab, um sich alles noch einmal in Ruhe überlegen zu können. Kurz vor Mitternacht, **Anton** ist schon nach Hause gegangen, findet der Sekretär **Antons,** der gerade Überstunden macht, den ausgefüllten Bestellschein auf **Antons** Tisch. Schon wieder ein Fax nicht abgeschickt, das sieht seinem vergesslichen Chef ähnlich, denkt er sich und faxt den Schein an die angegebene Nummer. Einige Tage später erhält **Anton** die Karte per Post zugesandt. Da er das Schreiben zunächst für eine Werbezusendung hält, öffnet er es erst eine weitere Woche später und ärgert sich, kann er sich doch nicht daran erinnern, den Bestellschein tatsächlich abgeschickt zu haben. So hat er es sich nun doch anders überlegt und möchte keine Karte für das Viertelfinale, sondern gleich eine für das viel spannendere Halbfinale. **Anton** fühlt sich an den Kauf der Karte nicht gebunden, außerdem könne er sicher noch irgendwie aus dem Vertrag „aussteigen", sollte ein solcher doch zustande gekommen sein. Da **Anton** aber seine Kreditkarteninformationen auf dem Bestellschein angegeben hatte, wurden von der **Kreditkartenorganisation V** von seinem Konto bereits Euro 75,– abgebucht. **U** hat alle gesetzlichen Informationspflichten eingehalten.

Anton verlangt von der Fußballvereinigung U Euro 75,– zurück. Zu Recht?

Teil II

Da **Anton** unbedingt das Halbfinalspiel sehen möchte, hat er auch für dieses Spiel eine Karte per Fax bestellt und auch zugeschickt bekommen. Die Karte, die er erworben hat, ist personalisiert, das heißt auf seinen Namen ausgestellt. Personalisierte Karten seien notwendig, um deren Handel am Schwarzmarkt zu vermeiden, heißt es von Seiten der **U.**

Die AGB der **U,** auf die deutlich hingewiesen wird, sind auf der offiziellen Homepage jederzeit speicher- und abrufbar. **Anton** hat die Homepage zwecks Information zur Kartenbestellung besucht, die AGB allerdings nicht gelesen. Darin werden Gründe für die ausnahmsweise Übertragung des Tickets auf andere Personen aufgezählt.

Eine Woche vor dem Halbfinale wird **Anton** schwer krank und muss ins Spital. Er möchte seine Karte gerne an seinen besten Freund Friedrich übertragen. Die Fußballvereinigung **U** lehnt **Antons** Antrag auf Übertragung jedoch ab.

Aus den AGB:

Punkt 2. Möglichkeit eines Karten-Transfers
Folgende Gründe für einen Karten-Transfer werden anerkannt

– *Höhere Gewalt (zB politische Unruhen, Epidemien, Naturkatastrophen)*

– *Todesfall (des Bestellers/Besuchers oder innerhalb der Familie des Bestellers/Besuchers)*

Tickets dürfen nur innerhalb der Familie übertragen werden. Eine Übertragung muss bis spätestens 10 Tage vor Austragung des jeweiligen Spiels beantragt werden. Spätere Anträge können nicht berücksichtigt werden.

Für die Übertragung wird eine einmalige Gebühr von 10 Euro für den Besteller verrechnet.

Ist die Übertragung der Karte auf F wirksam?

Sollten Sie hinsichtlich einer Rechtsfrage zum Ergebnis kommen, dass ausländisches Recht anwendbar ist, prüfen Sie diese Frage dennoch nach österreichischem Recht.

Erforderliche Kenntnisse: Zustandekommen von Verträgen; Grundkenntnisse des Verbraucherschutzrechts sowie des Internationalen Privatrechts; dazu zB *P. Bydlinski,* BR I AT[7] Rz 5/1 ff, *Deixler-Hübner/Kolba* (Hrsg), Handbuch Verbraucherrecht (2015); *Kerschner/Wagner,* ZR VIII IPR[4] 1/1 ff, 16/17 ff; *Lurger/Melcher,* BR VII IntPR Rz 1/1 ff, 4/1 ff.

Ziel: Erlangen von Kenntnissen in der verbraucherschutzrechtlichen Fallprüfung bei Auslandsberührung. Verstehen des Einflusses des europäischen Unionsrechtes auf das innerstaatliche Recht.

I. Vorüberlegungen

1. Zum Sachverhalt und zur Fragestellung

Der Fall beschreibt einen alltäglichen Fall und erscheint auf den ersten Blick einfach: Jemand bestellt Karten für zwei Fußballspiele im Rahmen eines internationalen Turniers, möchte diese anschließend aus bestimmten Gründen zurückgeben und den Kaufpreis wieder erhalten bzw wegen persönlicher Verhinderung einer anderen Person übertragen. Zudem ist die Zahl der zu prüfenden Ansprüche überschaubar: Sie sind bereits in der Aufgabenstellung ausdrücklich genannt, sodass sich der Fallbearbeiter über mögliche weitere Ansprüche keine weiteren Gedanken machen muss. (Anders wäre es, wenn am Ende des Sachverhalts stünde: „Wie ist die Rechtslage"? Dann wären alle Ansprüche zu prüfen, an die man vernünftigerweise denken kann.)

Trotzdem führt der Fall in mehrfacher Hinsicht über die bisher erörterten Themen hinaus. Er berührt drei Bereiche, die für das Verständnis des bürgerlichen Rechts unerlässlich sind. Dabei handelt es sich um:

- das Verbraucherschutzrecht,
- den Einfluss des europäischen Unionsrechts auf die Gestaltung und die Anwendung des innerstaatlichen Rechts,
- die Auslandsberührung des Falles.

Zu jedem dieser drei Themenfelder sind einige Vorbemerkungen angebracht:

a) Verbraucherschutzrecht

Verträge werden im modernen Wirtschaftsleben nicht nur zwischen Privatpersonen oder zwischen Unternehmern untereinander abgeschlossen, sondern auch zwischen Unternehmern und Privatpersonen (Verbrauchern). Das ist in der Praxis sogar der Regelfall. Rechtsverhältnisse zwischen Unternehmern und Verbrauchern unterliegen – wie andere Rechtsverhältnisse auch – zunächst dem allgemeinen Privatrecht, wie es im ABGB oder in seinen Nebengesetzen geregelt ist. Soweit es um die Beurteilung solcher Rechtsverhältnisse geht, wird das allgemeine Privatrecht aber immer stärker von den Rechtsnormen des Verbraucherschutzrechts überlagert. Das Verbraucherschutzrecht dient, wie schon seine Bezeichnung zum Ausdruck bringt, dem Schutz des Verbrauchers. An dieser Stelle kann man fragen, weshalb ein eigenes Verbraucherschutzrecht überhaupt erforderlich ist[1]). Anders ausgedrückt: Weshalb genügen die Bestimmungen des allgemeinen Privatrechts nicht, um im Verhältnis zwischen Unternehmern und Verbrauchern für einen angemessenen Interessenausgleich zu sorgen? Häufig wird gesagt, der Grund für die Erforderlichkeit eines spezifischen

---

[1]) Zum Folgenden näher *Schauer,* Grundlagen und Rechtsquellen des Verbraucherschutzes, in *Deixler-Hübner/Kolba,* Handbuch Verbraucherrecht (2015) 1 (4ff).

Verbraucherschutzrechts liege in der Verhandlungsübermacht oder sonstigen Überlegenheit des Unternehmers gegenüber dem Verbraucher. Solche allgemeinen Aussagen führen aber nicht wirklich weiter, weil der Verbraucher – unter der Voraussetzung eines funktionierenden Marktes, auf dem Wettbewerb herrscht – zu einem anderen Unternehmer ausweichen könnte, dessen Angebot seinen Bedürfnissen besser entspricht. Richtigerweise ist anzunehmen, dass der Grund für den Verbraucherschutz im Vertragsrecht in einem Marktversagen liegt, das auf vielfältigen Informationsdefiziten des Verbrauchers bei Vertragsschluss beruht (zB über die Rechtsfolgen, die sich aus dem Vertrag ergeben, oder über die Risiken, die mit seiner Abwicklung verbunden sind).

Das Verbraucherschutzrecht ist ein verhältnismäßig junges Rechtsgebiet. Es hat sich erst in den letzten vier Jahrzehnten entwickelt. Heute hat es aber eine derartige Regulierungsdichte erreicht und ist auf so viele Gesetze verstreut, dass es kaum noch überblickbar ist. Manchmal wird deshalb sogar die Meinung vertreten, das Verbraucherschutzrecht sei – ähnlich wie das Unternehmensrecht oder das Gesellschaftsrecht – ein Sonderprivatrecht[2]). Dagegen spricht aber, dass das Verbraucherschutzrecht ganz überwiegend lediglich eine Variation der allgemeinen Prinzipien des Privatrechts darstellt. Im Wesentlichen beruht der Verbraucherschutz im Vertragsrecht auf fünf Bausteinen:

– Vorvertragliche Information: Dem Unternehmer wird die Last auferlegt, den Verbraucher vor Abschluss des Vertrags über die wesentlichen Umstände zu informieren. Die Informationspflichten werden in zahlreichen Rechtsnormen detailliert und umfassend geregelt.

– Beschränkung der Privatautonomie durch (halb-)zwingendes Recht: Verbraucherschutzrecht ist in großen Teilen halbzwingendes Recht zugunsten des Verbrauchers. Das bedeutet, dass im Vertrag nur zugunsten des Verbrauchers, aber nicht zu seinem Nachteil, vom Gesetz abgewichen werden kann. Besonderen Schutz gewährt das Verbraucherrecht durch die Kontrolle von Allgemeinen Geschäftsbedingungen.

– Abschwächung der Vertragstreue: Zahlreiche Verbraucherschutzgesetze räumen dem Verbraucher besondere Rücktrittsrechte ein, die innerhalb einer bestimmten – zumeist kurzen – Frist nach Vertragsschluss ausgeübt werden können. Durch die Gewährung einer sogenannten *cooling-off-period* soll dem Verbraucher die Gelegenheit gegeben werden, sich den – womöglich übereilten – Abschluss des Vertrags nochmals zu überlegen.

– Kollektiver Schutz von Verbraucherinteressen: Das Verbraucherschutzrecht ergänzt den Schutz des Verbrauchers in individuellen Rechtsbeziehungen durch Maßnahmen zum Schutz der kollektiven Interessen der Verbraucher. Ein

---

[2]) So etwa *Tamm* in *Tamm/Tonner* (Hrsg), Verbraucherschutzrecht[2] (2016) § 1 Rz 13ff (18); anders jedoch die hM: *F. Bydlinski,* System und Prinzipien des Privatrechts (1996) 718ff; *Krejci,* Ist das Verbraucherrecht ein Rechtsgebiet? FG Mayrhofer (2002) 121 (121ff).

wichtiges Beispiel hierfür ist die Verbandsklage (§§ 28ff KSchG), wonach bestimmte Institutionen zur Wahrung von Verbraucherinteressen gegenüber Unternehmern die Verwendung gesetz- oder sittenwidriger AGB unterbinden oder die Unterlassung bestimmter rechtswidriger Geschäftspraktiken verlangen können.

– Verbraucherschutz durch Internationales Privatrecht: Bei Verbrauchergeschäften mit Auslandsberührung, zB bei grenzüberschreitenden Käufen im Internet, enthält das Internationale Privatrecht (zu diesem sogleich) Bestimmungen, die darauf abzielen, dem Verbraucher nach Möglichkeit den Schutz seiner Heimatrechtsordnung zu erhalten.

Letztlich kann die Frage nach der systematischen Einordnung des Verbraucherschutzrechts – Sonderprivatrecht oder nicht – für unsere Zwecke offen bleiben. Wichtig für die Rechtsanwendung ist nur eines: Bei den Normen des Verbraucherschutzrechts handelt es sich um **leges speciales** gegenüber den Bestimmungen des allgemeinen bürgerlichen Rechts. Soweit eine für die Falllösung einschlägige Bestimmung vorhanden ist, geht sie dem allgemeinen bürgerlichen Recht vor und verdrängt dieses. Deshalb sollte bei der Bearbeitung eines Falls mit verbraucherschutzrechtlichem Bezug immer zunächst geprüft werden, ob eine entsprechende Vorschrift im Verbraucherschutzrecht vorhanden ist. Dies kann je nach Lage des Falles den Rückgriff auf die allgemeinen Bestimmungen überflüssig machen. Zwingend ist das freilich nicht, weil die Bestimmungen des allgemeinen Privatrechts unter Umständen auch neben dem Verbraucherschutzrecht zur Anwendung kommen können. Stets ist durch sorgfältige Interpretation zu ermitteln, inwieweit das Verbraucherschutzrecht das allgemeine Privatrecht verdrängt oder lediglich ergänzt. Gerade der vorliegende Fall zeigt deutlich das Zusammenspiel verbraucherschutzrechtlicher Instrumente und allgemein-privatrechtlicher Rechtsinstitute.

b) Der Einfluss des europäischen Unionsrechts

Das österreichische Recht ist in den vergangenen zwei Jahrzehnten – seit dem Beitritt Österreichs zur Europäischen Union – in immer stärkerem Ausmaß durch das Recht der europäischen Union geprägt worden. Dieser Befund gilt in besonderem Maß für das Verbraucherschutzrecht. Unionsrecht kann für den innerstaatlichen Rechtsanwender in zweifacher Weise relevant sein: Verordnungen der Europäischen Union sind im innerstaatlichen Recht unmittelbar anwendbar. Sie entfalten also dieselbe Verbindlichkeit wie eine Norm des innerstaatlichen Rechts. Richtlinien sind – im Regelfall – nicht unmittelbar anwendbar. Sie verpflichten lediglich den nationalen Gesetzgeber zur Erlassung von Rechtsnormen des innerstaatlichen Rechts, durch die die Ziele der Richtlinie im innerstaatlichen Recht umgesetzt werden (Art 288 AEUV[3])). Dies ist in

[3]) Vertrag über die Arbeitsweise der Europäischen Union.

Österreich häufig geschehen: So wurde beispielsweise die Richtlinie über den Verbrauchsgüterkauf[4]) in Österreich durch das Gewährleistungsrechts-Änderungsgesetz[5]) umgesetzt, das zu einer vollständigen Neugestaltung des Gewährleistungsrechts (§§ 922 ff ABGB) und zu einer ergänzenden Novellierung des KSchG (§§ 8 ff) geführt hat. Die RL über Verbraucherkredite[6]) wurde in Österreich durch das Verbraucherkreditgesetz[7]) umgesetzt. Die Liste könnte noch lange fortgesetzt werden. Der innerstaatliche Rechtsanwender zieht für die Fallbeurteilung nicht die Richtlinie, sondern die jeweilige Norm des innerstaatlichen Rechts heran, durch die die Richtlinie umgesetzt wurde.

Trotzdem sind bei der Anwendung des Unionsrechts und der Bestimmungen des innerstaatlichen Rechts, die zu seiner Umsetzung erlassen wurden, einige Besonderheiten zu beachten. Unionsrecht ist – wie jedes andere Recht auch – auslegungsbedürftig[8]). Dabei ist zu beachten, dass hierbei das Prinzip der **autonomen Interpretation** gilt[9]). Dies bedeutet, dass für die Auslegung des Unionsrechts nicht auf die Begriffe und Wertungen des innerstaatlichen Rechts zurückgegriffen werden darf. Unionsrecht ist also gleichsam „aus sich heraus" auszulegen, wodurch seine einheitliche Anwendung in allen Mitgliedstaaten sichergestellt werden soll. Für die Auslegung des Unionsrechts besteht ein Monopol des Europäischen Gerichtshofs (EuGH). Die nationalen Gerichte sind verpflichtet, Zweifelsfragen über die Interpretation dem EuGH im Rahmen eines Vorabentscheidungsverfahrens vorzulegen (Art 267 AEUV; § 90 a GOG[10])). Die Entscheidungen des EuGH sind für alle Mitgliedstaaten beachtlich. Soweit Unionsrecht für die Beurteilung eines Falles eine Rolle spielt, muss deshalb auch der innerstaatliche Rechtsanwender nicht nur die Normen des Unionsrechts, sondern auch die Rechtsprechung des EuGH im Blick haben. Bei der Auslegung des innerstaatlichen Rechts gilt das Postulat der **unionsrechtskonformen Interpretation** (auch: **richtlinienkonformen Interpretation**)[11]). Damit ist gemeint, dass die Auslegung des innerstaatlichen Rechts nach Möglichkeit so erfolgen soll, dass den Regelungszielen des Unionsrechts zum Durchbruch verholfen wird. Dies gilt nicht nur, aber ganz besonders für jene Rechtsnormen, die zur Umsetzung einer Richtlinie erlassen wurden. Die unionsrechtskonforme Interpretation ist aber nur insoweit zulässig, als sie mit den im inner-

---

[4]) Richtlinie 1999/44/EG vom 25. Mai 1999 zu bestimmten Aspekten des Verbrauchsgüterkaufs und der Garantien für Verbrauchsgüter, ABl 1999 L 171/12.

[5]) GewRÄG, BGBl I 2001/48.

[6]) Richtlinie 2008/48/EG über Verbraucherkreditverträge, ABl 2008 L 133/66.

[7]) VKrG, BGBl I 2010/28.

[8]) Zur Auslegung von europäischem Unionsrecht ausführlich *Rebhahn* in *Fenyves/Kerschner/Vonkilch,* ABGB³ (Klang) §§ 6, 7 Rz 30 ff.

[9]) *Rebhahn* in *Fenyves/Kerschner/Vonkilch,* ABGB³ (Klang) §§ 6, 7 Rz 42.

[10]) Gerichtsorganisationsgesetz, RGBl 1896/217 idF BGBl I 2016/50.

[11]) Dazu *Kerschner/Kehrer* in *Fenyves/Kerschner/Vonkilch,* ABGB³ (Klang) §§ 6,7 Rz 137 ff.

staatlichen Recht anerkannten Auslegungsmethoden (§§ 6f ABGB) vereinbar ist. Ihr Anwendungsbereich kann bisweilen fraglich sein[12]).

c) Auslandsberührung des Falles

Wer am Beginn des Studiums des bürgerlichen Rechts steht, denkt oft, dass österreichische Gerichte stets österreichisches Recht anzuwenden hätten. Dies ist unrichtig. Viele Fälle weisen eine Auslandsberührung auf. Es ist denkbar, dass eine Vertragspartei ausländischer Staatsbürger ist oder ihren Wohnsitz im Ausland hat; es kann der Erfüllungsort im Ausland liegen oder die Geldschuld in ausländischer Währung zu erfüllen sein. Wird eine Sache, die in Österreich unter Eigentumsvorbehalt verkauft wurde, ins Ausland gebracht, so kann die Frage auftreten, ob der Eigentumsvorbehalt (noch) wirksam ist. Lebte der Erblasser in Deutschland und hinterlässt er Erben in verschiedenen anderen Staaten sowie ein Grundstück in Italien und ein Bankkonto in der Schweiz, so tritt die Frage auf, nach welchem Recht – oder vielleicht sogar nach welchen Rechten – seine Erbfolge zu beurteilen ist.

Die Antwort auf diese Fragen gibt das **internationale Privatrecht.** Es dient nicht unmittelbar der Lösung eines Falles, sondern enthält nur sogenannte Verweisungsnormen. Weil es darum geht, den Anwendungsbereich miteinander konfligierender oder kollidierender Rechtsordnungen abzugrenzen, spricht man auch von „Kollisionsrecht". Aufgrund der Bestimmungen des internationalen Privatrechts ist zu beurteilen, nach welcher nationalen Rechtsordnung der Fall zu beurteilen ist. Die materiell-rechtlichen Bestimmungen des anwendbaren Rechts werden auch – im Gegensatz zum Kollisionsrecht – als „Sachrecht" bezeichnet. (Bitte verwechseln Sie dies nicht mit dem Sachenrecht! Unter Sachrecht ist das gesamte materielle Recht der anwendbaren Rechtsordnung zu verstehen.)

Die Feststellung des anwendbaren Rechts aufgrund des internationalen Privatrechts klingt zunächst einfach, ist aber oftmals kompliziert. Denn es ist denkbar, dass für die Beurteilung verschiedener Rechtsfragen unterschiedliche Rechtsordnungen heranzuziehen sind. So könnte beispielsweise die Geschäftsfähigkeit eines Beteiligten nach einer anderen Rechtsordnung als jener zu beurteilen sein, der das Rechtsverhältnis unterliegt; und für die Frage, ob die Vertragsparteien eine allenfalls bestehende Formpflicht erfüllt haben, könnte wiederum eine andere Rechtsordnung maßgeblich sein. Wir sehen also: Das österreichische Gericht mag im Einzelfall durchaus verpflichtet sein, ausländisches Recht anzuwenden. Dies kann auf praktische Schwierigkeiten stoßen, weil der Inhalt des ausländischen Rechts erst ermittelt werden muss. Vielfach sind dafür

[12]) Vgl dazu etwa *P. Bydlinski,* Richtlinienkonforme „gesetzesübersteigende" Rechtsfindung und ihre Grenzen – eine methodische Vergewisserung anlässlich 20 Jahre EU-Mitgliedschaft, JBl 2015, 2.

Sachverständigengutachten erforderlich; auch kann das Bundesministerium für Justiz um Auskunft gebeten werden (näher § 4 IPRG).

Für die **Fallbearbeitung** gilt in solchen Fällen: Wenn ein Vertrag eine Auslandsberührung aufweist, dann ist zunächst anhand des internationalen Privatrechts die anwendbare Rechtsordnung zu ermitteln. Erst dann können die eigentlichen Sachfragen geklärt werden. Es ist selbstverständlich möglich, dass aufgrund des internationalen Privatrechts eine ausländische Rechtsordnung anwendbar wäre. Für die Zwecke der Lösung eines Übungsfalls kommt die Anwendung ausländischen Rechts selbstverständlich nicht in Betracht. Deshalb finden Sie in solchen Fällen – so auch hier – nach der Sachverhaltsangabe den Vermerk: „Sollten Sie hinsichtlich einer Rechtsfrage zum Ergebnis kommen, dass ausländisches Recht anwendbar ist, prüfen Sie diese Frage dennoch nach österreichischem Recht." (oder ähnlich). Dies bedeutet: Auch wenn Sie bei der kollisionsrechtlichen Prüfung zum Ergebnis kommen, dass beispielsweise slowakisches Recht anwendbar ist, so heißt dies nicht, dass Ihre Lösung unrichtig ist. Sie kann vollkommen zutreffend sein; aber Sie prüfen den Fall in der weiteren Folge dennoch nach österreichischem Recht.

Eine weitere Besonderheit besteht dann, wenn internationales **Einheits(privat)recht** anzuwenden ist. Von Einheitsprivatrecht spricht man dann, wenn ein bestimmtes Rechtsgebiet auf supranationaler Ebene vereinheitlicht worden ist. Eines der bekanntesten Beispiele ist das UN-Kaufrecht (Convention on the international sale of goods, CISG). Einheitsrecht ist nicht Kollisionsrecht, sondern enthält wie das innerstaatliche Recht Bestimmungen, die auf den Fall unmittelbar zum Zweck seiner Lösung angewendet werden können. Auch für Einheitsprivatrecht gilt der Grundsatz der autonomen Auslegung; ein Rückgriff auf die Begriffe und Wertungen des innerstaatlichen Rechts zum Zweck der Auslegung ist auch hier verboten, näheres dazu siehe sogleich in der Falllösung. Da Einheitsprivatrecht zu einer materiellen Rechtsvereinheitlichung führt, macht es die Frage nach dem anwendbaren Recht überflüssig. Dies gilt zumindest für jene Rechtsfragen, die im jeweiligen Einheitsprivatrecht geregelt sind. Deshalb ist die Frage nach einem allenfalls anwendbaren Einheitsprivatrecht sogar noch vor der kollisionsrechtlichen Prüfung des anwendbaren Rechts zu stellen. Deshalb sind bei Fällen mit Auslandsberührung drei Prüfungsschritte vorzunehmen:

– Ist anwendbares Einheitsprivatrecht (zB CISG) vorhanden? Wenn ja, ist die Lösung des Falles primär dort zu suchen. Wenn nein:

– Welches Recht ist auf den Fall anwendbar? Diese Frage ist anhand des internationalen Privatrechts zu klären.

– Wie ist der Fall nach dem anwendbaren Recht zu lösen? (Bei Übungsfällen erfolgt die Lösung – wie bereits ausgeführt – stets nach österreichischem Recht.)

Was vorerst nur kurz skizziert werden konnte, soll nunmehr anhand der Lösung des konkreten Falles näher erprobt werden.

Zur Lösung von Teil I[1]):

I. Bestimmung des anwendbaren Rechtes

A ist österreichischer Staatsbürger, die Fußballvereinigung U hat den Sitz ihrer Hauptverwaltung hingegen in der Schweiz. Es liegt ein Sachverhalt mit Auslandsberührung vor, der Sachverhalt erstreckt sich also über zumindest zwei Länder mit unterschiedlichen Rechtsordnungen[2]). Wie bereits erörtert, ist in solchen Fällen vor der eigentlichen materiell-rechtlichen Prüfung stets zu klären, nach welchem „Sachrecht", also nach den materiell-rechtlichen Normen welchen Staates der Sachverhalt überhaupt zu beurteilen ist[3]).

Die Beantwortung dieser Frage setzt zumindest überblicksmäßige Kenntnis der verschiedenen internationalen Rechtsquellen, deren Inhalt und deren Zusammenspiel voraus. Als übergeordnete Rechtsquelle kommt das Einheitsprivatrecht in Betracht. Liegt kein (anwendbares) Einheitsprivatrecht vor, so ist nach einschlägigen Rechtsquellen des internationalen Privatrechts zu suchen[4]). Die österreichische Rechtsordnung kennt drei Arten von Quellen des internationalen Privatrechtes, nämlich das unmittelbar anzuwendende IPR der EU (insbesondere die sog „Rom"-Verordnungen), internationale Übereinkommen (insbesondere die sog „Haager"-Übereinkommen) und schließlich autonomes IPR bzw IPR, welches in Umsetzung einer EU-Richtlinie geschaffen wurde[5]). Aus den vorhandenen Rechtsquellen gilt es also die richtigen, für den Sachverhalt naheliegenden, zu finden. Freilich sind auch hier Wissen und Erfahrung des Fallbearbeiters ausschlaggebend. So wird ein erfahrener Jurist schon nach kurzem Blick auf den Sachverhalt die richtige Rechtsquelle finden. Gleiches gilt sodann für die konkrete (kollisionsrechtliche) Prüfung des Falles. Aus didaktischen Gründen wird an dieser Stelle jedoch eine ausführlichere Rechtsquellensuche sowie insbesondere eine ausführliche Schritt-für-Schritt-Prüfung der schlussendlich tatsächlich anwendbaren Rechtsquelle vorgenommen. Je nach Erfahrung können einzelne Schritte auch kürzer abgehandelt bzw gänzlich übersprungen werden. Wichtig ist jedoch, nichts Wesentliches unter den Tisch fallen zu lassen[6]). Gerade

---

[1]) Anders als zu den übrigen Fällen wird hier aus didaktischen Gründen kein (endgültiges) Gutachten erstellt. Es wird vielmehr (auch) der Weg, der zur Lösung führt, erörtert. In einem Gutachten haben die bloß falllösungstechnischen Erwägungen hingegen keinen Platz.

[2]) *Lurger/Melcher,* BR VII IntPR Rz 1/1.

[3]) *Lurger/Melcher,* BR VII IntPR Rz 1/2 ff. Von der Frage, welches Sachrecht anzuwenden ist, ist wiederum die Frage der internationalen Zuständigkeit zu unterscheiden, also der Frage, welches Gericht zuständig ist. Dabei handelt es sich um eine – hier nicht zu prüfende – Frage des Verfahrensrechts, welche insbesondere nach der EuGGVO und (subsidiär) nach der JN zu beurteilen ist (vgl *Lurger/Melcher,* BR VII IntPR 1/59).

[4]) Vgl *Kerschner/Wagner,* ZR VIII IPR[4] 2/1.

[5]) *Lurger/Melcher,* BR VII IntPR Rz 1/6 f.

[6]) Vgl zur systematischen Fallprüfung *Kerschner/Wagner,* ZR VIII IPR[4] Rz 12/2.

für Anfänger empfiehlt sich daher eine geordnete, schrittweise Vorgehensweise, um nichts Wichtiges zu übersehen. Freilich sind auch in diesem Fall Elemente, die Probleme bereiten, ausführlicher zu behandeln als andere. Studiert man den Sachverhalt, so findet man schnell Anhaltspunkte: A kauft von U ein Fußballticket. Zumindest auf den ersten Blick ist also anzunehmen, dass A und U in rechtsgeschäftlichem Kontakt zueinander stehen. Diese schuldrechtliche, genauer vertragliche Beziehung (der Kauf einer Eintrittskarte), deren Qualität erst an anderer Stelle zu beurteilen sein wird, besteht über die Grenze zwischen Österreich und der Schweiz hinweg. Es sind also die vorhandenen Rechtsquellen, also das Einheitsprivatrecht und das internationale Privatrecht, auf die Lösung der Frage hin zu untersuchen, nach dem Sachrecht welchen Staates Streitigkeiten aus vertraglichen Schuldverhältnissen zu beurteilen sind. Die Frage ist dabei – da wir uns in Österreich befinden und daher von der Zuständigkeit eines österreichischen Gerichtes auszugehen haben – aus österreichischer Sicht, also nach dem in Österreich geltenden internationalen Privatrecht zu beantworten. Auf der ersten Stufe ist folglich zu prüfen, ob einschlägiges Einheitsprivatrecht vorliegt. Es ist insbesondere zu fragen, ob der vorliegende Anspruch in den Anwendungsbereich des UN-Kaufrechts fällt. Gemäß Art 1 Abs 1 lit a CISG ist das UN-Kaufrecht auf alle Kaufverträge über Waren zwischen Vertragsparteien, die ihre Niederlassung in verschiedenen Vertragsstaaten haben, anwendbar[7]). Es findet gemäß Art 2 lit a jedoch keine Anwendung, wenn der Kauf (erkennbar) zu privaten Zwecken abgeschlossen wird, sodass eine Anwendbarkeit auf den vorliegenden Sachverhalt ausscheidet. In Ermangelung der Anwendbarkeit von Einheitsprivatrecht ist eine kollisionsrechtliche Prüfung vorzunehmen: Einen ersten Anhaltspunkt für eine dafür passende Rechtsquelle bietet etwa das österreichische Internationale Privatrechtsgesetz (IPRG)[8]). Dieses folgt dem Grundsatz der engsten (stärksten) Bindung zum konkreten Rechtsverhältnis. Sachverhalte mit Auslandsberührung sind nach dem Recht jenes Staates zu beurteilen, zu der die stärkste Bindung besteht (§ 1 Abs 1 IPRG). Neben dem Grundsatz der stärksten Beziehung enthält das IPRG jedoch zahlreiche Sonderbestimmungen, welche entweder überhaupt auf eine andere Rechtsquelle verweisen und deren Vorrang anordnen (vgl etwa §§ 35 Abs 1, 53 Abs 1 IPRG) oder in bestimmten – nicht in separaten Rechtsquellen geregelten – Fällen eine andere „Anknüpfung" und damit ein Abgehen vom Grundsatz der stärksten Bindung vorsehen (etwa die Anknüpfung an das Personalstatut bei Fragen über die Rechts- und Handlungsfähigkeit, §§ 12 iVm 9 IPRG)[9]). Sucht man nach einer Norm, welche die Anknüpfung von Schuldverhältnissen regelt, so wird man in § 35 Abs 1 IPRG fündig. § 35 Abs 1 sieht vor, dass Schuldverhältnisse nach dem Recht zu beurteilen sind, das die Parteien

[7]) *Welser/Zöchling-Jud*, Bürgerliches Recht II[14] Rz 817; *Zöchling-Jud/Aspöck*, IPR[3] 26; *Verschraegen*, Internationales Privatrecht Rz 394.

[8]) *Kerschner/Wagner*, ZR VIII IPR[4] Rz 2/15.

[9]) *Lurger/Melcher*, BR VII IntPR Rz 1/25 ff.

(ausdrücklich oder schlüssig) vereinbart haben. Nach diesem Grundsatz ist jedoch nur dann vorzugehen, wenn das konkrete Schuldverhältnis nicht in den Anwendungsbereich der Verordnung über das auf vertragliche Schuldverhältnisse anzuwendende Recht (Rom I)[10]), fällt (§ 35 Abs 1 IPRG). Zu prüfen ist also, ob diese kurz als „Rom I" bezeichnete Verordnung (oder allenfalls andere geltende Rechtsquellen des internationalen Privatrechtes) auf den Sachverhalt Anwendung findet und somit dem IPRG vorgeht.

Die Rom I-VO ist in Österreich unmittelbar anwendbar. Sie soll grundsätzlich die Frage klären, welches Recht bei Streitigkeiten über **Schuldverhältnisse** mit Auslandsberührung anzuwenden ist. Sie ist überdies „universell" anwendbar (Art 2 Rom I). Die Verordnung und die darin vorgesehene Anknüpfung wäre also – aus österreichischer Sicht – auch dann anzuwenden, wenn der Sachverhalt Bezug zu einem Nichtmitgliedstaat der Rom I-VO aufweist und die Anknüpfung zur Anwendung des Rechtes des Nichtmitgliedstaates führen würde[11]). Wie bereits erwähnt, stehen der Österreicher A und der schweizerische Verein U in rechtsgeschäftlichem Kontakt. Zumindest auf den ersten Blick haben die beiden einen Vertrag geschlossen. Gewichtige Indizien also, die für die Anwendbarkeit der Verordnung sprechen. Um aber herauszufinden, ob die Verordnung tatsächlich zur Anwendung kommt, bedarf es noch weiterer Überlegungen. So ist insbesondere zu klären, ob der Sachverhalt in sachlicher und räumlicher Hinsicht in den Anwendungsbereich der Verordnung fällt[12]).

Der **sachliche** Anwendungsbereich der Verordnung ist in Art 1 Rom I definiert. So findet die Verordnung „nur" auf Schuldverhältnisse Anwendung, die vertraglichen Ursprungs sind, Zivil- und/oder Handelssachen betreffen und einen Sachverhalt mit Auslandsberührung aufweisen (vgl Art 1 Abs 1 Rom I). Darüber hinaus darf keine der Ausnahmen des Abs 2 und 3 verwirklicht sein. Da es sich beim Kauf eines Fußballtickets um ein vertragliches (zivilrechtliches) Schuldverhältnis mit Auslandsberührung handelt und überdies keine der Abs 2 und 3 genannten Ausnahmen (lesen!)[13]) vorliegt, ist der sachliche Anwendungsbereich eröffnet. Gegen die Anwendung der Rom I-VO könnte freilich sprechen, dass noch gar nicht feststeht, ob überhaupt ein Vertrag zustande gekommen ist. Und für den Fall, dass es an einem wirksamen Vertrag fehlt, ist es denkbar, dass die bereits erbrachten Leistungen nach den Regeln über die ungerechtfertigte Bereicherung zurückzuerstatten sind. Um die Relevanz dieser Einwände

---

10) Verordnung (EG) Nr. 593/2008 vom 17. 6. 2008 über das auf vertragliche Schuldverhältnisse anzuwendende Recht (Rom I), ABl 2008 L 177/6.

11) Vgl *Lurger/Melcher,* BR VII IntPR Rz 4/11.

12) Vgl dazu *Lurger/Melcher,* BR VII IntPR Rz 4/1 ff.

13) So wäre die Rom I-VO (trotz Vorliegens eines Schuldverhältnisses) etwa dann nicht anwendbar, wenn es sich um Schuldverhältnisse aus dem Bereich des Familien- und Erbrechtes handelt (vgl *Lurger/Melcher,* BR VII IntPR Rz 4/3 ff).

zu prüfen, empfiehlt sich eine Prüfung der Reichweite der von der Anknüpfung nach der Rom I-VO erfassten Rechtsfragen (sogenanntes „Vertragsstatut"): Nach Art 10 Rom I-VO bestimmt jene Rechtsordnung, die anzuwenden wäre, wenn der Vertrag oder eine seiner Bestimmungen wirksam wäre, auch darüber, ob der Vertrag oder seine Bestimmungen wirksam geworden sind. Gemäß Art 12 Rom I-VO sind nach ihr auch die „Folgen der Nichtigkeit des Vertrags" zu bestimmen, worunter jede Art der Unwirksamkeit zu verstehen ist[14]). Daraus folgt, dass die Rom I-VO für die hier zu prüfenden Fragen einschlägig ist, selbst wenn sich die Unwirksamkeit des Vertrags herausstellen sollte.

Der **räumliche** Anwendungsbereich der Verordnung erfasst alle Mitgliedstaaten der EU mit Ausnahme von Dänemark[15]), somit auch Österreich (vgl Art 1 Abs 4 Rom I).

Im Ergebnis bedeutet dies, dass die Frage nach dem anzuwendenden Sachrecht (ausschließlich) nach der Rom I-VO zu prüfen ist. Erst nach diesem Schritt gilt es nun zu prüfen, nach welchem materiellen Recht der Sachverhalt zu beurteilen ist. Dabei ist zunächst zu fragen, ob eine (wirksame) **Rechtswahl** iSd Art 3 Rom I getroffen wurde[16]). Unter Rechtswahl wird die von den Parteien geschlossene Vereinbarung über die Anwendbarkeit einer bestimmten Rechtsordnung verstanden. Eine (ausdrückliche) Vereinbarung liegt laut Sachverhalt nicht vor. Eine Rechtswahl kann jedoch auch konkludent (schlüssig) vereinbart werden (vgl Art 3 Abs 1 Rom I). Auch dafür finden sich jedoch keinerlei Anzeichen im Sachverhalt. Mangels Rechtswahl ist daher (vorerst) auf Art 4 Rom I zu verweisen. Dieser enthält die generelle objektive Anknüpfungsnorm für Schuldverhältnisse im Anwendungsbereich der Rom I. Er ist immer dann anzuwenden, wenn keine (wirksame) Rechtswahl getroffen wurde und wenn ein Vertragstyp vorliegt, für welchen die Verordnung keine „Sonderanknüpfung" vorsieht (vgl etwa Art 5 Rom I für Beförderungsverträge oder Art 6 für Verbraucherverträge; s sogleich unten)[17]).

Als Generalklausel sieht Art 4 Rom I bei beweglichen Sachen die Anwendung des Rechtes desjenigen Landes vor, in welchem die für den Vertrag **charakteristische Leistung** erbracht wird. Ist Vertragsgegenstand hingegen eine unbewegliche Sache, so sieht Art 4 Rom I das **Lageortprinzip** vor[18]). Für einige Vertragstypen bestimmt Art 4 Abs 1 Rom I den Ort der charakteristischen Leistung (bzw den Lagerort) dabei ausdrücklich. So ist etwa ein Kaufvertrag über bewegliche Sachen nach dem Recht des Staates zu beurteilen, in dem der Verkäufer seinen gewöhnlichen Aufenthalt hat (Art 4 Abs 1 lit a Rom I). Bei Dienstleistungsverträgen ist hingegen das Recht des Staates anzuwenden, in

---

[14]) *Leible* in *Hüßtege/Mansel*, BGB – Rom-Verordnungen² (2015) Art 12 Rom I Rz 36.

[15]) *Lurger/Melcher*, BR VII IntPR Rz 4/2.

[16]) *Lurger/Melcher*, BR VII IntPR Rz 4/14.

[17]) Vgl *Lurger/Melcher*, BR VII IntPR Rz 4/24.

[18]) *Lurger/Melcher*, BR VII IntPR Rz 4/25.

dem der Dienstleister seinen gewöhnlichen Aufenthalt hat (Art 4 Abs 1 lit b Rom I). Unterliegt der Vertrag keinem der in Art 1 Abs 1 lit a bis h Rom I genannten Typen, normiert Art 4 Abs 2 Rom I die Anwendbarkeit des Rechtes desjenigen Staates, in dem die Partei, welche die für den Vertrag charakteristische Leistung erbracht hat, ihren gewöhnlichen Aufenthalt hat. Art 4 Abs 3 Rom I enthält darüber hinaus eine sog **„Ausweichklausel“.** Diese bestimmt für den Fall, dass dann, wenn das konkrete Schuldverhältnis zwar nach Abs 1 und 2 bestimmt werden kann, eine Gesamtschau der Umstände jedoch eine offensichtlich *engere* Beziehung zu einem anderen als der in Abs 1 und 2 normierten Staat ergibt, das Recht jenes Staates, zu dem die offensichtlich engere Bindung besteht, zur Anwendung kommen soll. Von Abs 3 ist schließlich Abs 4 zu unterscheiden. Danach soll nicht die engere, sondern die *engste* Verbindung ausschlaggebend sein, jedoch nur dann, wenn – anders als nach Abs 3 – Abs 1 und 2 zu keinem Ergebnis führen. Dies ist dann der Fall, wenn ein Schuldverhältnis weder unter Abs 1 subsumiert noch die charakteristische Leistung (Abs 2) ermittelt werden kann.

Für die Falllösung bedeutetet dies Folgendes: Als erstes bedarf es der Kategorisierung des konkreten Schuldverhältnisses. Es ist zu prüfen, ob der Vertrag unter einen der in Art 4 Abs 1 Rom I genannten Vertragstypen fällt. Die genannten Vertragstypen sind dabei – wie gesagt – kollisionsrechtlich, also nicht nach nationalem Recht, sondern iSd Verordnung „autonom“ auszulegen[19]). A kauft von U Karten für ein Fußballspiel. Betrachtet man die von U aus dem Vertrag geschuldete Leistung, wird man – aus Sicht des nationalen Rechtes – wohl zu dem Ergebnis kommen, dass hier ein Werkvertrag (mit dem Fußballspiel bzw der Veranstaltung des Fußballspiels als das zu erbringende Werk) mit mietvertraglichen Elementen (die Zurverfügungstellung des Sitzplatzes im Stadion) vorliegt[20]). Ein gemischter Vertrag also[21]), dessen Werkvertragscharakter wohl wesentlich stärker ausgeprägt ist als der mietrechtliche. Der Werkvertrag ist in Art 4 Abs 1 Rom I nicht ausdrücklich genannt. Art 4 Abs 1 lit b nennt lediglich den „Dienstleistungsvertrag“. Der Begriff des Dienstleistungsvertrages ist jedoch weit auszulegen[22]). So soll er zwar nicht so weit reichen, dass schon jede vereinbarte Art der Leistungserbringung oder jede vereinbarte bestimmte Tätigkeit gegen Entgelt ein Dienstleistungsvertrag darstellt[23]). Doch werden unter Dienstleistungsverträge in gemeinschaftsrechtlich-autonomer Auslegung insbesondere solche Verträge verstanden, die gewerbliche, kaufmännische, handwerkliche oder freiberufliche Tätigkeiten umfassen, soweit dabei eine Partei eine

---

[19]) *Martiny* in MüKoBGB, Rom I-VO Art 4 Rn 5.

[20]) Vgl zum vergleichbaren Theaterbesuchsvertrag *Krejci* in *Rummel,* ABGB³ § 1166 Rz 18.

[21]) Vgl zu diesen etwa *Rummel* in *Rummel/Lukas,* ABGB⁴ § 859 Rz 32.

[22]) Vgl *Spickhoff* in Beck'scher Online-Kommentar BGB VO (EG) 593/2008 Art 4 Rn 10 (abrufbar unter https://beck-online.beck.de).

[23]) Vgl *Spickhoff* in Beck'scher Online-Kommentar BGB VO (EG) 593/2008 Art 4 Rn 10.

Leistung für andere erbringt[24]). Von dieser Definition ist nach hA auch der Werkvertrag erfasst[25]). Liegt ein Dienstleistungs- bzw Werkvertrag vor, wäre der Vertrag also nach dem Recht des Staates zu beurteilen, indem der Dienstleister seinen gewöhnlichen Aufenthalt hat. Bei U handelt es sich um einen Verein nach schweizerischem Recht, also einer juristischen Person. Bei diesen ist der gewöhnliche Aufenthalt der Sitz der Hauptverwaltung bzw der Hauptniederlassung (Art 19 Abs 1 Rom I)[26]). Das Schuldverhältnis wäre somit nach schweizerischem Recht zu beurteilen. Da der Vertrag jedoch auch mietvertragliche Elemente enthält, könnte man auch geneigt sein, den Vertrag unter Art 4 Abs 1 lit c Rom I zu subsumieren, welcher bei Vorliegen von Miet- oder Pachtverträgen die Anwendung des Rechtes jenes Staates vorsieht, indem sich die gemietete oder gepachtete Sache (hier der Sitzplatz) befindet (hier Österreich). Bei solchen gemischten Verträgen ist – wie auch bei Verträgen, die sich überhaupt nicht unter Abs 1 einordnen lassen – nach Abs 2 vorzugehen[27]), also darauf abzustellen, wo die Person, welche die charakteristische Leistung zu erbringen hat, ihren gewöhnlichen Aufenthalt hat. (Auch) dies würde in unserem Fall zur Anwendung von schweizerischem Recht führen, da U, welcher mit der Veranstaltung des Fußballspiels die vertragscharakteristische Leistung erbringt, seinen Sitz in der Schweiz hat. Fraglich erscheint jedoch, ob nicht eine offensichtlich engere Beziehung zu Österreich besteht und damit trotz Abs 2 österreichisches Recht zur Anwendung kommen würde (Abs 3). Der Begriff der offensichtlich engeren Beziehung ist restriktiv auszulegen[28]). Es ist stets ein Vergleich der Stärke der Verbindung zum nach Abs 1 berufenen Recht mit der Stärke der Verbindung, die zu dem Recht besteht, das als enger verbunden in Betracht kommt, vorzunehmen[29]). Im Ergebnis sollen Abs 1 und 2 insbesondere dann weichen, wenn mehrere Anknüpfungsmerkmale auf ein anderes als von Abs 1 und 2 als bezeichnetes Recht verweisen[30]). Zu berücksichtigen sind etwa Merkmale wie Staatsangehörigkeit, Vertragssprache und Vertragswährung oder der Abschlussort[31]). Im gegenständlichen Fall sprechen gewichtige Argumente für eine engere Beziehung zu Österreich: So soll das Turnier etwa in Österreich ausgetragen werden; die Internetseite kann und wurde von Österreich aus abgerufen, A lebt in Österreich und ist auch österreichischer Staatsbürger, er schickt die Bestellung von Österreich ab. Auch das konkrete Fußballspiel soll in Österreich stattfinden. Dass U ein Verein mit Hauptniederlassung in der Schweiz ist, tritt in diesem Fall zurück[32]). In

[24]) Vgl *Magnus* in *Staudinger,* Art 4 Rom I-VO Rn 40.
[25]) *Spickhoff* in Beck'scher Online-Kommentar BGB VO (EG) 593/2008 Art 4 Rn 6.
[26]) *Kerschner/Wagner,* ZR VIII IPR[4] Rz 16/29.
[27]) Vgl *Spickhoff* in Beck'scher Online-Kommentar BGB VO (EG) 593/2008 Art 4 Rn 33.
[28]) *Spickhoff* in Beck'scher Online-Kommentar BGB VO (EG) 593/2008 Art 4 Rn 78.
[29]) *Magnus* in *Staudinger,* Art 4 Rom I-VO Rn 131.
[30]) *Magnus* in *Staudinger,* Art 4 Rom I-VO Rn 132.
[31]) Vgl *Magnus* in *Staudinger,* Art 4 Rom I-VO Rn 132.
[32]) Vgl auch *Magnus* in *Staudinger,* Art 4 Rom I-VO Rn 132 mwN.

Anwendung der Ausweichklausel würde man also bei objektiver Anknüpfung aufgrund der offensichtlich engeren Beziehung zur Anwendung von österreichischem Recht kommen. Art 4 Abs 2 Rom I würde durch Abs 3 verdrängt werden.

Es bleibt jedoch noch zu klären, ob die generelle Anknüpfung von einer sog **Sonderanknüpfung** verdrängt wird. Sonderanknüpfungen finden sich in der Rom I-VO für bestimmte Arten von Verträgen. Sie sehen aufgrund der Besonderheit des jeweiligen Vertragstyps von der allgemeinen Anknüpfung nach Art 4 Rom I abweichende Reglungen vor. Ausweislich für den Beförderungs- (Art 5 Rom I), den Verbraucher- (Art 6 Rom I), den Versicherungs- (Art 7 Rom I), den Arbeits- (Art 8 Rom I) und Zessionsvertrag (Art 14 ff Rom I). Liegt also einer dieser Vertragstypen vor, so ist nicht nach Art 4 anzuknüpfen, sondern nach der je nach der für den vorliegenden Vertrag vorgesehenen Sonderanknüpfung[33]). Anzeichen für das Vorliegen eines Beförderungs-, Versicherungs-, Arbeits- oder Zessionsvertrages finden sich nicht. Genauer zu prüfen ist jedoch, ob der gegenständliche Vertrag als **Verbrauchervertrag** iSd Art 6 Rom I zu qualifizieren ist. Liegt ein solcher vor, weicht die Anknüpfung von Art 4 Abs 3 Rom I insofern ab, als nicht der gewöhnliche Aufenthalt (Sitz) des U ausschlaggebend sein soll, sondern der gewöhnliche Aufenthalt des Verbrauchers, also des A. Die in Art 6 formulierte Sonderanknüpfung enthält besondere Tatbestandsmerkmale (persönlicher, situativer und sachlicher Anwendungsbereich des Art 6 Rom I), die sich vom Verbrauchergeschäft des innerstaatlichen Rechts zum Teil erheblich unterscheiden.

Persönlicher Anwendungsbereich: Zum einen muss ein Verbrauchervertrag vorliegen. Ein solcher setzt zuallererst voraus, dass der Vertrag durch eine natürliche Person geschlossen wird und dieser nicht ihrer beruflichen oder gewerblichen Tätigkeit zugerechnet werden kann („**Verbraucher**") (Abs 1). Vertragspartner muss demgegenüber eine (natürliche oder juristische) Person sein, die in Ausübung ihrer beruflichen oder gewerblichen Tätigkeit handelt („**Unternehmer**"). Bei der Beurteilung der Frage, ob jemand Unternehmer oder Verbraucher ist, ist wiederum mit autonomem Verständnis vorzugehen (s bereits oben). Darüber hinaus ist stets auf den konkreten Vertrag abzustellen[34]). Es ist also möglich, dass jemand in einem Schuldverhältnis Verbraucher, im anderen Unternehmer ist. Bei A handelt es sich um eine natürliche Person. Da der konkrete Vertrag maßgeblich ist, schadet es nicht, dass A Inhaber eines Sportartikelgeschäftes, also „an sich" Unternehmer ist. So geht aus dem Sachverhalt eindeutig hervor, dass A das Spiel in seiner Freizeit besuchen will. A erfüllt somit den Verbraucherbegriff. Anders wäre der Fall etwa dann gelagert, würde sich im Sachverhalt der Hinweis finden, dass A das Ticket kauft, um es an seine Kunden zu verlosen oder um das Spiel zur Anbahnung/Abwicklung von

[33]) Vgl *Kerschner/Wagner,* ZR VIII IPR^4 16/24.

[34]) *Spickhoff* in Beck'scher Online-Kommentar BGB VO (EG) 593/2008 Art 6 Rn 20.

Geschäften zu nutzen. Bei U handelt es sich demgegenüber um einen Verein mit Sitz in der Schweiz, welcher „gewerblich" ua Fußballturniere ausrichtet. Er ist also Unternehmer iSd Art 6 Rom I.

Situativer Anwendungsbereich: Zusätzlich muss der Unternehmer seine berufliche oder gewerbliche Tätigkeit entweder in dem Staat **ausüben,** in dem der Verbraucher seinen gewöhnlichen Aufenthalt hat (Abs 1 lit a *leg cit*) oder seine berufliche oder gewerbliche Tätigkeit auf den Staat, in dem der Verbraucher seinen gewöhnlichen Aufenthalt hat, **ausrichten** (Abs 1 lit b)[35]). Unter „Ausüben" iSd lit a wird dabei die aktive Beteiligung am Wirtschaftsverkehr durch Angebot und Leistungsabwicklung verstanden[36]). „Ausrichten" umfasst demgegenüber insbesondere auch das bloße grenzüberschreitende Anbieten bzw die grenzüberschreitende Werbung[37]). Da das Fußballturnier in Österreich stattfinden soll, U somit auch die gewerbliche Tätigkeit in Österreich ausübt, ist bereits lit a als erfüllt anzusehen. Die Argumentation des Fallbearbeiters könnte sich jedoch überdies auch auf lit b stützen, also darauf, dass U seine unternehmerische Tätigkeit (auch) auf Österreich ausgerichtet hat. Unter Tätigkeiten iSd lit b sind sämtliche absatzfördernden Verhaltensweisen, darunter auch Werbung, zu verstehen[38]). U betreibt eine Website, welche auch in Österreich abrufbar ist. Nach Rechtsprechung des EuGH soll die bloße Abrufmöglichkeit jedoch noch nicht zur Verwirklichung des Tatbestandes ausreichen[39]). Vielmehr muss die Website Elemente aufweisen, die den Vertragsschluss im Fernabsatz (direkt oder indirekt) anbietet[40]). Eine spezielle, ausschließliche Ausrichtung auf den Verbraucherstaat ist nicht erforderlich[41]). Auch dass die Information auf der Homepage nur als Einladung zur Anbotstellung zu sehen ist (s unten), schadet nicht[42]). Der Vertrag muss jedoch schlussendlich im Fernabsatz zustande gekommen sein (s unten)[43]). U betreibt Werbung mittels seiner Website. Er bietet dort Tickets zum Kauf an. Die Website ist auch von Österreich aus abrufbar. Es handelt sich überdies nicht um eine bloß passive, mit Informationen gespickte Website. Vielmehr können auf dieser auch Bestellungen, direkt oder indirekt mittels ausdruckbaren Bestellformulars, vorgenommen werden. Dieser Möglichkeit hat sich A schließlich auch bedient, indem er den Bestellschein ausgedruckt und abgeschickt hat. Neben Art 6 Abs 1 lit a ist damit wohl auch lit b Rom I erfüllt.

---

[35]) *Lurger/Melcher,* BR VII IntPR Rz 4/48.

[36]) *Lurger/Melcher,* BR VII IntPR Rz 4/49.

[37]) *Lurger/Melcher,* BR VII IntPR Rz 4/48.

[38]) *Martiny* in MüKoBGB Rom I-VO Art 6 Rn 32.

[39]) Vgl EuGH 7. 10. 2010, C-585/08 (*Alpenhof*).

[40]) *Spickhoff* in Beck'scher Online-Kommentar BGB VO (EG) 593/2008 Art 6 Rn 25.

[41]) *Lurger/Melcher,* BR VII IntPR Rz 4/50; *Spickhoff* in Beck'scher Online-Kommentar BGB VO (EG) 593/2008 Art 6 Rn 27.

[42]) *Spickhoff* in Beck'scher Online-Kommentar BGB VO (EG) 593/2008 Art 6 Rn 26.

[43]) *Lurger/Melcher,* BR VII IntPR Rz 4/48.

Sachlicher Anwendungsbereich: Da keine Rechtswahl vorliegt, scheidet schließlich Abs 2, welcher besondere Anforderungen an eine im Verbrauchergeschäft getroffene Rechtswahl stellt (lesen!), von vornherein aus.

Zu prüfen ist noch, ob eine der **Ausnahmen** des Abs 4 vorliegt. So führt grundsätzlich jeder Vertragstyp zur Anwendung von Art 6 Rom I, sofern ein Verbrauchergeschäft vorliegt. Liegt hingegen eine Ausnahme iSd Abs 4 vor, so führt dies – trotz Vorliegens eines Verbrauchergeschäftes – entweder zur Anknüpfung Art 4 Rom I (zB bei bestimmten Arten von Dienstleistungsverträgen, Abs 4 lit a) oder zur Anwendung anderer Sonderanknüpfungen (zB bei Beförderungsverträgen zwischen einem Verbraucher und Unternehmer, Abs 4 lit b). Gegenständlich ist jedoch keine dieser Ausnahmen einschlägig. So scheidet insbesondere auch Abs 4 lit a aus (lesen!), da die Dienstleistung in Österreich, also in dem Staat zu erfüllen ist, in dem A seinen gewöhnlichen Aufenthalt hat.

Aufgrund des Vorliegens eines Verbrauchervertrages ist das gegenständliche Schuldverhältnis im **Ergebnis** und abweichend von der generellen Anknüpfung nach Art 4 Rom I nach Art 6 Rom I zu beurteilen. Es ist somit das Recht des Staates anwendbar, in dem der Verbraucher A seinen gewöhnlichen Aufenthalt hat, also **Österreich.**

II. Anspruch des A auf Rückzahlung von Euro 75,–

A. Vorüberlegungen

Nachdem die Frage des anwendbaren Sachrechtes geklärt ist, ist der Sachverhalt in materiell-rechtlicher Hinsicht zu beurteilen. Dazu ist erneut (s dazu bereits die Ausführungen zum 1. Fall) die Frage zu stellen, *wer was* von *wem* aus welchem *Rechtsgrund* haben möchte.

Der Sachverhalt enthält eine konkrete Fallfrage, nämlich die Frage, **ob A Euro 75,– zurückfordern kann.** Daraus folgt für den Fallbearbeiter zum einen, dass er den Sachverhalt (nur) aus der Sicht des A zu beurteilen hat *(wer)*. Er ist also nicht etwa auch aus der Sicht der Fußballvereinigung U, der Kreditkartenorganisation V oder gar des Sekretärs zu begutachten. An dieser Stelle ist jedoch Vorsicht geboten. So bedeutet die Einschränkung der Fallfrage auf bestimmte Personen nicht, dass die Argumente der anderen im Sachverhalt vorkommenden Personen gänzlich unter den Tisch fallen können. Zwar sind diese nicht in Form von selbstständigen (Gegen-)Ansprüchen zu prüfen, sie haben aber – sofern vorhanden – jedenfalls in Form von Einwendungen oder Gegenargumenten der Anspruchsgegner gegen die Ansprüche von A Berücksichtigung zu finden. Zum anderen folgt aus der konkreten Formulierung der Fallfrage, dass der Sachverhalt nur hinsichtlich der Frage zu beurteilen ist, ob Anton Euro 75,– zurückfordern kann *(was)*. Andere Ansprüche, etwa Schadenersatzansprüche gegenüber dem fahrlässig handelnden Sekretär, können hingegen unberücksichtigt bleiben.

Nachdem das *wer* und das *was* geklärt ist, ist zu fragen, gegen *wen* A seinen Ansprüche geltend machen kann/will. Generell gilt dabei für die Falllösung, dass als mögliche Anspruchsgegner (nur) solche Personen in Frage kommen, die im Sachverhalt auch vorkommen. Der gegenständliche Sachverhalt nennt neben A noch die Fußballvereinigung U, die Kreditkartenorganisation V sowie den Sekretär. Nur diese kommen also grundsätzlich als Anspruchsgegner von Anton in Betracht *(wen)*. Eingeschränkt wird der Kreis der potenziellen Anspruchsgegner überdies dadurch, dass Ansprüche in der Übungs- oder Prüfungssituation idR immer nur gegen jene Personen zu prüfen sind, die im Sachverhalt namentlich genannt sind (diese sind darüber hinaus idR mittels Fettdruck hervorgehoben). In unserem Sachverhalt sind dies die Fußballvereinigung U sowie die Kreditkartenorganisation V. Ansprüche gegen den Sekretär (weil weder fettgedruckt noch namentlich im Sachverhalt erwähnt) sind also nicht zu prüfen, mögen sie auch theoretisch bestehen.

Die Frage, wer was von wem will, ist damit geklärt: A *(wer)* will Euro 75,– *(was)* von der Fußballvereinigung U oder der Kreditkartenorganisation V *(wen)*. „Praktisch“ wird sich A dabei zuerst an U halten, da ihm dieser die Karte doch „ungefragt“ zugesandt und er im Gegenzug das Geld – wenn auch nicht direkt von A – erhalten hat. Dementsprechend empfiehlt sich auch aus prüfungstechnischen Überlegungen, zuerst alle Ansprüche gegenüber U zu prüfen und erst „ersatzweise“ bzw alternativ solche gegen V.

Bleibt schließlich die Frage nach dem Rechtsgrund bzw der Rechtsgrundlage. Wie bereits an anderer Stelle (vgl 1. Fall Punkt 4. „Zum Auffinden der Anspruchsnorm“) erwähnt, gestaltet sich die Suche danach bisweilen schwierig. Sie setzt vor allem Kenntnis und Überblick über die österreichische Rechtsordnung voraus. Zum gegenständlichen Fall gilt es, Folgendes zu sagen: In Österreich gilt – als ein fundamentales Prinzip des Vertragsrechts – der Grundsatz der Vertragstreue[44]). So muss ein wirksam geschlossener Vertrag eingehalten werden und die einem solchen entspringenden Verpflichtungen erfüllt werden. Haben A und U also wirksam einen Vertrag mit dem Inhalt geschlossen, dass A im Gegenzug für ein (in Zukunft) stattfindendes Fußballspiel Euro 75,– zu leisten hat, so hat er seinen Teil der Verpflichtung, die Übergabe von Euro 75,–, zu erfüllen. Eine Rückforderung würde ausscheiden, da diese in Erfüllung einer vertraglichen Verpflichtung erfolgte (vgl § 1442 ABGB)[45]). Die Chance des A auf Rückforderung von Euro 75,– besteht also (zumindest im Verhältnis zu U) nur darin, dass zwischen A und U entweder überhaupt kein Vertrag zustande gekommen ist oder sich aus dem Sachverhalt Umstände ergeben, die es A

---

[44]) Vgl *Koziol – Welser/Kletečka*, Bürgerliches Recht I[14] Rz 332.
[45]) *Dullinger*, BR II SchAT[5] Rz 4/1 ff.

ermöglichen, den Vertrag nachträglich zu beseitigen. Dann – und nur dann – ist A berechtigt, das Geld zurückzuverlangen. In beiden Fällen würde A ein bereicherungsrechtlicher Rückforderungsanspruch zustehen[46]). Das Bestehen dieses Anspruchs und deren (genaue) Rechtsgrundlage kann (und soll) jedoch erst in der Fallprüfung erarbeitet werden.

B. Vertragsschluss

In einem ersten Schritt ist also zu prüfen, ob überhaupt ein Vertrag zustande gekommen ist. Ist dies nicht der Fall, hat A bzw V **irrtümlich** etwas geleistet, wozu zu keinem Zeitpunkt eine Verpflichtung bestand. U hätte diesfalls etwas entgegengenommen, was ihm nicht zusteht. Eine solche irrtümliche Erbringung einer nichtgeschuldeten Leistung („Nichtschuld"), hier die Zahlung von Euro 75,–, könnte A zurückverlangen. Anspruchsgrundlage wäre diesfalls § 1431[47]).

Das Zustandekommen eines Vertrags ist – je nach Vertragstyp – an verschiedene Voraussetzungen geknüpft. Grundsätzlich setzt ein Vertrag jedoch als zweiseitiges Rechtsgeschäft stets (zumindest) zwei übereinstimmende Willenserklärungen voraus[48]). Unter einer Willenserklärung versteht man Erklärungen, die eine Partei in der Absicht tätigt, bestimmte Rechtsfolgen auszulösen[49]). Die Willenserklärung des den Vertrag anbahnenden Teils bezeichnet man als „Angebot", die damit korrespondierende Erklärung des (zukünftigen) Vertragspartners als „Annahme"[50]). Die Wirksamkeit von Angebot und Annahme sind ihrerseits – wie der Vertragsschluss als Ganzes – an bestimmte Voraussetzungen geknüpft. So setzt ein wirksames Angebot die Bestimmtheit oder zumindest Bestimmbarkeit des Vertragsgegenstandes (vgl § 869),[51]) den Bindungswillen des Anbietenden[52]) sowie – zur Verbindlichkeit – den Zugang beim Empfänger des Angebots, also dem zukünftigen Annehmenden voraus[53]). Der Sachverhalt ist also zuerst dahingehend zu untersuchen, ob A oder U eine Willenserklärung abgeben, die die entsprechenden Voraussetzungen erfüllt. Bei welcher Erklärung es sich dabei um das „Angebot" und welcher um die „Annahme" handelt, ist – wie im gegenständlichen Fall – nicht stets auf den ersten Blick erkennbar[54]). Ist dies der Fall, so gilt es die Erklärungen bzw Handlungen im Sachverhalt auf entsprechende Hinweise hin zu untersuchen. Dabei sollte chronologisch vorgegangen werden, um keine als Angebot zu qualifizierende Erklärung zu über-

[46]) Vgl *Apathy/Riedler*, BR III SchBT^5 Rz 15/1 ff.
[47]) *Apathy/Riedler*, BR III SchBT^5 Rz 15/5.
[48]) *Koziol – Welser/Kletečka*, Bürgerliches Recht I^{14} Rz 364, 399.
[49]) Vgl *Koziol – Welser/Kletečka*, Bürgerliches Recht I^{14} Rz 315.
[50]) *Koziol – Welser/Kletečka*, Bürgerliches Recht I^{14} Rz 399.
[51]) *Koziol – Welser/Kletečka*, Bürgerliches Recht I^{14} Rz 401.
[52]) *Koziol – Welser/Kletečka*, Bürgerliches Recht I^{14} Rz 402.
[53]) *Koziol – Welser/Kletečka*, Bürgerliches Recht I^{14} Rz 407.
[54]) Vgl auch *Koziol – Welser/Kletečka*, Bürgerliches Recht I^{14} Rz 404.

sehen. Gegenständlich kommen – in chronologischer Reihenfolge – drei Vorgänge als Angebot in Frage, nämlich das Anbieten der Karten auf der Homepage, das Bestellen der Karte durch A sowie die Zusendung der Karte durch U.

Bei der Beurteilung der Frage, ob bereits das „Anbieten" der Ware auf der Website ein Angebot darstellt, kann der Fallbearbeiter auf eine gefestigte Lehrmeinung zurückgreifen. So stellt nach hA das Anbieten oder Anpreisen von Waren oder Dienstleistungen auf einer Homepage – ähnlich dem Fall des Ausstellens von Waren in einem Schaufenster oder der Präsentation in einem Katalog – idR mangels entsprechenden Bindungswillens kein Angebot dar[55])). Vielmehr soll es sich dabei bloß um eine Aufforderung an andere handeln, ihrerseits ein Angebot zu stellen (invitatio ad offerendum)[56]). Dies ist nur konsequent: So richtet U sein „Angebot" nicht an eine oder mehrere bestimmte Personen, sondern an alle Interessierten. Theoretisch soll jeder, der an einer Karte interessiert ist, auch eine solche bestellen können. Auf einen bestimmten Vertragspartner kommt es U vorrangig nicht an. Da das Kartenkontingent jedoch beschränkt ist und U schon alleine deswegen nicht mit allen Interessierten einen Vertrag abschließen kann bzw wollen wird, ist aus der Sicht des U besonders wichtig, sich solange wie möglich offen zu halten, mit wem er schlussendlich kontrahieren wird[57]). Ihm ist somit – mangels anderer Anzeichen im Sachverhalt – der Bindungswille abzusprechen, gleichwohl er die Karten auf der Website zum Verkauf „anbietet". Nachdem das „Anbieten" auf der Homepage als gültiges Angebot ausscheidet, bleibt als nächster relevanter Vorgang die Übermittlung des ausgefüllten Bestellscheines an U. Auch hier sind wieder sämtliche Voraussetzungen eines Angebotes, also Bestimmtheit oder zumindest Bestimmbarkeit, Bindungswille des Anbietenden sowie Zugang beim (zukünftigen) Vertragspartner zu prüfen. U geht ein (vermeintlich) von A abgeschickter, von diesem ausgefüllter und unterschriebener Bestellschein zu, in dem dieser eine Karte um Euro 75,– bestellt. Bestimmtheit des Vertragsgegenstandes (eine Karte für das entsprechende Fußballspiel zum Preis von Euro 75,–) und Zugang (U muss die Bestellung erhalten haben, widrigenfalls hätte er die Karten nicht verschicken können) sind unproblematisch. Problematisch erscheint jedoch erneut der Bindungswille, diesmal der des A. So hat A zwar das Formular ausgefüllt, doch geht aus dem Sachverhalt hervor, dass er die Karte weder zu diesem noch zu einem späteren Zeitpunkt tatsächlich kaufen wollte. Vielmehr wollte er über sein „Angebot" nochmal in Ruhe nachdenken. Im Ergebnis fehlt es also ebenso A am Bindungswillen, wodurch auch A zumindest *prima facie* kein Angebot gestellt hat.

---

55) *Koziol – Welser/ Kletečka*, Bürgerliches Recht I[14] Rz 402; *Rummel* in *Rummel/Lukas*, ABGB[4] § 861 Rz 18; differenzierend *Wiebe* in *Kletečka/Schauer*, ABGB-ON[1.02] § 861 Rz 19.

56) *Koziol – Welser/Kletečka*, Bürgerliches Recht I[14] Rz 402.

57) *P. Bydlinski*, BR I AT[6] Rz 6/8.

Der ausgefüllte Bestellschein wurde laut Sachverhalt jedoch von A's Sekretär abgeschickt und ist bei U eingelangt. Es stellt sich die Frage, ob und wenn ja, welche Bedeutung der Handlung des Sekretärs zukommt. So könnte der Sekretär als Stellvertreter des A (also im Namen des A) gehandelt haben. Wäre dies der Fall, wäre A an die vom Sekretär abgegebene Erklärung gebunden. Stellvertretung, also das rechtsgeschäftliche Tätigwerden in fremdem Namen[58]), setzt jedoch eigenen Erklärungswillen des Stellvertreters voraus, welchen dieser dem Vertragspartner – im Namen des Vertretenen – mitteilt[59]). Gegenständlich ist jedoch weder eine eigene Willenserklärung des Sekretärs noch ein Handeln im Namen des A ersichtlich. So ist das Handeln des Sekretärs nicht auf die Abgabe einer Willenserklärung – weder in eigenem noch in fremdem Namen – gerichtet. Vielmehr wollte er das bereits fertig ausgefüllte Fax bloß weiterleiten. Überhaupt ist er dem U gegenüber zu keinem Zeitpunkt erkennbar in Erscheinung getreten. Für U war also nicht ersichtlich (und auch nicht von Bedeutung), dass nicht A, sondern sein Sekretär das Fax abgeschickt hat. Da der Sekretär die Erklärung des A an U lediglich übermittelt hat bzw zu deren Übermittlung beigetragen hat, ist er als Bote zu qualifizieren[60]). Eine Bindung des A aufgrund wirksamer Stellvertretung durch den Sekretär scheidet somit aus. Es kommt also (weiterhin) darauf an, ob A selbst eine Willenserklärung U gegenüber abgegeben hat.

Wie bereits festgestellt, wollte auch A vorerst keine Willenserklärung abgeben. Ihm war bis zum Öffnen des Kuverts gar nicht bewusst, dass das Fax abgeschickt worden war. Dies bedeutet jedoch nicht, dass der Handlung des A bzw des Sekretärs keinerlei rechtlicher Gehalt innewohnt. Insbesondere muss ein vermeintlich Erklärender, also jemand, der überhaupt keine Erklärung abgeben wollte, eine solche trotzdem gegen sich gelten lassen, wenn er beim Erklärungsempfänger adäquat ursächlich und in zumindest fahrlässiger Weise den Eindruck (den „Rechtsschein“) erweckt hat, dass er die Erklärung abgegeben hat (sog Erklärungsfahrlässigkeit)[61]). A hat den ausgefüllten Bestellschein auf seinem Tisch liegen gelassen. Laut Sachverhalt vergisst er öfters, Faxe abzuschicken, was sodann sein Sekretär erledigt. A hätte also damit rechnen müssen, dass das Fax weggeschickt wird, insbesondere da er den Bestellschein bereits vollständig ausgefüllt und unterschrieben hat. Er hat durch sein Handeln fahrlässig (es wäre ihm ein Leichtes gewesen, das Fax in einer Schublade zu verwahren) einen Erklärungstatbestand gesetzt, den er nun gegen sich gelten lassen muss. Die Folge davon ist, dass er sich die Erklärung zurechnen lassen muss, und zwar so, wie sie U verstehen durfte, im konkreten Fall also als Angebot zum Kauf des Tickets.

---

[58]) *P. Bydlinski*, BR I AT[6] Rz 9/2.

[59]) Vgl *Koziol – Welser/Kletečka*, Bürgerliches Recht I[14] Rz 695.

[60]) Vgl *P. Bydlinski*, BR I AT[6] Rz 9/11.

[61]) Vgl *Riedler*, ZR I AT[6] Rz 21/9.

Alleine das Absenden des Angebotes macht dieses jedoch noch nicht wirksam. Empfangsbedürftige Willenserklärungen, wie beispielsweise Anbot und Annahme (vgl § 862 a), sind erst mit Zugang der Erklärung an den Adressaten bindend. Dabei ist nicht die tatsächliche Kenntnisnahme durch den Erklärungsempfänger ausschlaggebend. Vielmehr ist iSd Empfangstheorie für den Zugang jener Zeitpunkt maßgeblich, zu dem die Erklärung derart in den Machtbereich des Empfängers gelangt, dass unter normalen Umständen mit einer Kenntnisnahme zu rechnen ist[62]). Im konkreten Fall wurde das Fax um Mitternacht abgeschickt und ist wohl unmittelbar danach angekommen. In rechtlicher Hinsicht zugegangen ist die Willenserklärung jedoch erst mit Betriebsbeginn des nächsten Tages[63]), womit A zu diesem Zeitpunkt – wenngleich gegen seinen Willen – U gegenüber ein bindendes Angebot zum Kauf einer Karte zum Preis von Euro 75,– abgegeben hat.

Der wirksame Vertragsschluss setzt – wie bereits erwähnt – neben einem gültigen Angebot eine damit korrespondierende Annahme voraus. Diese kann in Form einer ausdrücklichen oder konkludenten Willenserklärung erfolgen[64]). U könnte A gegenüber also – etwa schriftlich – erklären, dass er das Angebot des A annimmt und sodann die Karte übermitteln oder – ohne vorweg die Karte zu übermitteln – A auch „nur" unmittelbar vor Spielbeginn Zutritt zum Stadion bzw zu seinem Sitzplatz gewähren. Im gegenständlichen Fall schickt U A jedoch gleich die Karte. Eine Erklärung, dass U das Angebot des A annehme, erfolgt weder ausdrücklich noch konkludent. Fraglich ist, ob dennoch ein Vertrag zustande gekommen ist. Neben der Annahme durch ausdrückliche oder konkludente Willenserklärung ermöglicht § 864 den Vertragsschluss in Ausnahmefällen auch durch sog Willensbetätigung[65]). So soll der Vertrag in Fällen, wo eine ausdrückliche (oder konkludente)[66]) Erklärung der Annahme nach der **Natur des Geschäftes** oder der **Verkehrssitte** nicht zu erwarten ist – trotz Fehlens einer solchen Erklärung – dann zustande kommen, wenn dem Angebot innerhalb der Annahmefrist tatsächlich entsprochen wurde (Abs 1; sogenannte „stille Annahme" [vgl dazu bereits Fall 2]). Dass keine ausdrückliche Annahmeerklärung durch U vorliegt, schadet also dann nicht, wenn U dem Angebot des A tatsächlich entspricht und dies der Verkehrssitte bei solchen Geschäften entspricht. Eine solche Verkehrssitte wird nach hM insbesondere im – hier vorliegenden – Versandgeschäft angenommen[67]).

---

[62]) *Riedler,* ZR I AT[6] Rz 10/19.

[63]) *Koziol – Welser/Kletečka,* Bürgerliches Recht I[14] Rz 358.

[64]) Vgl *Koziol – Welser/Kletečka,* Bürgerliches Recht I[14] Rz 459.

[65]) *Wiebe* in *Kletečka/Schauer,* ABGB-ON[1.02] § 864 Rz 1.

[66]) *Wiebe* in *Kletečka/Schauer,* ABGB-ON[1.02] § 864 Rz 1.

[67]) *Wiebe* in *Kletečka/Schauer,* ABGB-ON[1.02] § 864 Rz 2. Die Annahme eines Vertragsschlusses, der bereits mit der Absendung der Ware wirksam wird, hat allerdings Auswirkungen auf die Gefahrtragung. Wegen des in § 429 ABGB geregelten Eigentumsübergangs, der mittelbar auch für die Gefahrtragung relevant ist (§ 905 Abs 3 ABGB),

Im **Ergebnis** ist also festzuhalten, dass A und U durch tatsächliches, der Verkehrssitte entsprechendes Zusenden der Karte durch U einen wirksamen Vertrag geschlossen haben. A hat die Zahlung iHv Euro 75,– demnach in Erfüllung einer vertraglichen Pflicht geleistet.

C. Rücktritt

Eine **Rückforderung** kommt somit grundsätzlich nur dann in Betracht, wenn A den Vertrag **nachträglich** „zu Fall" bringen kann. Es ist deshalb nach einer oder mehreren Rechtsgrundlagen zu suchen, welche es dem A ermöglichen, den Vertrag entweder anzufechten oder von diesem zurückzutreten. Solche **Anfechtungs-** oder **Vertragsrücktrittsrechte** werden von der Rechtsordnung insbesondere gewährt, um Fehler in der Willensbildung bzw beim Erklärungsvorgang zu korrigieren[68]) oder Ungleichgewichtslagen zwischen den Vertragsparteien auszugleichen[69]). Sie finden sich sowohl im ABGB (vgl §§ § 870, 871 ABGB) als auch in sondergesetzlichen Bestimmungen. Besonders umfangreiche Rücktrittsrechte werden dabei regelmäßig dem „Verbraucher" eingeräumt, da der Gesetzgeber diesem im Verhältnis zum Unternehmer ein besonderes Schutzbedürfnis unterstellt (s bereits oben)[70]). So finden sich Rücktrittsrechte etwa im Konsumentenschutzgesetz (KSchG), im Verbraucherkreditgesetz (VKrG) oder auch im Fernabsatz- und Auswärtsgeschäftegesetz (FAGG). Gemeinsam ist all diesen Rücktrittsrechten, dass sie stets ein **Verbrauchergeschäft,** ein Geschäft also, das auf der einen Seite von einem Verbraucher und auf der anderen Seite von einem Unternehmer geschlossen wurde, voraussetzen, wenngleich der Gegenstand des Geschäftes stets unterschiedlich ist. Diese verbraucherschutzrechtlichen Rücktrittsrechte haben dabei für Rücktrittswillige insb den Vorteil, dass der Rücktritt – anders als etwa das Recht zur Vertragsanfechtung wegen Irrtums nach ABGB[71]) – idR formlos möglich ist und keiner gerichtlichen Geltendmachung bedarf[72]). Es fallen also – zumindest was die Erklärung des Rücktritts betrifft – weder zusätzliche Kosten an, noch hat der Rücktrittswillige das Prozessrisiko zu tragen. Betrachtet man den Sachverhalt, so springen zwei Dinge ins Auge (s bereits oben): Zum einen, dass A, der zwar ein kleines Geschäft für Sportartikel betreibt, das Ticket nur zu seinem Vergnügen kauft (arg: „*[. . .] will seine spärliche Freizeit nützen, um live bei einem der*

---

wird in einem solchen die Gefahr für den Verlust oder die Beschädigung der Sache auf dem Transportweg dem Empfänger (Gläubiger) aufgebürdet. Beim Verbrauchergeschäft ist das Transportrisiko jedoch entschärft: Denn hier sieht § 7b KSchG (lex specialis!) vor, dass die Gefahr beim Versendungskauf erst mit der Ablieferung vom Unternehmer (Verkäufer) auf den Verbraucher (Käufer) übergeht.

[68]) Vgl *Koziol – Welser/Kletečka,* Bürgerliches Recht I^{14} Rz 459, 467.

[69]) *Welser/Zöchling-Jud,* Bürgerliches Recht II^{14} Rz 1170.

[70]) *Welser/Zöchling-Jud,* Bürgerliches Recht II^{14} Rz 1171.

[71]) Vgl dazu *Rummel* in *Rummel/Lukas,* ABGB^{4} § 871 Rz 30.

[72]) *Welser/Zöchling-Jud,* Bürgerliches Recht II^{14} Rz 1292.

großen Spiele dabei sein zu können."). Ebenso ist ersichtlich, dass U regelmäßig als Veranstalter von Fußballeuropameisterschaften auftritt. Zumindest für den geübten Fallbearbeiter ein eindeutiges Indiz, dass (auch) in materiell-rechtlicher Hinsicht verbraucherschutzrechtliche Überlegungen anzustellen sein werden. Zum anderen fällt auf, dass das Geschäft zwischen A und U ausschließlich über das Fax und den Postweg abgewickelt wurde. Dies ist hilfreich für die Eingrenzung der in Frage kommenden (verbraucherrechtlichen) Rechtsquellen. Berücksichtigt man diese zwei Aspekte, stößt man rasch auf das sog **Fernabsatz- und Auswärtsgeschäftegesetz** (FAGG)[73]), welches in Umsetzung der EU-Verbraucherrechte-Richtlinie[74]) den Verbraucherschutz bei eben jenen Fernabsatz- und Auswärtsgeschäften regelt. Nachdem also die grundsätzliche Richtung feststeht, ist zu fragen, ob das FAGG für den Wunsch des A, den Vertrag anzufechten oder von diesem zurückzutreten, Hilfestellung bietet. Bevor jedoch diese Frage beantwortet werden kann, ob A ein Rücktrittsrecht nach FAGG zukommt, ist vorweg wiederum zu klären, ob das Gesetz auf den konkreten Sachverhalt bzw auf das konkrete Rechtsgeschäft überhaupt Anwendung findet.

Das FAGG soll (ua) immer dann zur Anwendung kommen, wenn zwischen Unternehmern und Verbrauchern (personeller Anwendungsbereich) ein sog Fernabsatzvertrag (sachlicher Anwendungsbereich) geschlossen wurde. Erste Voraussetzung ist also das Vorliegen eines Verbrauchergeschäftes. Es gilt also zu prüfen, ob A Verbraucher und U Unternehmer ist. Eine eigene Definition des Verbrauchers und des Unternehmers ist im FAGG jedoch nicht enthalten. Es verweist vielmehr – wie auch die anderen Gesetze des österreichischen Verbraucherrechtes – auf die Begriffsdefinitionen des **KSchG** (vgl § § 1 FAGG aE). Nach § 1 Abs 1 Z 1 KSchG ist demnach Unternehmer, wer ein Rechtsgeschäft tätigt, das zum Betrieb seines Unternehmens gehört. Unternehmen ist dabei jede auf Dauer angelegte Organisation selbständiger wirtschaftlicher Tätigkeit und zwar unabhängig davon, ob sie auf Gewinn gerichtet ist oder nicht (vgl § 1 Abs 2 KSchG). Verbraucher ist im Umkehrschluss jeder, auf den die Definition des Unternehmers nicht zutrifft (§ 1 Abs 1 Z 2 KSchG)[75]).

A betreibt einen kleinen Sporthandel. Da es sich beim Sporthandel jedenfalls um eine auf Dauer angelegte Organisation selbständiger wirtschaftlicher Tätigkeit handelt, ist A damit grundsätzlich Unternehmer iSd KSchG/FAGG. Das österreichische Verbraucherrecht stellt jedoch – wie auch das europäische – stets auf das konkret zu beurteilende Rechtsgeschäft ab (arg: *„für den das Geschäft zum Betrieb seines Unternehmens gehört"*, § 1 Abs 1 Z 1 KSchG)[76]). Es ist also stets zu fragen, ob das konkrete Rechtsgeschäft zum Betrieb seines Unternehmens gehört (dem Unternehmen dienen soll). Im Falle des A gibt es

[73]) BGBl I 2014/33.

[74]) 2011/83/EU ABl L 2003/304, 66.

[75]) Vgl *Welser/Zöchling-Jud,* Bürgerliches Recht II^{14} Rz 1175 f.

[76]) Vgl *Welser/Zöchling-Jud,* Bürgerliches Recht II^{14} Rz 1177.

hierzu – wie bereits oben ausgeführt – keine Anzeichen im Sachverhalt. Im Gegenteil: Wie bereits erwähnt, will A sogar seine spärliche Freizeit dafür opfern. Es ist also davon auszugehen, dass A – bezüglich des konkreten Geschäftes – Verbraucher iSd KSchG/FAGG ist. Die Unternehmereigenschaft von U ist hingegen zweifelsfrei. Sie bedarf keiner gesonderten Prüfung. Der personelle Anwendungsbereich des FAGG ist somit eröffnet.

Zweite Voraussetzung ist das Vorliegen eines sog Fernabsatzvertrages oder eines Vertrages, der außerhalb von Geschäftsräumen geschlossen wurde. Ein außerhalb von Geschäftsräumen geschlossener Vertrag kann von vorneherein ausgeschlossen werden. So setzt ein solcher stets persönlichen Kontakt iS gleichzeitiger körperlicher Anwesenheit der Beteiligten voraus (vgl § 3 Z 1 lit a bzw c bzw d FAGG)[77]). Aus dem Sachverhalt geht jedoch hervor, dass A und U ausschließlich über Internet, durch Fax und auf dem Postweg miteinander in Kontakt waren. Naheliegender erscheint deshalb das Vorliegen eines Fernabsatzvertrages. Diesen definiert § 3 Z 2 FAGG als Vertrag, der zwischen einem Unternehmer und einem Verbraucher ohne gleichzeitige körperliche Anwesenheit des Unternehmers und des Verbrauchers ausschließlich im Rahmen eines für den Fernabsatz organisierten Vertriebs- oder Dienstleistungssystems geschlossen wird. Die Legaldefinition des „Fernabsatzvertrags" besteht also aus verschiedenen Elementen, welche (kumulativ) vorliegen müssen: Dass der Vertrag zwischen Verbraucher und Unternehmer geschlossen wurde, wurde bereits an anderer Stelle bejaht. Andere Tatbestandselemente bedürfen jedoch einer näheren Betrachtung. So ist nicht bereits auf den ersten Blick ersichtlich, was unter einem Fernkommunikationsmittel zu verstehen ist. Hier kann jedoch ein Blick in die Materialien Abhilfe schaffen. Sie sind – zumindest für neuere Gesetze – auf der Homepage des österreichischen Parlaments abrufbar (www.parlament.gv.at)[78]). Den Materialien zu § 3 FAGG zufolge werden als Fernkommunikationsmittel etwa Briefe, Internet, Telefon oder Fax verstanden[79]). Da der Kontakt zwischen A und U laut Sachverhalt ausschließlich durch solche Kommunikationsmittel stattfand, ist auch dieses Tatbestandsmerkmal erfüllt. Schließlich muss das Geschäft im Rahmen eines „organisierten Vertriebs- oder Dienstleistungssystems" geschlossen worden sein. Was unter einem „organisierten Vertriebs- oder Dienstleistungssystem" zu verstehen ist, ist wohl noch zweifelhafter als der Begriff des „Fernkommunikationsmittels". Die Materialien schweigen hierzu. Eine erste Hilfestellung bietet hier zum einen die dem Gesetz zugrundeliegende Richtlinie; genauer gesagt, die der Richtlinie zugrundeliegenden Erwägungsgründe (ErwGr). Sie sind regelmäßig im jeweiligen Dokument des Rechtsaktes unmittelbar vor dem eigentlichen Normtext enthalten und können zur Auslegung heran-

[77]) Vgl *Welser/Zöchling-Jud*, Bürgerliches Recht II[14] Rz 1261 f.

[78]) Vgl zur Verwendung der Materialien *Kerschner*, Wissenschaftliche Arbeitstechnik und Methodenlehre für Juristen[6] 105 ff.

[79]) ErläutRV 89 BlgNR 25. GP 25.

gezogen werden. So soll nach ErwGr 20 ein organisiertes Vertriebs- oder Dienstleistungssystem nicht etwa schon dann vorliegen, wenn ein Unternehmer auf seiner Website lediglich Informationen über sein Leistungsangebot und seine Kontaktdaten anbietet[80]). Die Erwägungsgründe begnügen sich also mit einer negativen Abgrenzung des Begriffes. Sie sagen lediglich, was nicht ausreichen soll, um als organisiertes Vertriebs- oder Dienstleistungssystem zu gelten. Damit alleine ist also nichts gewonnen. Hilfreicher ist hingegen der Blick in verschiedene **Rechtsdatenbanken.** Gibt man etwa bei „LexisNexis"[81]), abrufbar unter www.lexisnexis.at, im Suchfeld „Kommentierung" „§ 3 FAGG" ein, so stößt man auf die Kommentierung des Paragraphen durch *Dehn* in der vierten Auflage des von *Schwimman/Kodek* herausgegebenen Praxiskommentars zum ABGB, welcher auch Ausführungen zum Begriff des organisierten Vertriebs- oder Dienstleistungssystem enthält. So soll es für das Vorliegen eines organisierten Vertriebs- oder Dienstleistungssystems darauf ankommen, ob der Unternehmer seinen Vertrieb organisatorisch – zumindest auch – auf einen regelmäßigen Absatz per Distanzgeschäft (Fernabsatz) ausgerichtet hat. Als Beispiele nennt die Autorin etwa Websites mit Bestellmöglichkeiten oder Onlineshops[82]). Folgt man *Dehns* Auslegung, so wird man zum Ergebnis kommen, dass die von U betriebene Website die an ein organisiertes Vertriebs- oder Dienstleistungssystems gestellten Anforderungen erfüllt. So geht aus dem Sachverhalt hervor, dass auf der Website nicht nur Informationen abgerufen, sondern Karten auch gleich online bestellt oder Bestellscheine dafür heruntergeladen werden können. U hat damit seine Website organisatorisch (auch) auf einen regelmäßigen Absatz per Fernabsatz ausgerichtet. Sämtliche Voraussetzungen sind somit erfüllt, womit der konkrete Vertrag im Ergebnis als Fernabsatzvertrag iSd FAGG zu qualifizieren ist. Dritte und letzte Voraussetzung ist das Fehlen einer Ausnahme iSd § 1 Abs 2 FAGG (lesen!). So sollen vom Anwendungsbereich insbesondere bestimmte Typen von Verträgen ausgeschlossen sein (etwa Timesharing-Verträge)[83]). Ein auf den vorliegenden Vertrag anwendbarer Ausnahmetatbestand liegt hingegen nicht vor.

---

[80]) VerbraucherrechteRL 2011/83/EU ABl L 2003/304, 66.

[81]) Von kommerziellen Anbietern gibt es derzeit folgende Datenbankprodukte: „RDB": www.rdb.manz.at; „LexisNexis Online": zugänglich über www.lexisnexis.at; „LindeOnline", zugänglich über www.lindeonline.at; „Rechts-Index & Datenbank": www.rida.at. Kostenlos zugänglich ist das Rechtsinformationssystem des Bundes (RIS), über das vor allem Bundes- und Landesgesetzblätter sowie Rspr abgefragt werden kann (www.ris.bka.gv.at). Rechtsakte der Europäischen Union sind über „EUR-Lex" (www.eur-lex.europa.eu) zugänglich. Ferner gibt es eine Reihe von – häufig kostenlos zugänglichen – Datenbanken mit bestimmten thematischen Schwerpunkten (vgl zB zum UN-Kaufrecht: www.globalsaleslaw.org; zum europäischen Wirtschaftsrecht www.kapitalmarktrecht-im-internet.eu). Zur Verwendung von Datenbanken vgl allgemein *Kerschner,* Wissenschaftliche Arbeitstechnik und Methodenlehre[6] (2014) 159 ff.

[82]) *Dehn* in *Schwimann/Kodek,* ABGB[4] § 3 Rz 12.

[83]) Vgl dazu *Welser/Zöchling-Jud,* Bürgerliches Recht II[14] Rz 1268.

Nachdem der Anwendungsbereich des Gesetzes auf den konkreten Sachverhalt bejaht wurde, ist das FAGG nun dahingehend zu untersuchen, ob es A Möglichkeiten bietet, den Vertrag „zu Fall" zu bringen, also Möglichkeiten zur Anfechtung oder zum Rücktritt bietet.

Inhalt des FAGG (wie auch der meisten anderen Verbraucherkodifikationen) sind vorvertragliche **Informationspflichten,** die dem Unternehmer auferlegt werden (s bereits oben)[84]). Erfüllt der Unternehmer seine Informationspflichten nicht, wird dem Verbraucher regelmäßig das Recht zum Rücktritt zugestanden (vgl etwa § 12 FAGG). Anzeichen für die Verletzung von Informationspflichten liefert der Sachverhalt nicht. Im Gegenteil. So weist der Sachverhalt ausdrücklich darauf hin, dass alle gesetzlichen Informationspflichten erfüllt wurden. § 11 FAGG enthält jedoch ein nicht an die Verletzung von Informationspflichten gebundenes **allgemeines** Rücktrittsrecht des Verbrauchers für Fernabsatz- und Auswärtsgeschäfte, das innerhalb von 14 Tagen ausgeübt werden kann. Hierdurch soll dem Verbraucher bei Vorliegen eines Fernabsatzvertrages das risikolose Probieren und Überprüfen der Ware – ähnlich dem Ladenkauf – ermöglicht werden, bei einem Auswärtsgeschäft steht hingegen der Überrumpelungsschutz im Vordergrund[85]). Der Rücktritt nach § 11 FAGG steht (nur) dann nicht zu, wenn eine Ausnahme des § 18 FAGG gegeben ist (lesen!). § 18 FAGG normiert Ausnahmen vom allgemeinen Rücktrittsrecht insbesondere für solche Fälle, in denen die Rückstellung des Gegenstandes nicht oder nur mehr schwer möglich ist (vgl Z 6); die Erfüllung bereits in Gang gesetzt und nicht mehr ohne weiteres rückgängig gemacht kann (vgl Z 1); die Leistung großen Preisschwankungen unterliegt (Z 2); oder es sich um leicht verderbliche Ware handelt (Z 4)[86]). Eine weitere Ausnahme bezieht sich schließlich auf Dienstleistungen, die im Zusammenhang mit Freizeitbetätigungen erbracht werden, sofern für die Vertragserfüllung durch den Unternehmer ein bestimmter Zeitpunkt oder Zeitraum vertraglich vereinbart wurde (Z 10). Diese könnte in der Tat für den vorliegenden Fall einschlägig sein. So versteht die hA darunter beispielsweise die Bestellung von Karten für kulturelle oder sportliche Veranstaltungen[87]). Dahinter steckt der Gedanke, dass der Unternehmer im Vertrauen auf den bereits geschlossenen Vertrag möglicherweise andere Interessierte bereits abgewiesen hat und nach dem Rücktritt keine weitere Möglichkeit mehr hat, um die Karten noch zu verkaufen[88]). Dies trifft auf den konkreten Fall zu. Im Ergebnis ist somit festzuhalten, dass A trotz des Vorliegens eines Fernabsatzvertrags **nicht vom Vertrag zurücktreten kann.** Seine Absicht, sich vom Vertrag zu lösen, kann somit – zumindest durch das FAGG – nicht verwirklicht werden.

---

[84]) Vgl *Welser/Zöchling-Jud,* Bürgerliches Recht II[14] Rz 1171.

[85]) *Schwarzenegger* in *Schwimann/Kodek,* ABGB[4] § 11 FAGG Rz 4 f.

[86]) *Schwarzenegger* in *Schwimann/Kodek,* ABGB[4] § 11 FAGG Rz 3 ff.

[87]) *Kolba/Leupold,* Das neue Verbraucherrecht (2014) § 18 FAGG Rz 404.

[88]) *Schwarzenegger in Schwimann/Kodek,* ABGB[4] § 18 FAGG Rz 10.

D. Irrtum

Allerdings könnte dem A noch ein anderer Weg offenstehen, um sich vom Vertrag zu lösen. Wie bereits festgestellt hat A dem U gegenüber eine Willenserklärung abgegeben (s oben). Er war sich dieser Tatsache jedoch zu keinem Zeitpunkt bewusst. Fraglich ist damit, ob A den Vertrag durch Geltendmachung eines **Irrtums** (§ 871 ABGB) beseitigen kann. Das Recht der Irrtumsanfechtung soll dem Anfechtenden – gleich wie bei allen Wurzelmängeln – die Möglichkeit geben, Fehler bei seiner Willensbildung oder beim Erklärungsvorgang auszugleichen (s bereits oben)[89]). Ein solcher Fehler beim Erklärungsvorgang liegt insb dann vor, wenn der Erklärende (hier A) meint, etwas anderes zu erklären, als er tatsächlich – iSd Vertrauenstheorie – erklärt hat. Darüber hinaus auch dann, wenn er einen Erklärungstatbestand verwirklicht hat, aber sich dessen gar nicht bewusst war[90]). Dieser Fall liegt hier vor. So wusste A bis zu dem Zeitpunkt, indem er das Kuvert geöffnet hat, überhaupt nicht, dass er eine Willenserklärung abgegeben hat. A unterliegt also einem **Erklärungsirrtum.** Diese irrtümlich abgegebene Erklärung führte zum Vertragsschluss. Der Irrtum ist auch wesentlich, weil ohne das Dazwischentreten des ihm zurechenbaren Sekretärs keine Erklärung abgegeben und der Vertag nicht zustande gekommen wäre. Das Recht zur Anfechtung wegen eines (Erklärungs-)Irrtums steht dem Irrenden freilich nur unter bestimmten Voraussetzungen zu, nämlich nur dann, wenn der Vertragspartner ein Verhalten gesetzt hat, das ihm – im Verhältnis zum Irrenden – weniger schutzwürdig erscheinen lässt als den Irrenden[91]). Dies ist gem § 871 ABGB zum einen dann der Fall, wenn U den Irrtum veranlasst hat. U muss also ein Verhalten gesetzt haben, das bei A zum Irrtum geführt hat[92]). Anzeichen hierzu finden sich jedoch keine im Sachverhalt. Insb wurde die Erklärung nur aufgrund eines Missverständnisses zwischen A und seinem Sekretär abgegeben. Zum anderen erlaubt § 871 ABGB eine Anfechtung dann, wenn dem Vertragspartner des Irrenden (U) der Irrtum (des A) offenbar auffallen hätte müssen. Auch dafür fehlen Anzeichen im Sachverhalt. Insb war für U nicht erkennbar, dass A selbst überhaupt keine Karte kaufen wollte (s oben). Schließlich ist eine Anfechtung dann möglich, wenn der Irrtum rechtzeitig aufgeklärt worden ist (§ 871 ABGB aE). Rechtzeitig ist ein solcher aufgeklärt, wenn der Vertragspartner des Irrenden bis zur Aufklärung noch keine rechtlichen und wirtschaftlichen Dispositionen im Vertrauen auf das Geschäft vorgenommen hat[93]), etwa, wenn der Vertragspartner deswegen eine andere Erwerbschance ausgeschlagen hätte[94]). Nach hA ist eine rechtzeitige Aufklärung jedoch jedenfalls dann nicht mehr möglich, wenn die Leistung (teilweise) bereits erbracht

[89]) *Koziol – Welser/Kletečka,* Bürgerliches Recht I^{14} Rz 459.
[90]) *Koziol – Welser/Kletečka,* Bürgerliches Recht I^{14} Rz 471.
[91]) *Koziol – Welser/Kletečka,* Bürgerliches Recht I^{14} Rz 468.
[92]) Vgl *Rummel* in *Rummel/Lukas,* ABGB^{4} § 871 Rz 20.
[93]) Vgl *Pletzer* in *Kletečka/Schauer,* ABGB-ON$^{1.02}$ § 871 Rz 53.
[94]) Vgl *Koziol – Welser/Kletečka,* Bürgerliches Recht I^{14} Rz 498.

worden ist[95]). Da U A die Karte bereits übermittelt hat, ist das Vertragsverhältnis bereits ins Erfüllungsstadium übergetreten. U hat Teile seiner Verpflichtung bereits erfüllt, womit auch in concreto die Anfechtung wegen Vorliegens eines Erklärungsirrtums ausscheidet.

Daraus folgt aber zugleich, dass die Zahlung an U nicht ohne Rechtsgrundlage erfolgt ist. Wegen des Vorhandenseins eines gültigen Titels ist somit eine Rückforderung des bezahlten Preises auf der Grundlage der ungerechtfertigten Bereicherung nicht möglich.

Zur Lösung von Teil II

Der zweite Teil des Sachverhalts steht zwar thematisch mit dem ersten Teil in Verbindung. In rechtlicher Hinsicht ist er jedoch eigenständig zu beurteilen, da der Sachverhalt gänzlich anders gelagert ist:

So hat sich A zwar auch im zweiten Sachverhaltsabschnitt eine Karte für ein Fußballspiel per Fax bestellt und zugeschickt bekommen. Im Gegensatz zum ersten Teil wollte er die Karte diesmal jedoch auch wirklich kaufen und das Spiel besuchen. Da A jedoch eine Woche vor Spielbeginn erkrankt und die Karte auf seinen Namen ausgestellt ist, möchte sie A auf seinen Freund F übertragen (lassen), damit zumindest dieser das Spiel besuchen kann. Er stellt dazu einen Antrag bei U. Dieser wird von U jedoch – mit Verweis auf die AGB – abgelehnt. Die wiederum konkrete Fallfrage lautet, *„Ist die Übertragung der Karte auf F wirksam?“*. Es ist also zu prüfen, ob eine Übertragung in rechtlicher Hinsicht trotz der verwendeten AGB wirksam ist. Dazu sind vorweg einige Vorüberlegungen anzustellen:

Der Vertrag zwischen A und U ist, wie bereits festgestellt, als Werkvertrag mit mietvertraglichen Elementen zu qualifizieren. Bei dem von U geschuldeten Werk handelt es sich um das zu veranstaltende Fußballspiel. Das mietvertragliche Element liegt hingegen in der Zurverfügungstellung des Sitzplatzes für die Dauer des Spiels. Er unterliegt als Verbrauchervertrag österreichischem Recht (Art 6 Rom I).

Das Fußballspiel findet laut Sachverhalt erst in Zukunft statt. Die Berechtigung zur Teilnahme daran wird durch das (personalisierte) Ticket verbrieft. Dieses ist nach hA als ein auf den Namen lautendes Wertpapier zu qualifizieren (sog **Namenspapier**)[1]). Durch die Personalisierung wird zum Ausdruck gebracht, dass das Rechtsverhältnis zwischen A und U höchstpersönlich ist,

---

[95]) *Riedler*, ZR I AT[6] Rz 21/31; *Riedler* in *Schwimann/Kodek*, ABGB[4] § 871 Rz 31; *Pletzer* in *Kletečka/Schauer*, ABGB-ON[1.02] § 871 Rz 53; *Rummel* in *Rummel/Lukas*, ABGB[4] § 871 Rz 26.

[1]) *Stopper/Karlin*, Causa Sport 2014, 320 (326) mwN.

sodass eine Übertragung des Rechts zum Besuch des Spiels ohne Zustimmung der U nicht möglich ist. Zur Teilnahme am Spiel ist also *prima facie* nur A berechtigt.

A will seine Karte und damit sein Recht gegenüber U auf F übertragen. In **kollisionsrechtlicher Hinsicht** handelt es sich um einen Fall des Art 14 Abs 2 Rom I, welcher für die Frage der Übertragbarkeit einer Forderung vorsieht, dass diese nach dem Recht des Staates zu beurteilen ist, dem die übertragene Forderung unterliegt. Die übertragene Forderung unterliegt österreichischem Recht (s oben). Die Frage, ob die Übertragung der Karte überhaupt wirksam ist, ist also ebenfalls nach österreichischem Recht zu beurteilen.

Die österreichische Rechtsordnung erlaubt die Übertragung von Forderungen insbesondere nach den §§ 1392 ff ABGB. So werden auch Namenspapiere nach zessionsrechtlichen Grundsätzen übertragen[2]). Eine Abtretung kommt also dann wirksam zustande, wenn sich der Altgläubiger (sog Zedent) und der Neugläubiger (sog Zessionar) über die Übertragung der Forderung einigen[3]). Einer Zustimmung oder Mitwirkung des Schuldners (sog „Zessus"), hier U, bedarf es grundsätzlich nicht[4]). Der Abtretung könnte jedoch entgegenstehen, dass die Parteien ein **Zessionsverbot** vereinbart haben[5]). Dass sich A und F über die Übertragung einig sind, ist unzweifelhaft (arg: „*Er möchte seine Karte gerne an seinen besten Freund Friedrich übertragen.*"). Mangels Zessionsverbots würde dies für eine Übertragung der Karte auf F ausreichen. Eine Zustimmung oder Mitwirkung von U wäre nicht notwendig.

Aus dem Sachverhalt geht hervor, dass U die Übertragung ablehnt. Er wird sich auf die in den AGB enthaltene Zessionsbeschränkung berufen. So liegt weder höhere Gewalt noch ein Todesfall vor, sondern lediglich ein Krankheitsfall. Darüber hinaus erfolgt die Übertragung weder innerhalb der Familie (A und F sind laut Sachverhalt nicht verwandt) noch innerhalb des zulässigen Zeitraumes (10 Tage vor dem Spieltag oder länger). Zu prüfen ist also, ob die vereinbarte Zessionsbeschränkung wirksam ist. Das Recht zur Abtretung von Forderungen (§§ 1392 ff ABGB) kann rechtsgeschäftlich ausgeschlossen oder eingeschränkt werden[6]). Eine Ausnahme besteht lediglich für Geldforderungen zwischen Unternehmern (§ 1396 a ABGB), die hier jedoch nicht zutrifft. Abgesehen von § 1396 a ABGB sind die Parteien bei der Vereinbarung eines Zessionsverbots oder einer Zessionsbeschränkung innerhalb der Grenzen der Sittenwidrigkeit weitgehend frei. Einen Verstoß gegen die guten Sitten wird man in der gegenständlichen Klausel wohl nicht erkennen können. Die Klausel könnte in der Form also durchaus Bestandteil eines Vertrages sein.

---

[2]) *Lukas* in *Kletečka/Schauer,* ABGB-ON$^{1.01}$ § 1392 Rz 8.

[3]) Vgl *Welser/Zöchling-Jud,* Bürgerliches Recht II^{14} Rz 540.

[4]) Vgl *Welser/Zöchling-Jud,* Bürgerliches Recht II^{14} Rz 544.

[5]) Dazu *Welser/Zöchling-Jud,* Bürgerliches Recht II^{14} Rz 579 ff.

[6]) Vgl *Lukas* in *Kletečka/Schauer,* ABGB-ON$^{1.01}$ § 1396 a Rz 1.

Die Besonderheit in gegenständlichem Fall ergibt sich jedoch daraus, dass sich die Zessionsbeschränkung in den **allgemeinen Geschäftsbedingungen** (AGB) des von U und A geschlossenen Vertrages befindet[7]). Unter diesen versteht man vorformulierte standardisierte Vertragsbedingungen, die ein Vertragspartner für alle oder eine bestimmte Gruppe von Verträgen erstellt[8]). AGB finden sich heute in zahlreichen Verträgen. Sie werden von Unternehmen in nahezu allen Branchen verwendet[9]). Dies hat wirtschaftliche und rechtliche Gründe. Unternehmer schließen regelmäßig eine Vielzahl gleicher oder ähnlicher Verträge ab. Die Vereinheitlichung und Vorformulierung von ganzen Verträgen oder zumindest Vertragsbestandteilen entlastet die Vertragsverhandlungen im Einzelfall und senkt die (Transaktions-)Kosten des Unternehmers[10]). Zugleich versuchen Unternehmer durch die Verwendung von AGB auch, ihre eigene rechtliche Position gegenüber dem Vertragspartner zu stärken. So wird der AGB-Verwender tendenziell solche Klauseln aufnehmen, die für ihn günstig sind.

Dies ist nicht schlechthin verboten. Denn der (zukünftige) Vertragspartner kann schließlich selbst entscheiden, ob er zu diesen Konditionen kontrahieren möchte oder nicht[11]). Allerdings bestehen dabei praktische Schwierigkeiten. Denn Unternehmen pflegen ausschließlich zu ihren AGB kontrahieren zu wollen, sodass der (zukünftige) Vertragspartner nur die Möglichkeit hat, den Vertrag zu den Bedingungen des AGB-Verwenders abzuschließen oder auf den Vertragsschluss zu verzichten („take it or leave it"). Die Möglichkeit, auf einen anderen Vertragspartner auszuweichen, welcher keine oder für den Vertragspartner zumindest günstigere AGB verwendet, wird oft ins Leere gehen, weil die Mitbewerber vielfach auch keine günstigeren Klauselwerke verwenden[12]). Im gegenständlichen Fall etwa kann A nur von U Tickets beziehen. Würde A mitteilen, dass er die Tickets zwar kaufen, aber die AGB nicht akzeptieren möchte, würde U das Angebot des A ablehnen. Probleme ergeben sich darüber hinaus aus der Tatsache, dass AGB häufig unübersichtlich aufgebaut sind, technische oder fachspezifische Ausdrücke enthalten oder aus anderen Gründen für den Vertragspartner schwer verständlich sind oder seine Rechtsposition in unangemessener Weise beeinträchtigen. All das hat den Gesetzgeber veranlasst, AGB einer besonderen Kontrolle zu unterstellen, um ein Missverhältnis zwischen der Position des AGB-Verwenders und dem AGB-Unterworfenen auszugleichen[13]). Besonderen Schutz genießt dabei der Verbraucher[14]). Bei dieser gesetzlichen

---

[7]) Vgl zu diesen allgemein *Koziol – Welser/Kletečka,* Bürgerliches Recht I[14] Rz 426 ff.

[8]) *Riedler,* ZR I AT[6] Rz 13/2.

[9]) *Koziol – Welser/Kletečka,* Bürgerliches Recht I[14] Rz 426.

[10]) Vgl *Koziol – Welser/Kletečka,* Bürgerliches Recht I[14] Rz 427.

[11]) Vgl *Koziol – Welser/Kletečka,* Bürgerliches Recht I[14] Rz 311.

[12]) Vgl *Riedler,* ZR I AT[6] Rz 13/3; *Graf* in *Kletečka/Schauer,* ABGB-ON[1.03] § 879 Rz 278.

[13]) *Riedler,* ZR I AT[6] Rz 13/3.

[14]) *Koziol – Welser/Kletečka,* Bürgerliches Recht I[14] Rz 428; *Welser/Zöchling-Jud,* Bürgerliches Recht II[14] Rz 1215 ff.

Kontrolle handelt es sich um eine sog *ex post* Kontrolle[15]). Der Gesetzgeber kann einem Unternehmen also nicht vorab vorschreiben, was es in ihre AGB aufnehmen kann und darf. Vielmehr ist es Sache des Vertragspartners, die wirksame Vereinbarung der AGB oder die Gültigkeit einzelner Klauseln im Konfliktfall zu bestreiten.

Es ist somit zu prüfen, ob eine derartige – an sich gültige – Vereinbarung auch zulässig ist, wenn sie in AGB enthalten ist. Diese Überprüfung, die „Kontrolle" von AGB, setzt dabei stets auf drei Ebenen an. Es erfolgt also eine dreistufige Prüfung, wobei weitere Prüfschritte dann anfallen können, wenn ein Verbrauchergeschäft vorliegt, da der Gesetzgeber an im Verbrauchergeschäft verwendete AGB – wie bereits erwähnt – einen (nochmals) erhöhten Maßstab ansetzt[16]). Die einschlägigen Normen finden wir im ABGB in den §§ 869, 864 a, 897 Abs 3 sowie in § 6 KSchG.

Auf der ersten Stufe der AGB-Kontrolle ist zu fragen, ob die AGB überhaupt Teil des Vertrages geworden sind. So handelt sich bei diesen Klauselwerken um bloße Vertragsbestandteile. Die Vertragspartner werden aus diesen also nur berechtigt und verpflichtet, wenn sie ausdrücklich oder konkludent vereinbart haben, dass die AGB Vertragsbestandteil sein sollen (sog **Einbeziehungskontrolle**)[17]). Laut SV will U (nur) unter Zugrundelegung seiner AGB kontrahieren (arg: *„Die AGB des U, auf die deutlich hingewiesen wird, [. . .]").* Fraglich erscheint, ob sich A den AGB auch „unterworfen", deren Verwendung also akzeptiert hat. Eine ausdrückliche Erklärung, er akzeptiere die AGB von U liegt jedenfalls nicht vor. Die „Unterwerfung" unter die AGB kann von Seiten des Vertragspartners jedoch auch konkludent erfolgen. Dabei ist es nach hA[18]) ausreichend, wenn der AGB-Verwender vor dem Abschluss erklärt oder für den Vertragspartner deutlich erkennbar ist, dass der AGB-Verwender den Vertrag nur dann abschließen will, wenn seine AGB Vertragsbestandteil werden. Vorausgesetzt wird jedoch, dass der Vertragspartner vor Vertragsschluss zumindest die Möglichkeit hatte, die AGB einzusehen, gleich ob er dies schließlich getan hat oder nicht. Aus dem prominenten Hinweis auf der Homepage musste A erkennen, dass U die AGB verwenden und den Vertrag nur unter deren Zugrundelegung abschließen wollte. Die AGB waren überdies auf der Homepage abruf- und speicherbar. A hatte also die Möglichkeit zur Einsicht. Dass A die AGB nicht gelesen hat, schadet nicht. Im **Ergebnis** sind die AGB von U also Vertragsbestandteil. U kann sich grundsätzlich darauf berufen.

Nachdem die Frage geklärt ist, ob die AGB überhaupt Teil des Vertrages sind, ist im zweiten Schritt zu fragen, ob möglicherweise einzelne Klauseln

---

[15]) *Riedler,* ZR I AT^{6} Rz 13/3.

[16]) *Koziol – Welser/Kletečka,* Bürgerliches Recht I^{14} Rz 436.

[17]) *Riedler,* ZR I AT^{6} Rz 13/4 ff.

[18]) Vgl *Koziol – Welser/Kletečka,* Bürgerliches Recht I^{14} Rz 431.

unwirksam sind. Eine Rechtsgrundlage dafür könnte § 864a bieten. Hiernach sind Klauseln in AGB unwirksam, die für den Vertragspartner nachteilig und ungewöhnlich sind, sofern der Verwender der Klausel nicht besonders darauf hingewiesen hat (sog **Geltungskontrolle**). Diese Voraussetzungen müssen kumulativ vorliegen[19]). So ist eine nachteilige Klausel – nach § 864a – nicht ungültig, wenn sie nicht ungewöhnlich ist, wenn also der Vertragspartner aufgrund der Umstände bei Vertragsabschluss mit solchen Klauseln rechnen musste, sodass sie für ihn nicht überraschend waren[20]). Die Klausel ist auch dann nicht unwirksam, wenn sie zwar nachteilig und ungewöhnlich ist, aber speziell auf sie hingewiesen wurde. Die Bestimmungen zur Ticketübertragung finden sich in den AGB. § 864a ist somit grundsätzlich anwendbar. Die konkrete Klausel ist für A zweifelsfrei nachteilig. Insbesondere wird seine Dispositionsfreiheit über die Karte weitgehend eingeschränkt. Die Klausel ist jedoch nicht ungewöhnlich. Insbesondere hat A mit einer derartigen Klausel rechnen müssen, sind doch solche Maßnahmen zur Vermeidung von Schwarzmarkthandel mit Karten bei derartigen Großereignissen wie einer Europameisterschaft die Regel. Im Ergebnis führt die Prüfung der Klausel nach § 864a nicht zur Ungültigkeit der Klausel.

Im dritten Schritt ist schließlich eine inhaltliche Prüfung der verwendeten Klausel vorzunehmen. So ist die Klausel nach allgemeinen Regeln an § 879 Abs 3 zu messen. Demnach ist eine in AGB oder Vertragsformblättern enthaltene Nebenbestimmung unwirksam, wenn sie einen Teil gröblich benachteiligt. Unter einer Nebenbestimmung ist jede Klausel zu verstehen, die nicht eine der beiderseitigen Hauptleistungen (also zB Ware und Preis) regelt. Um zu ermitteln, ob eine Klausel gröblich benachteiligend ist, muss geprüft werden, ob eine sachlich gerechtfertigte Abweichung von dispositivem Recht vorliegt[21]). Ist kein dispositives Recht vorhanden, so sind die beiden Rechtspositionen zu vergleichen und zu fragen, ob durch die Verwendung ein krasses Missverhältnis zwischen den Vertragsparteien entsteht, die eine also signifikant besser stellt als die andere[22]). Ergänzt wird diese **Inhaltskontrolle** im Verbrauchergeschäft durch § 6 KSchG. § 6 KSchG normiert in Konkretisierung von § 879 Abs 3 ABGB[23]) für Klauseln mit bestimmtem Inhalt bzw Regelungsgegenstand, dass diese in Verbraucherverträgen entweder jedenfalls ungültig und damit nicht verbindlich sind (§ 6 Abs 1 KSchG) oder zumindest dann ungültig sind, wenn sie nicht einzeln ausgehandelt wurden (§ 6 Abs 2 KSchG)[24]). § 6 Abs 3 KSchG normiert schließlich das sogenannte **Transparenzgebot.** Demnach sind in AGB enthaltene Vertragsbestimmungen unwirksam, wenn sie unklar oder

---

19) *Riedler,* ZR I AT[6] Rz 13/10 ff.
20) *Graf* in *Kletečka/Schauer,* ABGB-ON[1.03] § 864a Rz 39.
21) *Koziol – Welser/Kletečka,* Bürgerliches Recht I[14] Rz 436.
22) *Koziol – Welser/Kletečka,* Bürgerliches Recht I[14] Rz 436.
23) Vgl *Koziol – Welser/Kletečka,* Bürgerliches Recht I[14] Rz 354.
24) Vgl *Welser/Zöchling-Jud,* Bürgerliches Recht II[14] Rz 1215 ff.

unverständlich abgefasst sind. Dies ist insbesondere dann der Fall, wenn der für das konkrete Geschäft typische Durchschnittskunde den Inhalt und die Tragweite der Klausel nicht durchschauen kann, was etwa der Fall wäre, wenn sich der AGB-Verwender nicht allgemein geläufiger (fremdsprachiger) Fachbegriffen bedient[25]).

Für die Fallbeurteilung bedeutet dies Folgendes: Die Klausel, auf die sich U beruft, befindet sich in den AGB. Sie regelt überdies lediglich eine vertragliche Nebenbestimmung, nämlich die Übertragbarkeit der Karte. Die Klausel ist also am Maßstab des § 879 Abs 3 zu messen. Überdies handelt es sich gegenständlich um ein Verbrauchergeschäft (s bereits oben). Maßgeblich ist deshalb auch und insbesondere § 6 KSchG. Wie gesagt soll eine unklare oder unverständliche Klausel – jedenfalls im Verbrauchergeschäft[26]) – unwirksam sein (§ 6 Abs 3 KSchG). Es kann sich deshalb empfehlen, die Einhaltung des Transparenzgebots vorweg zu prüfen. Dies hat für den Fallbearbeiter den Vorteil, dass im Falle eines Verstoßes gegen das Transparenzgebot keine weiteren Überlegungen zum Inhalt der Klausel angestellt werden müssen. Die vorliegende Klausel ist jedoch klar und verständlich formuliert. Insbesondere ist für den Durchschnittskunden klar und deutlich ersichtlich, wann und unter welchen Umständen eine Übertragung zulässig sein soll. A kann sich deshalb nicht auf § 6 Abs 3 KSchG berufen. Es ist also in weiterer Folge zu prüfen, ob die Klausel einen nach § 6 Abs 1 oder 2 KSchG verpönten Inhalt aufweist. Da A und U laut Sachverhalt nie direkt in Kontakt waren, der Bestellvorgang auf Seiten des U vielmehr gänzlich automatisiert abgelaufen ist, kann ein „Ausverhandeln" iSd Abs 2 von vornherein ausgeschlossen werden. Dies hat für den vorliegenden Fall zur Folge, dass jede Klausel der AGB, welche unter einen Tatbestand des Abs 1 oder 2 zu subsumieren ist, ungültig wäre. Geht man die Klauseln jedoch der Reihe nach durch (lesen!), so muss man erkennen, dass keiner dieser Tatbestände (weder in Abs 1 noch in Abs 2) auf die gegenständliche Klausel anwendbar ist. A kann sich also aus diesen Gründen nicht auf die Unwirksamkeit berufen. Es bleibt somit die Inhaltskontrolle aufgrund der Generalklausel nach § 879Abs 3. Hierfür ist zu fragen, ob die Klausel A gröblich benachteiligt:

Um nun festzustellen, ob die Klausel A auch **gröblich** benachteiligt, ist die Beschränkung der Übertragbarkeit daraufhin zu überprüfen, ob die Interessen der Vertragsteile jeweils in ausreichendem Maße Berücksichtigung finden. Dazu sind – ähnlich wie bei § 864 a – die Rechtspositionen der Vertragspartner jeweils mit und ohne Klausel zu vergleichen. Es ist insbesondere zu fragen, wie die Parteien ohne Klausel unter Anwendung des dispositiven Rechtes stehen würden[27])).

---

[25]) *Apathy* in *Schwimann/Kodek*, ABGB[4] zu § 6 KSchG Rz 84 ff.

[26]) Zum Unternehmergeschäft *Koziol – Welser/Kletečka*, Bürgerliches Recht I[14] Rz 438.

[27]) *Riedler*, ZR I AT[6] Rz 13/24; *Graf* in *Kletečka/Schauer*, ABGB-ON[1.03] § 879 Rz 279.

Forderungen bzw (verbriefte) Forderungsrechte können grundsätzlich mittels Zession übertragen werden. Eine entsprechende „Erlaubnis" iS einer vertraglichen Vereinbarung braucht es dazu nicht. Zessionsverbote können jedoch wirksam vereinbart werden (s oben). Ist ein Zessionsverbot vereinbart, wirkt sich dies – da damit eine Beschränkung der Dispositionsfreiheit einhergeht – regelmäßig nachteilig auf die Position desjenigen aus, dem das Zessionsverbot auferlegt worden ist. Konkret ist dies jedenfalls der Fall. A kann das Spiel aus Krankheitsgründen nicht besuchen. Da er die Karte nicht (mehr) übertragen kann, ist sie für ihn wertlos. Als Gründe für die Notwendigkeit einer Beschränkung könnte U etwa Sicherheitsaspekte, die Verhinderung eines Sekundär- und Schwarzmarktes oder einen durch die freie Übertragung entstehenden unverhältnismäßig hohen Verwaltungsaufwand vorbringen. Ob diese Gründe jedoch eine derartige Restriktion der Übertragung rechtfertigen, erscheint fraglich. So wird man dem Käufer eines Tickets im Gegenzug ein gewichtiges Interesse an einer einfach durchzuführenden, kostengünstigen Übertragung zusprechen müssen und zwar jedenfalls in solchen Fällen, in denen dem Käufer – aus von ihm nicht zu beeinflussenden Gründen – eine Teilnahme nicht möglich ist. Vor allem da das Gesetz eine solche Übertragung problemlos und unbeschränkt erlaubt (vgl §§ 1392 ff ABGB).

Unter den gegebenen Umständen jedenfalls gröblich benachteiligend wird man die Beschränkung der Übertragung auf den Familienkreis werten müssen. So liegt auf Seiten der U keine sachliche Rechtfertigung für eine solche Einschränkung vor. Insbesondere ist die Übertragung einer Karte auf ein Familienmitglied mit genauso viel Aufwand verbunden wie die Übertragung auf ein Nichtfamilienmitglied. Auch Sicherheitsbedenken können hier nicht eingewendet werden, da die Karte im Falle der Übertragung neu und wiederum personalisiert ausgestellt werden kann. A hingegen erfährt durch die Beschränkung auf den Kreis der Familie eine wesentliche Einschränkung seiner Dispositionsmöglichkeiten, welche – je nach Familiensituation – gar einem Ausschluss der Übertragbarkeit gleichkommen könnte. Eine gröbliche Benachteiligung kann überdies in der 10-Tagesfrist erblickt werden: Da die Übertragung einer Karte wohl eine bestimmte Zeit in Anspruch nimmt, ist eine Frist zwar nicht per se abzulehnen. Sie wird jedoch so auszugestalten sein, dass der Käufer der Karte einerseits – soweit als möglich – auch noch auf kurz vor dem Spieltag eintretende Ereignisse (wie eine Krankheit) reagieren, der Verkäufer die Übertragung jedoch andererseits technisch auch durchführen kann. Unter Zuhilfenahme moderner Datenverarbeitungssysteme wird der Vorgang dabei deutlich weniger als 10 Tage in Anspruch nehmen, womit auch in der 10-Tagesfrist eine gröbliche Benachteiligung zu sehen ist. Aufgrund des mit einer Übertragung einer Karte zu rechnenden administrativen Aufwands erscheint eine Bearbeitungsgebühr iHv 10 Euro hingegen als angemessen und sachlich gerechtfertigt.

Im **Ergebnis** ändert letzteres jedoch nichts an der Tatsache, dass die Klausel aufgrund einer nicht sachgerechten Beschränkung der Übertragbarkeit auf

Familienmitglieder sowie einer zu kurzen Übertragungsfrist als gröblich benachteiligend einzustufen ist. Die Folge ist relative Nichtigkeit[28]).

Zu fragen ist schließlich, ob die Klausel und damit das Zessionsverbot als Ganzes wegfallen. Ob also jede Übertragung zulässig sein soll oder ob die Klausel in reduzierter, gesetzlich zulässiger Form (weiterhin) in Geltung bleiben soll. Eine solche geltungserhaltende Reduktion, also die „Kürzung" einer Klausel auf ein zulässiges Maß, ist – zumindest im Verbraucherbereich[29]) – nach der Rechtsprechung des EuGH[30]) sowie des OGH[31]) nicht zulässig[32]). Ins Treffen wird insbesondere geführt, dass nur so eine entsprechende Abschreckungswirkung erzielt wird, der AGB-Verwender also nur so von vorne herein angehalten wird, gesetzeskonforme AGB zu verwenden.

Die Übertragung der Karte auf F ist demnach wirksam.

---

[28]) *Graf* in *Kletečka/Schauer*, ABGB-ON[1.03] § 879 Rz 297.

[29]) *Graf* in *Kletečka/Schauer*, ABGB-ON[1.03] § 879 Rz 300.

[30]) EuGH 14. 6. 2012 C-618/10 (*Banco Español de Crédito*).

[31]) OGH 24. 1. 2013 2 Ob 22/12t ecolex 2015, 503 (*Holly*).

[32]) *Graf* in *Kletečka/Schauer*, ABGB-ON[1.03] § 879 Rz 300; *Kerschner* in *Kerschner* (Hrsg), Handbuch Vertragsgestaltung (2013) 34 f.

7. Fall

Das undichte Dachfenster (Hausarbeit)

Sachverhalt

E, Eigentümer eines unmittelbar an das Nachbargebäude des N angrenzenden Einfamilienhauses, hat mit Z, dem Inhaber eines Zimmereibetriebes, einen Vertrag über die Holzverkleidung eines Mansardenzimmers geschlossen. Während der Arbeiten klagt E dem G, einem der bei der Montage tätigen Mitarbeiter des Z, dass es durch den Mansardenausbau im übrigen Teil des Dachbodens sehr dunkel geworden sei. Daraufhin preist G dem E ein Dachfenster an, das bei seinem Chef auf Lager liege und als „Auslaufmodell" mit Euro 145,– besonders billig sei. Es müsse freilich bar bezahlt werden.

In Wahrheit handelt es sich um ein älteres Dachfenster, das bereits etwas brüchig und auf Grund der vom Herstellerwerk gewählten Konstruktion auch kaum so zu montieren ist, dass es wirklich dicht abschließt. Z hat dem G einmal erklärt, wenn er für das Fenster einen Abnehmer mit entsprechender Verwendungsmöglichkeit finde, bei der nichts passieren könne (Schuppen oä), bekomme G es zum halben Preis und könne es weiterverkaufen.

Da E mit dem Vorschlag des G einverstanden ist, bringt dieser das Fenster, das er sich im Betrieb unter Berufung auf die Absprache mit Z hat geben lassen, am nächsten Tag mit, montiert es nach Anweisung des E in unmittelbarer Nähe zum angrenzenden Nachbargebäude und nimmt den Kaufpreis von Euro 145,– in Empfang.

Im Betrieb liefert G davon den seinerzeit mit Z vereinbarten Betrag von Euro 110,– ohne weitere Erklärung bei der Buchhaltung ab, wo er ihm für das zum „Personalpreis" verrechnete Fenster gutgeschrieben wird.

Nach einer längeren Regenperiode treten sowohl in der Wohnung des E als auch im angrenzenden Nachbargebäude des N erhebliche Feuchtigkeitsschäden auf. Regenwasser ist durch das undichte Dachfenster eingedrungen.

E und N begehren Ersatz ihrer Feuchtigkeitsschäden von Z und G; außerdem will E, dass Z das Fenster repariert oder in eventu den Kaufpreis gegen Rückstellung des Fensters zurückgibt.

Mit Recht?

Erforderliche Kenntnisse: Stellvertretungsrecht; Grundzüge von Schadenersatz- und Bereicherungsrecht; dazu zB *Koziol – Welser/Kletečka,* Bürgerliches Recht I[14] Rz 621 ff; *Welser/Zöchling-Jud,* Bürgerliches Recht II[14] Rz 1324 ff, 1675 ff; *P. Bydlinski,* BR I AT[7] Rz 9/1 ff; *Apathy/Riedler,* BR III SchRBT[5] Rz 3/1 ff und Rz 15/1 ff.

Ziel: Grobstrukturen des Falllösungsschemas im Stellvertretungs- und Schadenersatzrecht; *Schwerpunkt:* Behandlung mehrpersonaler Rechtsverhältnisse.

I. Vorüberlegungen

1. Zum Sachverhalt

Der vorliegende Sachverhalt nennt eine Mehrzahl von beteiligten Personen (E, Z, N, G). Daher ist es wieder hilfreich, eine Skizze anzufertigen, um einen Überblick zu gewinnen. Sie verhindert vor allem, dass man Personen miteinander verwechselt.

Dabei ist es auch denkbar, die nachbarlichen Gegebenheiten aufzuzeichnen, um den Sachverhalt besser zu erfassen. Da eine größere Zahl von Ansprüchen (sechs!) zu prüfen sein wird, sollten diese nicht schon in der Skizze angedeutet werden, um die Übersichtlichkeit nicht zu stören.

Sinnvoll wird es bei mehrpersonalen Beziehungen meist sein, **ein** Rechtsverhältnis als Ausgangspunkt zu wählen. Dabei sollte man diejenige Beziehung wählen, die die meisten Vorfragen für die Übrigen enthält. **Hier** bietet sich die Beziehung zwischen E und Z an, die man schon auf den ersten Blick als möglicherweise vertragliche erkennt.

Die gewählten Personenbezeichnungen lassen oft – wie auch hier – Rückschlüsse auf rechtliche und/oder faktische Verhältnisse der betreffenden Person zu. So steht hier

Z für den Zimmereiunternehmer
N für den Nachbarn
G für den Mitarbeiter (Gehilfen?)
E für den Eigentümer

Wie immer (siehe 2. Fall, oben S 12) ist vor Veränderungen des Sachverhalts zu warnen. Eine unzulässige Sachverhaltsverdrehung wäre es hier, wenn man unterstellen würde, E wüsste von der internen Vereinbarung zwischen Z und G. Nur auf der Basis, dass E davon keine Kenntnis hat, kann man den Vorgang zwischen E, Z und G richtig einordnen.

2. Zur Frage

Wäre nach der Rechtslage gefragt, müsste vermutlich wegen der Zahl der Personen eine Fülle von Ansprüchen überprüft werden. Die Fallverfasser haben die Aufgabe daher beschränkt.

Zunächst sind Ersatzansprüche des E und des N wegen der Feuchtigkeitsschäden jeweils gegen Z und G zu untersuchen. Das ergibt schon vier Begehren.

1. Schadenersatz E von G
2. Schadenersatz E von Z
3. Schadenersatz N von G
4. Schadenersatz N von Z

Darüber hinaus will E primär Reparatur des Dachfensters, in eventu (also dann, wenn er mit seinem ersten Begehren nicht durchdringt) Rückzahlung des Kaufpreises. Beide Ansprüche richtet E gegen Z. Daher sind als weitere Ansprüche zu untersuchen:

5. Reparatur des Dachfensters E von Z
6. Eventualbegehren: Rückgabe des Kaufpreises gegen Rückgabe des Dachfensters E von Z

Wer – wie es immer wieder vorkommt – über die Fragestellung hinaus weitere denkbare Ansprüche (wie etwa Regressansprüche des Z gegen G bzw umgekehrt; Rückgabe des Kaufpreises E von G; Ansprüche gegen den Produzenten des Dachfensters oä) prüft, mag dabei mit seinen juristischen Kenntnissen glänzen, wird deswegen aber nicht besser bewertet werden. Er verschwendet also uU kostbare Zeit. Diese Anleitung, sich auf die Fragestellung zu beschränken, verfolgt aber zugleich ein für die künftige Praxis durchaus wichtiges Ziel: Auch der Richter darf nur das zusprechen, was der Kläger begehrt hat; vgl § 405 ZPO.

3. Anspruchsgrundlagen; Besonderheiten bei mehrpersonalen Beziehungen; Prüfungsschema

a) Besonderheiten bei mehrpersonalen Beziehungen

Rechtsbeziehungen verkomplizieren sich idR wesentlich, wenn dritte, vierte oder gar noch mehr Personen beteiligt sind[1]). Dabei nimmt nicht nur die Anzahl der möglichen Ansprüche zu. Diese können vielmehr miteinander konkurrieren, einander aber auch ausschließen[2]). Insbesondere Anfänger ziehen mögliche Anspruchsgrundlagen (aber auch Einwendungsnormen ua) gar nicht in Betracht, weil der (unmittelbare) Anspruchsgegner evidentermaßen jedenfalls selbst die Tatbestandsmerkmale nicht erfüllt. Das Gesetz rechnet aber vielfach Verhalten, Kenntnisse und andere rechtlich bedeutsame Umstände der einen Person einer anderen zu. Untechnisch, aber anschaulich ausgedrückt: Das Handeln des einen (Gehilfe; Vertreter) gilt (auch) als Handeln des anderen (Geschäftsführer).

---

[1]) Vgl schon oben zu den sich daraus ergebenden möglichen Ansprüchen S 30 f.
[2]) Zum Verhältnis der Ansprüche gegenüber mehreren Personen vgl unten bb).

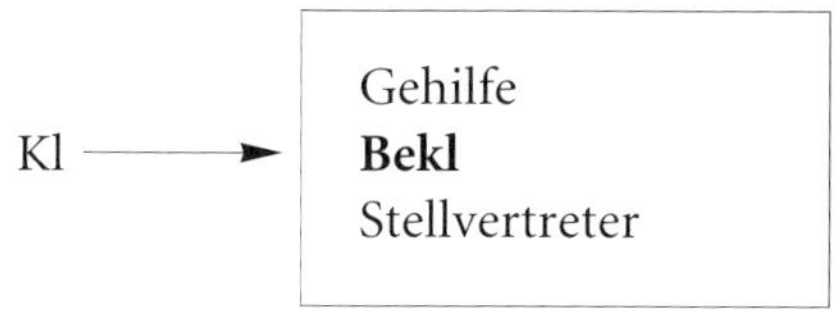

aa) Zurechnung dritter Personen

Ob jemand für das Verhalten einer anderen Person einzustehen hat, wird idR vom Gesetzgeber besonders angeordnet. Das schadenersatzrechtliche Prinzip des § 1313 (lesen!) beispielsweise ist vielfach durchbrochen. Auch in anderen Rechtsgebieten finden sich Regeln über die Zurechnung „Dritter". Dass man allgemein von der Zurechnung **dritter** Personen spricht, ist darin begründet, dass es hinsichtlich eines bestimmten Anspruchs ja um die Beziehung von nur zwei Personen geht (Kläger/Beklagter).

Dritte werden vor allem im **Schadenersatzrecht** häufig als **Gehilfen** einer Person zugerechnet; vgl §§ 1313 a, 1315. Ähnliche Phänomene finden sich aber auch im rechtsgeschäftlichen Bereich: Jemand wird vertraglich berechtigt oder verpflichtet, obwohl er selbst mit dem Vertragspartner gar nicht verhandelt hat. Die Erklärungen des **Stellvertreters** binden den Geschäftsherrn. Im Recht der Willensmängel können Fragen der Zurechnung Dritter (vgl § 875) ebenso auftreten wie im Bereicherungsrecht (zB Dritter als bloße Zahlstelle: A nimmt für B eine Leistung entgegen[3])) und Sachenrecht (zB Besitzmittler; Besitzdiener[4])).

Für den Anfänger (und oft wohl nicht nur für diesen) ist es nicht nur schwierig, solche Zurechnungsmöglichkeiten überhaupt zu erkennen, sondern auch die verschiedenen, nämlich auf verschiedene Rechtsbeziehungen zugeschnittenen Zurechnungsnormen korrekt anzuwenden. Diese unterscheiden sich nämlich vielfach gravierend in den Tatbestandsvoraussetzungen. Immer wieder werden etwa die Gehilfenhaftungsregeln des Schadenersatzrechts unbesehen auch in anderen Sachgebieten angewendet[5]).

Umgekehrt wird manchmal von der Zurechenbarkeit im rechtsgeschäftlichen Bereich (etwa der eines Stellvertreters) zu voreilig auf eine solche im Schadenersatzzusammenhang geschlossen. So ist zB keinesfalls jeder Stellvertreter auch Erfüllungsgehilfe. Dass manches sehr oft parallel läuft, darf über die Unterschiede nicht hinwegtäuschen, kann also die Prüfung der Tatbestandsmerkmale bei der einzelnen Zurechnungsfrage nicht ersparen.

---

[3]) Vgl dazu *Apathy/Riedler*, BR III SchRBT[5] Rz 15/41.

[4]) Vgl dazu *Iro*, BR IV SachenR[6] Rz 2/47.

[5]) Eine **analoge** Anwendung einzelner Zurechnungsregeln oder die Gewinnung eines allgemeinen Prinzips für **ungeregelte** Zurechnungsfragen aus einer Mehrheit solcher Normen ist natürlich nicht ausgeschlossen; vgl etwa *Iro*, Zurechnung von Gehilfen im Recht der Willensmängel, JBl 1982, 470 ff und 510 ff.

Im **konkreten Fall** stellen sich in mehreren Zusammenhängen solche Zurechnungsfragen: Da man ohne großes Nachdenken erkennen wird, dass zweifelhaft ist, wer bezüglich des Dachfensters Vertragspartner des E wurde, hat man zunächst zu prüfen, ob die Erklärungen des G bezüglich des Dachfensters mit Wirkung für den Z abgegeben worden sind (Stellvertretung). Weiters ist eine schadenersatzrechtliche Zurechnung des G an Z möglich. Schließlich bleibt zu fragen, ob die Entgegennahme des Kaufpreises durch G auch zu Lasten des Z wirkt.

Unten zu b) werden die wichtigsten Zurechnungsvoraussetzungen für den Bereich der Stellvertretung und der Gehilfenhaftung schematisch dargestellt.

bb) Verhältnis mehrerer Ansprüche zueinander

Folgende Situationen sind denkbar:

I. Bei Bejahung eines Anspruchs gegen A entfällt der Anspruch gegen B[6]). Danach hat sich daher auch die Reihenfolge der Prüfung zu richten. Ein Schadenersatzanspruch gegen B kann ausgeschlossen sein, wenn gegen A ein Eigentumsherausgabe- oder Bereicherungsanspruch besteht.

II. **Kumulative Konkurrenz:** Mehrere Ansprüche führen zu verschiedenen wirtschaftlichen oder rechtlichen Ergebnissen und können daher nebeneinander bestehen.
Beispiel im konkreten Fall:
E verlangt von Z Reparatur des Dachfensters, von G (und/oder Z) Ersatz der Feuchtigkeitsschäden.

III. **Alternative Konkurrenz:** Ein Anspruch kann gegen mehrere Personen geltend gemacht, aber nur einmal durchgesetzt werden. Die Anspruchsgegner haften **solidarisch.** Dabei ist es möglich, dass die Haftung dem gleichen Rechtsgrund entstammt (zB Schadenersatz gemäß § 1302; vertragliche Solidarhaftung; siehe § 891) oder verschiedene Grundlagen aufweist; zB Leistungskondiktion gegen A, Verwendungsanspruch gegen B; Wahlrecht zwischen Anspruch nach § 1042 und Leistungskondiktion[7]).

Hat ein Beteiligter geleistet, sind – soweit gefragt – auch Regressansprüche zu untersuchen; mögliche Anspruchsgrundlagen: § 896; § 1358; § 1313; §§ 3 f DHG ua.

Im **konkreten** Fall könnten etwa folgende Konkurrenzverhältnisse gegeben sein:

Im Verhältnis zwischen **E und Z** würde ein gültiger, durch G als Vertreter des Z geschlossener Kaufvertrag über das Dachfenster, soweit man ihn nicht

---

[6]) Dazu schon oben S 62 ff.

[7]) Vgl dazu *Rummel* in *Rummel*[3], § 1431 Rz 7; *Auckenthaler,* Irrtümliche Zahlung fremder Schulden (1980) passim.

rückgängig machen könnte, Rückforderungsansprüche bezüglich des Kaufpreises, aber auch umgekehrt bezüglich des Dachfensters ausschließen. Gegenüber G kämen dann natürlich auch keine Schadenersatzansprüche wegen Vertretung ohne Vertretungsmacht in Betracht. Läge hingegen ein Kaufvertrag zwischen **E und G** vor, wäre dadurch ein Anspruch auf Rückzahlung des Gezahlten gegen den Z (zumindest nach hA) ausgeschlossen.

Solidarisch könnten Z und G dem E auf Schadenersatz haften. Auch allfällige Bereicherungsansprüche des E gegen den Z und den G könnten möglicherweise miteinander konkurrieren[8]). Aus wohlerwogenen Gründen ist hier aber nur nach Rückabwicklungsansprüchen gegen Z gefragt. Das schwierige und dementsprechend umstrittene Konkurrenzproblem bezüglich mehrerer Bereicherungsansprüche gegen verschiedene Personen stellt sich wegen dieser eingeschränkten Fragestellung nicht.

b) Prüfungsschema für Schadenersatz- und Stellvertretungsfälle

Voraussetzungen wirksamer Stellvertretung

Zurechnung im rechtsgeschäftlichen Bereich erfolgt nach **Stellvertretungsregeln;** vgl §§ 1002 ff. Lesen Sie zur Einführung zB *Koziol – Welser/Kletečka,* Bürgerliches Recht I^{14} Rz 626 ff; *P. Bydlinski,* BR I AT^{7} Rz 9/1 ff.

Folgende Prüfungsreihenfolge wird idR empfehlenswert sein:

I. **Offenlegung:** Handeln im Namen des Geschäftsherrn; durch Auslegung zu ermitteln; im Zweifel Eigengeschäft des Handelnden; Verzicht auf Offenlegung bei Geschäften „für den, den es angeht“[9]);
II. (mindestens) beschränkte **Geschäftsfähigkeit** des Stellvertreters (nur bei gegenteiligen Anhaltspunkten im Sachverhalt zu prüfen);
III. (ausreichende) **Vertretungsmacht** des Handelnden durch
- Gesetz (zB Eltern)
- Richterspruch (zB Kurator oder Sachwalter)
- Bestellung (zB Organe einer juristischen Person)
- rechtsgeschäftliche Bevollmächtigung

  /   \
  ausdrücklich   konkludent
- **bei fehlender tatsächlicher Bevollmächtigung** allenfalls Anscheins- oder Duldungsvollmacht bei Vertrauen des Dritten auf Willens- oder Wissenserklärung des „Vertretenen“ oder gesetzliche Vollmachtsvermutungen (§§ 1029 ff).

---

8) Vgl allgemein *Rummel* in *Rummel*^{3}, Vor § 1431 Rz 8 ff; *Lurger* in *Kletečka/Schauer,* ABGB-ON Vor §§ 1431 – 1437 Rz 5 ff.

9) Dazu etwa *Koziol – Welser/Kletečka,* Bürgerliches Recht I^{14} Rz 686; *P. Bydlinski,* BR I AT^{7} Rz 9/58.

– Fehlende Vertretungsmacht kann durch (nachträgliche) **Genehmigung** oder **Vorteilszuwendung** des Geschäftsherrn ersetzt werden (§ 1016).

Bei unwirksamer Stellvertretung sind – soweit gefragt – Ansprüche des Dritten gegen den Scheinvertreter (Schadenersatz) zu untersuchen. Nach Leistungsaustausch bestehen Rückforderungsansprüche (ungerechtfertigte Bereicherung).

Grundstruktur des Fallprüfungsschemas im Schadenersatzrecht[10])

I. Schaden
II. Rechtswidrigkeit und Rechtswidrigkeitszusammenhang
III. Kausalität des rechtswidrigen Verhaltens
IV. Verschulden

Die **schadenersatzrechtliche Zurechnung des Verhaltens Dritter** regeln vor allem §§ 1313 a, 1315 (Gehilfenhaftung). Liegt zwischen Geschädigtem und Geschäftsherrn eine Sonderverbindung (insbesondere ein Vertragsverhältnis) vor, ist grundsätzlich jedes Gehilfenverschulden bei der Erfüllung der daraus entstandenen Pflichten dem Geschäftsherrn gemäß § 1313 a zurechenbar. Im (rein) deliktischen Bereich, bei dem der Geschäftsherr und der Geschädigte also vor der Schädigung in keiner besonderen Rechtsbeziehung zueinander standen, tritt Haftung des Geschäftsherrn nach § 1315 nur bei „Gefährlichkeit" des Gehilfen (und diesbezüglicher Kenntnis des Geschäftsherrn) oder bei habitueller „Untüchtigkeit" des Gehilfen ein.

c) Anspruchs- und Zurechnungsnormen im konkreten Fall

1.–4. Begehren: §§ 1293 ff (im Verhältnis E–G allenfalls auch § 874)

2. und 4. Begehren: § 1313 a, § 1315

5. Begehren: Gewährleistung gemäß § 932 (Verbesserung); Vertrag zwischen E und Z vorausgesetzt; G als Stellvertreter; §§ 1002 ff

6. Begehren: Leistungskondiktion gemäß § 1431 oder Verwendungsanspruch gemäß § 1041

---

[10]) Wegen des Umfangs der Materie ist es ausgeschlossen, hier ein detailliertes Prüfungsschema für schwierige Fälle zum Schadenersatz vorzulegen. Für Einzelheiten ist daher auf *Kerschner/P. Bydlinski*, Bürgerliches Recht für Fortgeschrittene – Fälle und Lösungen[6] (2015) 179 ff zu verweisen. Dort auch Näheres zu der verbreiteten (und zweifellos vertretbaren) Methode, nach dem Schaden zunächst die Ursächlichkeit der (potenziell rechtswidrigen) Handlung oder Unterlassung und erst dann Rechtswidrigkeit und Rechtswidrigkeitszusammenhang zu prüfen.

d) Reihenfolge der Anspruchsprüfung

Entgegen der Reihenfolge in der Frage wird – weil man damit Vorfragen für alle übrigen Ansprüche klärt – zunächst der **vertragliche** Anspruch zu prüfen sein[11]). Das Eventualbegehren wird anschließen.

Bei den Schadenersatzansprüchen prüft man oft, so auch hier, den Anspruch gegen den Gehilfen vorrangig, um damit die „Grundlage“ für die Haftung des Geschäftsherrn zu schaffen.

4. Erkennen der Fallprobleme

Als Fallprobleme, die einer näheren Erörterung bedürfen, kommen vor allem in Betracht:

- Offenlegung der Vertretung durch G
- Anscheinsvollmacht des G
- Vorteilszuwendung durch Z
- Leistungsempfänger bei unwirksamer Stellvertretung
- Schädigung des E durch G bei oder gelegentlich der Erfüllung des Werkvertrages

Didaktischer Schwerpunkt **dieses** Falles ist die Behandlung mehrpersonaler Rechtsverhältnisse und nicht – wie im 6. Fall – die Auswertung einschlägiger Judikatur und Lehre. Wir haben in der folgenden Lösung (Gutachten) daher die eine oder andere (umstrittene) Frage in Hinblick auf Rspr und Literatur bewusst nicht so vertieft behandelt, wie es in einer Hausarbeit eigentlich der Fall sein sollte, zumal eine derartige Vertiefung allenfalls in einer Fortgeschrittenenübung erwartet werden könnte. Damit wird es einerseits auch dem Anfänger möglich sein, den Überblick zu bewahren; andererseits soll auf diese Weise ein Ausufern des Gutachtens vermieden werden. Auch die Nachweise in den Fußnoten sind dementsprechend knapp gehalten.

II. Literaturverzeichnis

F. Bydlinski, Vertragliche Sorgfaltspflichten zugunsten Dritter, JBl 1960, 359ff.

ders, Mißbräuchliche Verfügungen über Bankkonten und Verwendungsansprüche des Kontoberechtigten, QuHGZ 1981, H 3, 51 ff.

Kletečka/Schauer (Hrsg), ABGB-ON (ab 2010).

Kerschner/P. Bydlinski, Bürgerliches Recht für Fortgeschrittene – Fälle und Lösungen[6] (2015).

Kletečka/Schauer (Hrsg), ABGB-ON (ab 2010).

Koziol – Welser/Kletečka, Bürgerliches Recht I[14] (2014).

Koziol, Österreichisches Haftpflichtrecht[2] II (1984).

---

[11]) Vgl dazu oben S 63ff.

Rummel (Hrsg), Kommentar zum ABGB, I³ (2000) und II³ (2004).
Rummel/Lukas (Hrsg), Kommentar zum ABGB⁴ (AB 2014)
Schmaranzer, Der Vertrag mit Schutzwirkung zugunsten Dritter (2006).
Schwimann/Kodek (Hrsg), Praxiskommentar zum ABGB⁴ V (2014).
Welser, Vertretung ohne Vollmacht (1970).
ders, Drei Fragen des Stellvertretungsrechts, JBl 1972, 337 ff.
ders, Äußerer Tatbestand, Duldung und Anschein im Vollmachtsrecht, JBl 1979, 1 ff.

III. Gliederung

A. Anspruch des E gegen Z auf Reparatur des Dachfensters
   1. Anspruchsgrundlage
   2. G als Stellvertreter
      a) Offenlegung
      b) Vollmacht
   3. Vorteilszuwendung iSd § 1016

B. Anspruch des E gegen Z auf Rückzahlung des Kaufpreises
   1. Leistungskondiktion (§ 1431)
   2. Verwendungsanspruch (§ 1041)

C. Schadenersatzansprüche des E
   1. Anspruch des E gegen G auf Ersatz der Feuchtigkeitsschäden
   2. Anspruch des E gegen Z auf Ersatz der Feuchtigkeitsschäden

D. Schadenersatzansprüche des N
   1. Anspruch des N gegen G auf Ersatz der Feuchtigkeitsschäden
   2. Anspruch des N gegen Z auf Ersatz der Feuchtigkeitsschäden

IV. Gutachten

A. Anspruch des E gegen Z auf Reparatur des Dachfensters

1. Anspruchsgrundlage

Dem E könnte gegen Z ein Gewährleistungsanspruch auf Verbesserung des mangelhaften Dachfensters gemäß § 932 Abs 2 zustehen. Das setzt einen wirksamen Vertrag zwischen E und Z voraus; zusätzlich müsste die Leistung einen behebbaren Mangel aufweisen.

2. G als Stellvertreter

Da nicht Z selbst, sondern G mit E verhandelt hat, müsste G für E den Vertrag als Stellvertreter abgeschlossen haben. Nicht völlig eindeutig ist, ob G das Dachfenster dem E im eigenen Namen oder im Namen des Z verkauft hat. Im Zweifel liegt ein Eigengeschäft des Handelnden vor[1]).

---

[1]) Vgl zB *Koziol – Welser/Kletečka*, Bürgerliches Recht I¹⁴ Rz 627.

Ausdrücklich hat G eine Vertretung für Z jedenfalls nicht offen gelegt. Aus mehreren Umständen durfte E aber schließen, dass G mit Wirkung für seinen Dienstgeber rechtsgeschäftlich tätig werden wollte. G fertigt die Holzverkleidung des Mansardenzimmers für seinen Chef an; er berichtet dem E von einem Dachfenster, „das bei seinem Chef auf Lager liege und als ‚Auslaufmodell' mit Euro 145,– besonders billig sei". Von der internen Vereinbarung zwischen Z und G konnte E nichts wissen. Da die Montage eines Dachfensters nicht von vornherein vereinbart war, erscheint es – auch wegen des Sonderpreises – nicht als unüblich, dass diese Leistung getrennt und sofort bezahlt werden sollte. Auch die Tatsache, dass G das Fenster in seiner Dienstzeit, also offenbar auf Rechnung des Z montieren wollte, lässt den Verkauf selbst als Geschäft des Z erscheinen. Berücksichtigt man sämtliche Umstände, so durfte E davon ausgehen, dass G für seinen Dienstgeber, also in dessen Namen handle.

Es ist daher zu prüfen, ob G insoweit auch Vertretungsmacht hatte. Ausdrücklich bevollmächtigt hat Z den G zum Verkauf des Dachfensters nicht. Im Gegenteil war vereinbart worden, dass G das Fenster (gemeint offenkundig: auf eigene Rechnung und im eigenen Namen) „weiterverkaufen" könne. Auch die Voraussetzungen einer Verwaltervollmacht gemäß § 1029 oder einer Ladenvollmacht gemäß § 1030 oder § 56 UGB liegen nicht vor.

Zu prüfen ist, ob E allenfalls auf den Schein einer Vollmacht vertrauen durfte, also auf Umstände, die den Schluss zulassen, dass Z dem G aktuell Vollmacht erteile bzw früher schon erteilt habe[2]).

Allein auf Grund der Umstände, die für ein Handeln des G im Namen des Z ins Treffen geführt worden sind, darf noch nicht auf eine Anscheinsvollmacht geschlossen werden. Es genügt also nicht, dass der „Vertreter" dem Partner gegenüber so auftritt, als habe er Vertretungsmacht. Vielmehr ist zusätzlich erforderlich, dass der Geschäftsherr ein Verhalten gesetzt hat, das ihm zurechenbar ist und das beim Dritten den Eindruck der Bevollmächtigung erweckt. Für diese Zurechnung reicht nicht aus, dass das Verhalten des Geschäftsherrn für den Anschein bloß ursächlich war; vielmehr muss man ihm vorhalten können, dass er sich im rechtsgeschäftlichen Verkehr insofern nachlässig verhalten habe[3]).

Z hat zwar den G zwecks Erfüllung des Werkvertrages zu E geschickt, doch kann daraus allein noch kein Schluss auf Verkaufsvollmachten des G gezogen werden, die über den Rahmen des mit Z vereinbarten Geschäfts deutlich hinausgehen. G ist von Z bloß als ein Monteur unter mehreren und nicht

---

[2]) Zur Anscheins- bzw Duldungsvollmacht vgl *Welser*, Äußerer Tatbestand, Duldung und Anschein im Vollmachtsrecht, JBl 1979, 1 ff; vgl auch *P. Bydlinski*, BR I AT^{7} Rz 9/25 ff.

[3]) *Strasser* in *Rummel*^{3}, § 1002 Rz 49; ähnlich *Perner* in *Kletečka/Schauer*, ABGB-ON § 1029 Rz 9.

irgendwie kaufmännisch eingesetzt. Dass Z dem G selbst das Fenster zum Kauf angeboten hat, ist zwar eine Ursache für den später von G erweckten Anschein, aber dem Z nicht als sorgfaltswidrig anzulasten, weil er laut Sachverhalt dem G nur einen Weiterverkauf im eigenen Namen erlaubt hat und mit einem weisungswidrigen Handeln des G nicht rechnen musste.

Da sich das Vertrauen des E somit nicht auf ein sorgfaltswidriges Verhalten des Z gründen konnte, das den Schluss auf eine Bevollmächtigung des G zuließ, ist durch das vollmachtslose Handeln des G kein wirksamer Kaufvertrag zwischen E und Z zustande gekommen.

3. Vorteilszuwendung iSd § 1016

Eine nachträgliche „Heilung" der unwirksamen Stellvertretung durch G könnte dadurch erfolgt sein, dass Z jedenfalls einen Teil des von E bezahlten Kaufpreises entgegengenommen hat. Darin könnte eine „Vorteilszuwendung" iSd § 1016, 2. Alternative zu sehen sein. Der Geldbetrag wurde aber von der Buchhaltung des Z als Leistung des G entgegengenommen. Von dem Geschäft mit E hatten Z bzw die ihm zurechenbaren Personen keine Kenntnis. Eine Heilung gemäß § 1016 setzt als bloße Willensbetätigung aber das Bewusstsein voraus, sich die Vorteile aus einem mangels Vollmacht unwirksamen Geschäft zuzuwenden[4]).

B. Anspruch des E gegen den Z auf Rückzahlung des Kaufpreises

1. Leistungskondiktion (§ 1431)

Da ein Verbesserungsanspruch des E gegen Z nicht besteht, ist das Eventualbegehren auf Rückzahlung des Kaufpreises zu prüfen. Dem E stünde gegenüber dem Z eine Leistungskondiktion gemäß § 1431 in der Höhe von Euro 145,– zu, wenn E diesen Betrag irrtümlich und rechtsgrundlos an Z geleistet hätte.

Tatsächlicher Empfänger der Geldsumme war G, der nur einen Teil, nämlich den „Personalpreis" von Euro 110,– an Z weitergegeben hat. Z (bzw seine für ihn tätige und ihm als Vertreter gemäß § 1029 unmittelbar zuzurechnende „Buchhaltung") hat diesen Betrag aus seiner Sicht als Leistung des G, nämlich als Erfüllung eines Kaufvertrages zwischen Z und G, entgegengenommen. E wollte hingegen an Z leisten, weil er glaubte, mit Z einen Vertrag über das Fenster zu haben. Es ist daher fraglich, wer an wen im Sinne des § 1431 geleistet hat. Im Allgemeinen soll es für diese Frage auf die Sicht des Leistungsempfängers ankommen[5]). Da Z den Betrag als Leistung des G entgegengenommen hat,

---

[4]) *Welser,* Drei Fragen des Stellvertretungsrechts, JBl 1972, 338 ff; *Strasser* in *Rummel*[3], §§ 1016f Rz 14; *Apathy* in *Schwimann/Kodek*[3], § 1016 Rz 6; *Perner* in *Kletečka/Schauer,* ABGB-ON § 1017 Rz 4; OGH RdW 1989, 360; EvBl 2006/64.

[5]) Vgl *Rummel* in *Rummel*[3], Vor § 1431 Rz 12.

würde danach eine Leistungskondiktion des E gegen Z ausscheiden. Eine Ausnahme soll dann gelten, wenn der Scheinvertreter (G) die Leistung in fremdem Namen in Empfang genommen hat und wenigstens zu dieser Empfangnahme vom Geschäftsherrn (Z) bevollmächtigt war[6]). Dass G von Z zum Inkasso irgendwelcher Geldbeträge im Allgemeinen oder für das konkrete Geschäft im Besonderen bevollmächtigt war, kann dem Sachverhalt nicht entnommen werden. Auch seine Eigenschaft als bloßer Monteur begründet keinen entsprechenden Anschein. Daher scheidet eine Leistungskondiktion gegen Z aus.

2. Verwendungsanspruch (§ 1041)

Denkbar wäre noch, dass dem E gegen Z ein Verwendungsanspruch gemäß § 1041 bezüglich der von G an Z weitergeleiteten Summe von Euro 110,– zusteht. Z müsste also Eigentum des E zum eigenen Nutzen ungerechtfertigt verwendet haben; etwa indem er das noch dem E gehörige Geld mit dem seinen vermengt hätte (§ 371). Das würde zunächst voraussetzen, dass G diesen Teil des Kaufpreises an Z abgeführt hat, ohne selbst vorher Eigentümer des Geldes zu werden, was möglicherweise zutrifft. Z nahm dieses Geld jedoch auf seinen Kaufvertrag mit G entgegen und erwarb daher jedenfalls – weil redlich – Eigentum gemäß § 371. Damit ist ein Verwendungsanspruch gegen ihn ausgeschlossen[7]).

C. Schadenersatzansprüche des E

1. Anspruch auf Ersatz der Feuchtigkeitsschäden gegen G

Dem E sind in seinem Haus Feuchtigkeitsschäden in nicht näher genanntem Ausmaß entstanden. G hat diese Schäden dadurch verursacht, dass er dem E ein mangelhaftes Dachfenster angeboten und montiert hat. Dabei war für G nach dem Sachverhalt vorhersehbar, dass durch eindringendes Regenwasser das Eigentum des E beeinträchtigt werden könnte. G hat daher objektiv sorgfaltswidrig gegenüber dem Eigentum, also einem absolut geschützten Rechtsgut des E gehandelt. Eine Entlastung (§ 1297), dass dem G auf Grund persönlicher Fähigkeiten die Einhaltung der objektiv gebotenen Sorgfalt nicht möglich war, scheidet schon deshalb aus, weil G als Handwerker gemäß § 1299 verantwortlich ist. Beim „Sachverständigen" wird die subjektive Vorwerfbarkeit – was Kenntnisse und Fähigkeiten angeht – unwiderleglich vermutet[8]). G ist daher dem E wegen schuldhafter Eigentumsverletzung zum Ersatz der Feuchtigkeitsschäden verpflichtet.

---

[6]) *Lurger* in *Kletečka/Schauer,* ABGB-ON Vor §§ 1431 – 1437 Rz 6.

[7]) Vgl *F. Bydlinski,* QuHGZ 1981 (H 3) 51; *Rummel* in *Rummel*[3], § 1041 Rz 4; *Apathy* in *Schwimann/Kodek*[4], § 1041 Rz 16; *Lurger* in *Kletečka/Schauer,* ABGB-ON § 1041 Rz 12; OGH SZ 61/158 = ÖBA 1989, 428 mit Anm *Kerschner.*

[8]) Vgl *Reischauer* in *Rummel*[3], § 1299 Rz 5; *Schacherreiter* in *Kletečka/Schauer,* ABGB-ON § 1299 Rz 3.

E könnte seinen Schadenersatzanspruch auch auf § 874 stützen. Obwohl G wusste, dass das Fenster für die Verwendung bei E ungeeignet war, hat er es im Namen des Z angeboten und dabei schlüssig Tauglichkeit vorgetäuscht. G hat dadurch zwar (mangels Vollmacht, siehe oben) keinen Vertrag „bewirkt". Allein deshalb kann aber die Rechtsposition des E gegenüber dem täuschenden G nicht schwächer sein als bei gültigem, aber später angefochtenem Vertrag. G haftet dem E daher auch in – mindestens analoger – Anwendung des § 874.

Als weitere Anspruchsgrundlage kommt auch § 1019 in Betracht. Der nicht ausreichend vertretungsbefugte Gewalthaber hat demnach den Vertrauensschaden zu ersetzen. Die Haftung ist der Höhe nach ausdrücklich auf das Erfüllungsinteresse begrenzt. Hätte E nicht auf die Vertretungsmacht des G vertraut, hätte er wohl den Vertrag nicht abgeschlossen und in der Folge auch nicht den Feuchtigkeitsschaden erlitten.

2. Anspruch auf Ersatz der Feuchtigkeitsschäden gegen Z

Ein Eigenverschulden des Z ist nicht erkennbar. Dass Z dem G die Möglichkeit eröffnet hat, ein mangelhaftes Dachfenster zu kaufen und weiterzuverkaufen, bedeutet noch keine objektive Sorgfaltswidrigkeit gegenüber jedem potenziellen Käufer des Dachfensters. Z hat seiner allgemeinen deliktischen Sorgfaltspflicht dadurch entsprochen, dass er den G auf die bloß eingeschränkte Verwendungsmöglichkeit des Dachfensters hingewiesen hat.

Zu prüfen bleibt, ob Z für das Verschulden seines Gehilfen G gemäß § 1313 a einzustehen hat. Z hat sich des G zur Erfüllung des Werkvertrages über die Errichtung einer Holzverkleidung bedient. Insofern ist G sicherlich Erfüllungsgehilfe des Z. Anders als bei der Frage, ob G für Z einen zusätzlichen Vertrag über das Dachfenster abgeschlossen hat, ist hier also der Werkvertrag zwischen Z und E über die Holzverkleidung im Mansardenzimmer Ansatz und Grundlage einer möglichen Haftung des Z.

Fraglich ist allerdings, ob die Schädigung durch den Fenstereinbau, der ja selbst nicht zur Vertragserfüllung gehört, **bei** oder nur **gelegentlich** der Erfüllung des Vertrages über die Holzverkleidung erfolgte. Nach § 1313 a wird nur für Personen gehaftet, die bei Erfüllung des Vertrages schädigen. Zur Abgrenzung von Schädigungen, die mit der Vertragserfüllung nichts zu tun haben, sondern nur „gelegentlich" bzw „anlässlich" der Erfüllung vorfallen, wird mit *Reischauer*[9]) ein sachlicher Zusammenhang der schädigenden Handlung mit der Interessenverfolgung des Geschäftsherrn zu fordern sein. Da die Dunkelheit des Dachbodens durch den Mansardenausbau bedingt ist, ist ein insofern ausreichender Konnex zu bejahen: Dass bei der Holzverkleidung eines Mansardenzimmers an den sachverständigen Zimmermann die Frage nach einem (zusätz-

[9]) In *Rummel*[3], § 1313 a Rz 2; vgl auch *Koziol*, Haftpflichtrecht[2], II 343 ff und *Kerschner/P. Bydlinski*, Bürgerliches Recht für Fortgeschrittene – Fälle und Lösungen[6] 189.

lichen) Dachfenster herangetragen wird, ist keineswegs ausgeschlossen, ja im Gegenteil durchaus nahe liegend. Zumindest die entsprechende Beratungstätigkeit wird noch zum vertraglichen Pflichtenkreis des Geschäftsherrn Z im Rahmen des Werkvertrages gehören. Das den E schädigende Verhalten des G ist daher dem Z gemäß § 1313 a zurechenbar, sodass auch dieser dem E zum Ersatz der Feuchtigkeitsschäden verpflichtet ist.

D. Schadenersatzansprüche des N

1. Anspruch auf Ersatz der Feuchtigkeitsschäden gegen G

Auch N, der Nachbar des E, ist durch die Feuchtigkeitsschäden an seinem Eigentum beeinträchtigt worden. G hat auch gegenüber N rechtswidrig gehandelt, weil für einen Sachverständigen wie G erkennbar sein musste, dass durch den Einbau eines mangelhaften Dachfensters in unmittelbarer Nähe des Nachbargebäudes auch dieses gefährdet ist. Subjektive Entlastungsgründe sind wiederum nicht erkennbar.

G hat daher dem N die Feuchtigkeitsschäden in seinem Haus zu ersetzen.

2. Anspruch auf Ersatz der Feuchtigkeitsschäden gegen Z

Wie gegenüber E ist auch gegenüber N kein eigenes sorgfaltswidriges Verhalten des Z zu erkennen. Zu prüfen ist daher, ob Z für das Verschulden seines Gehilfen G auch im Verhältnis zu N einzustehen hat. Eine unmittelbare vertragliche Beziehung zwischen Z und N besteht nicht. Denkbar wäre allenfalls, dass der Werkvertrag zwischen Z und E ein Vertrag mit Schutzwirkung zu Gunsten des N ist. Obwohl die Rspr in ähnlichen Fällen[10]) zur Annahme eines Vertrages mit Schutzwirkung zu Gunsten Dritter neigt, wird hier ein solcher jedenfalls zu verneinen sein. Selbst wenn man annimmt, dass der E seinem Nachbarn N zu besonderer Sorgfalt verpflichtet ist, scheint es rein fiktiv zu behaupten, dass nach dem tatsächlichen oder hypothetischen Parteiwillen von Z und E der N gerade im Zusammenhang des Werkvertrags mitgeschützt sein soll[11]). Mangels Sonderverbindlichkeit zwischen N und Z hat Z für G daher nur gemäß § 1315 einzustehen. Diese Besorgungsgehilfenhaftung setzt Untüchtigkeit oder Gefährlichkeit des Gehilfen voraus. Dafür fehlen aber im Sachverhalt jegliche Anhaltspunkte. Somit scheidet eine Besorgungsgehilfenhaftung des Z gemäß § 1315 ebenfalls aus.

Z ist dem N nicht zum Ersatz seiner Feuchtigkeitsschäden verpflichtet.

---

[10]) Vgl OGH SZ 50/34; SZ 50/102; SZ 54/65 = JBl 1982, 601.

[11]) Zum Problem vgl *Kodek* in *Kletečka/Schauer*, ABGB-ON § 1295 Rz 53 ff; *F. Bydlinski*, JBl 1960, 359 ff; *Reischauer* in *Rummel*[3], § 1295 Rz 30–34 e; *Schmaranzer*, Der Vertrag mit Schutzwirkung zugunsten Dritter (2006).

Anhang I

Zusammenfassung der wichtigsten Grundsätze für die Lösung von Fällen

Die folgenden Hinweise geben – für Zwecke der Wiederholung – in komprimierter Form nur den wesentlichsten Inhalt der behandelten Regeln für die Begutachtung von Fällen wieder; sie können eine gründliche Durcharbeitung der konkreten Lösungsanleitungen keinesfalls ersetzen. Auf die ausführliche Erörterung wird jeweils verwiesen.

1. Folgende **Arbeitsschritte** sind bei jeder Falllösung zu beachten (vgl S 2 ff):
   a) Erfassen des *Sachverhalts* (vgl S 10 ff und unten 2. und 3.)
   b) Beachten bzw Erarbeiten der konkreten *Fallfrage(n)* (vgl S 30 ff und unten 4.)
   c) Finden der möglichen *Anspruchs- bzw Einwendungsnormen* (vgl S 34 ff, 45 ff, 60 f; unten 5.)
   d) *Subsumtion* des Sachverhalts unter die Anspruchs- bzw Einwendungsnormen (vgl S 5 und unten 6.).

2. Die Begutachtung setzt zunächst das vollständige **Erfassen des Sachverhalts** durch mehrmaliges Durchlesen voraus. Bei komplizierten Sachverhalten ist die Anfertigung eines „Merkzettels", einer Strichzeichnung mit den beteiligten Personen und denkbaren Ansprüchen, eventuell die stichwortartige historische Darstellung des Geschehensablaufs zu empfehlen, damit man einen Überblick gewinnt.

3. Der bekannt gegebene Sachverhalt darf nicht verändert, es darf also nichts weggelassen oder hinzugefügt werden. **Sachverhaltsergänzungen** sind nur auf Grund allgemeiner Erfahrungssätze und gesetzlicher Vermutungen (zB § 328) zulässig. Fehlen im Sachverhalt Hinweise für eine Ausnahmesituation, ist bezüglich rechtserheblicher Tatsachen vom Normalfall auszugehen. Bleibt trotz der danach zulässigen Ergänzung der Sachverhalt ausnahmsweise in einem entscheidungserheblichen Teil offen, ist jede Sachverhaltsvariante gesondert rechtlich zu beurteilen.

Zum Sachverhalt näher insbesondere Fall 2, S 9 ff.

4. Gefragt wird idR nach Ansprüchen. Unter **Anspruch** versteht man das Recht einer Person, von einer anderen eine Leistung (Tun, Unterlassen) zu verlangen. Ist allgemein die Frage nach der Rechtslage gestellt, so hat der Bearbeiter umfassend alle auf Grund des Sachverhalts möglichen Ansprüche zwischen den Beteiligten zu prüfen. Zur Erarbeitung der konkreten Begehren hilft die Lösung der Grundfrage: Wer will was von wem? Wenn die Fragestellung auf einzelne

Aspekte eingeschränkt ist, so sind nur diese zu prüfen! Mögliche Arten von Fragen sind also zunächst:

a) Konkretes Begehren; zB: Kann A von B die Herausgabe des PKW verlangen?
b) Wie ist die Rechtslage?

In beiden Fällen sind jeweils Ansprüche zu prüfen. Daneben kommen in Betracht:

c) Frage nach Gestaltungsrechten; zB: Kann A den Vertrag anfechten?
d) Frage nach Bestehen eines Rechtsverhältnisses; zB: Ist A Mitglied des Vereins B? Ist X Eigentümer geworden?

Zur Fragestellung insbesondere Fall 3, S 30 ff.

5. Für jeden Anspruch (jedes behauptete Rechtsverhältnis oder in Frage stehende Gestaltungsrecht) ist eine mögliche Grundlage, dh eine Stütze im Gesetz, allgemeiner in einer Norm (auch Vertrag!) zu suchen (**Anspruchsgrundlage;** „aus welchem Rechtsgrund?"). Die Subsumtion der Elemente des Sachverhalts unter die in Erwägung gezogene Norm ergibt, ob der Anspruch (das Rechtsverhältnis, Gestaltungsrecht) besteht oder nicht. Im Folgenden wird aus Gründen der Vereinfachung nur noch über die Behandlung von Ansprüchen gesprochen. Das Gesagte gilt aber für andere Fragen entsprechend. Anspruchsgrundlagen werden insbesondere in vertragliche (zB Kaufvertrag) und gesetzliche (zB Schadenersatz) gegliedert; vgl die Beispiele für häufige Anspruchsgrundlagen anhand des Anspruchsschemas (S 60 f). Im Gutachten sind nur jene Anspruchsnormen zu erörtern, bei denen eine „Vorprüfung" (in Ihrem Kopf!) ergeben hat, dass Anhaltspunkte im Sachverhalt ihre Verwirklichung einigermaßen wahrscheinlich machen. Zur Anspruchsgrundlage Fall 1, S 4 f, Fall 2, S 14 f, Fall 5, S 60 ff und Fall 7, S 114 ff.

6. Der Sachverhalt ist vom Verfasser des Falles meist so gestaltet, dass die Subsumtion in mehreren Punkten „problematisch" ist, also näherer Begründung bedarf. Nach **Erkennen dieser Fallprobleme** und Erörterung möglicher Standpunkte dazu hat sich der Gutachter für eine Lösung zu entscheiden **(rechtliche Alternativlösung ist nicht erlaubt!).** Die Entscheidung für eine bestimmte Lösung ist immer zu begründen. Eine eigenständige, durchdachte Begründung mit „falschem" Ergebnis wird vom Prüfer meist besser bewertet als ein „richtiges" Ergebnis ohne zureichende Begründung.

7. Da die verschiedenen Ansprüche einander in ihren Voraussetzungen beeinflussen können und die Prüfung möglichst unbelastet von Vorfragen erfolgen soll, empfiehlt sich in der Regel (!) folgende **Rangordnung:**

a) Vertragliche Ansprüche
b) Ansprüche aus Geschäftsführung ohne Auftrag

c) Dingliche Ansprüche
d) Schadenersatz- und/oder Bereicherungsansprüche.

Konkurrierende Ansprüche sind sämtlich zu erörtern. Ausführlich dazu Fall 5, S 62 ff.

8. Bei **mehrpersonalen Rechtsverhältnissen** stellen sich oft besondere Zurechnungsfragen: Das Verhalten der einen Person wirkt für oder gegen andere, sei es beim Rechtsgeschäft (vgl zB §§ 875, 1002 ff), sei es bei Schädigungen (vgl zB §§ 1313 a, 1315, 337). Im Einzelnen dazu Fall 7, S 115 ff. Mögliche Ansprüche gegen mehrere Personen können einander auch wechselseitig beeinflussen; auch dazu Fall 7, S 116 f.

9. Gegen den behaupteten Anspruch können dem Gegner **Einwendungen** zustehen. Das sind Verteidigungsmittel, die zur Nichtentstehung oder Vernichtung des Anspruches führen oder zumindest dessen Durchsetzung (zeitweilig oder dauernd) verhindern. Auch solche möglichen Einwendungen sind natürlich nur dann zu prüfen, wenn dafür Anhaltspunkte im Sachverhalt vorhanden sind. Nach der Wirkung unterscheidet man:

a) **Rechtshindernde Einwendungen;** der Anspruch entsteht von vornherein nicht. Das Fehlen derartiger Einwendungen gehört daher zu den Anspruchsvoraussetzungen.

Beispiele: Beim Anspruch aus Rechtsgeschäft die Einwendung der Geschäftsunfähigkeit (§ 865) oder der Gesetz- oder Sittenwidrigkeit (§ 879).

b) **Rechtsvernichtende Einwendungen;** bei Verwirklichung dieser Einwendungsnormen tritt als Rechtsfolge der Untergang eines bereits entstandenen Anspruchs ein.

Beispiele: Erfüllung (§ 1412); Verzicht (§ 1444).

c) **Gestaltungsrechte** führen ebenfalls unter Umständen zur Vernichtung eines entstandenen Anspruchs; dazu ist aber die Abgabe einer Gestaltungserklärung oder eine richterliche Gestaltung auf Grund einer entsprechenden Klage oder Einrede nötig.

Beispiele: Anfechtung eines Vertrages wegen Irrtums (§§ 871 ff); Rücktritt wegen Verzuges (§§ 918 ff).

d) **Rechtshemmende Einwendungen** (Einreden) lassen den entstandenen Anspruch dem Grunde nach unberührt, hindern aber seine Geltendmachung zeitweilig (dilatorisch) oder dauernd (peremtorisch).

Beispiele: Einrede des nichterfüllten Vertrages (§ 1052 Satz 1; dilatorisch); Verjährungseinrede (§ 1451; peremtorisch).

Zu den Einwendungsnormen Fall 4, S 45 ff.

Anhang II

Formale Hinweise für Klausuren und Hausarbeiten

Die konkreten formalen Anforderungen in Klausuren und Hausarbeiten werden vom jeweiligen Prüfer (Übungsleiter) festgesetzt. Die folgenden Hinweise verstehen sich daher nur als Hilfe, soweit im Einzelfall nichts anderes bestimmt wird.

1. Zur Klausur

Als **Hilfsmittel** darf idR nur der Gesetzestext verwendet werden. Die bezogenen **Gesetzesstellen** sind nicht wörtlich wiederzugeben; im Allgemeinen reicht ein Hinweis auf die Nummer des angesprochenen Paragrafen. Es muss aber jederzeit klar sein, unter welchen Teil (Begriff) eines gesetzlichen Tatbestandes der Bearbeiter welche Sachverhaltselemente gerade zu subsumieren sucht. Eine Wiederholung des **Sachverhalts** ist überflüssig. Rechtsprechungs- und Lehrmeinungszitate sind in Klausuren nicht üblich, wenngleich auch nicht völlig ausgeschlossen, wenn der Bearbeiter seiner Sache insofern ganz sicher ist. Vor allem Verweise auf eine ständige Judikatur des OGH bzw auf bekannte Lehrmeinungen sind denkbar. Genaue Belegstellen werden freilich mangels Kenntnis nicht angeführt werden können. **Fußnoten** (Anmerkungen unter dem Strich) sollten daher in Klausuren allgemein unterbleiben.

Die Arbeit ist mit dem **Vor- und Familiennamen** sowie **Matrikelnummer** des Verfassers und der **Semesterangabe** zu versehen. Die beschriebenen Seiten (DIN-A4) sollten **fortlaufend nummeriert** und zusammengeheftet sein. Meist wird vom Prüfer ein ausreichender **Korrekturrand** (ca ⅓ der Seite) verlangt. **Leserliche Schrift** erleichtert die Arbeit des Korrektors.

Bei komplizierten Fällen kann auch in der Klausur die Anfertigung einer Lösungsgliederung vorteilhaft sein, sofern für die Ausarbeitung des Gutachtens genügend Zeit bleibt; dazu Fall 2, S 17 f; Fall 3, S 36 f.

2. Zur Hausarbeit

a) Formales

Die Hausarbeit soll in **Maschinenschrift** (auf PC) auf einseitig beschriebenen DIN-A4-Blättern (ebenfalls mit **Korrekturrand**) abgefasst werden. Ob die Hausarbeit elektronisch übermittelt oder auf Papier eingereicht werden soll, hängt vom jeweiligen Prüfer (Übungsleiter) ab. Bei elektronischer Übermittlung sollte das „PDF"-Format verwendet werden.

Bestandteile einer Hausarbeit:

1. Deckblatt (vgl S 68)

2. Sachverhalt

3. Literaturverzeichnis
4. Gliederung (Inhaltsverzeichnis)
5. Gutachten

b) Allgemeines zur Verwertung fremder Meinungen

Im Gegensatz zur Klausur hat der Verfasser einer Hausarbeit auch die einschlägige **Fachliteratur** und **Rechtsprechung** heranzuziehen und in das Gutachten einzuarbeiten. Das bereitet gerade dem Anfänger manche Schwierigkeiten. In der Regel wird er selbst nur ein Lehrbuch über ein bestimmtes Gebiet besitzen, was für eine Hausarbeit normalerweise nicht ausreicht. Grundvoraussetzung für ein vertieftes Arbeiten ist, dass man sich in einer Bibliothek zurechtfinden kann. Bibliothekskurse und Einführungen in Fachbibliotheken erleichtern den Zugang[1]).

Nach Erkennen der Fallprobleme (vgl Fall 5, S 66 f) eignen sich als **Einstieg in weiterführende Literatur** und Rechtsprechung neben Rechtsdatenbanken (RIS, RDB, LexisNexis Online, Linde Online, RIDA) Lehrbücher und Kommentare (vgl Anhang IV, zu 3.) sowie mit Rechtsprechungshinweisen versehene Gesetzesausgaben. Wenn man ganz gründlich sein will, blättert man auch noch die Register des letzten Jahrgangs sowie die neuesten Hefte der wichtigsten Zeitschriften durch. Wie schon angedeutet wird auch die Suche in einer Rechtsdatenbank meist hilfreich sein[2]), weil dort in der Regel mit der größten Aktualität gerechnet werden kann.

Bei **umstrittenen Fragen** hat sich der Bearbeiter für eine der angebotenen Lösungen – oder eine neue, selbst gefundene – zu entscheiden (**Entscheidungszwang**) und seine Entscheidung zu **begründen.** Es genügt also nicht das bloße Zitat einer fremden Meinung. Auch wenn man einer „herrschenden Ansicht" folgt, darf die Begründung nicht fehlen. Je vereinzelter eine Meinung (sei es eine eigene, sei es eine fremde) ist, umso ausführlicher wird man begründen müssen, warum man ihr folgt. Ob eine Meinung „einhellig", „herrschend", „überwiegend" oder nur „vereinzelt" vertreten wird, ist manchmal schwierig festzustellen. Solche Einstufungen sind also mit Vorsicht zu handhaben; eine Begründung ersetzen sie allenfalls dann, wenn mangels denkbarer vernünftiger Alternativen Einhelligkeit vorliegt. Selbstverständlich kann bei zureichender Begründung auch eine eigenständige Lösung geboten werden. Es ist nicht etwa verboten, die Auffassung der Rechtsprechung oder noch so angesehener Autoren einer Kritik zu unterziehen; wenn es in sachlicher Form, also ohne Diffamierung als „abwegig", „absurd" oder „völlig unhaltbar" erfolgt, gehört es sogar zu den Aufgaben jeder juristischen Debatte, die vorgetragenen Argumente stets

---

[1]) Vgl zum Einstieg *Kerschner,* Wissenschaftliche Arbeitstechnik und Methodenlehre für Juristen[6] (2014) 180 ff.

[2]) Zur Benutzung von Datenbanken *Kerschner* (FN 1) 148 ff.

aufs Neue zu prüfen. Der Gebrauch allzu „starker" Formulierungen erweckt im Leser (und insbesondere im Kritisierten) hingegen oft den Eindruck mangelnder sachlicher Argumente und selten die Bereitschaft, sich überzeugen zu lassen. Gerade Anfänger sollten also darauf verzichten. Auch „Begründungen" wie „zweifellos", „selbstverständlich" sollten nur bei extrem eindeutigen Fragen verwendet, im Allgemeinen also besser weggelassen werden.

In der Regel, insbesondere wenn eine zeitliche Entwicklung zu einer bestimmten Frage zu beobachten ist, sind jüngere Entscheidungen wichtiger als etwa solche aus der Zeit des 19. oder frühen 20. Jahrhunderts. Gerade unter wissenschaftlichen Aspekten sind aber auch ältere und älteste Entscheidungen manchmal von großer Bedeutung, und für in der Literatur geäußerte Meinungen gibt es, falls sich nicht die Rechtslage geändert hat, wohl überhaupt keinen zeitlichen „Vorrang". Wie weit man eine Frage „zurückverfolgt", hängt vom subjektiven Fleiß, aber auch von einem objektiven Kriterium ab: Die Gründlichkeit des Studiums der Judikatur und auch der Literatur richtet sich auch nach der Aufgabenstellung. Wer eine Anfängerhausarbeit schreibt, kann sich eher Lücken leisten als ein Dissertant. **Nie** darf man sich aber allgemein **mit bloßem Abschreiben** von „Leitsätzen", also den der Entscheidungsveröffentlichung vorangestellten Zusammenfassungen **zufrieden geben.** Jede verwertete, dh zitierte Entscheidung muss man im vollen publizierten Text lesen. Die – von privaten Herausgebern verfassten – Leitsätze können nämlich falsch oder irreführend sein; sei es, dass sie mit dem Inhalt der Entscheidung nicht (genau) übereinstimmen, sei es, dass sie nur auf den ganz speziellen, der Entscheidung zugrunde liegenden Sachverhalt zugeschnitten sind. Bloße, **ungeprüfte Übernahme von Zitaten aus der Literatur** („Subzitat") birgt ebenfalls ein hohes Fehlerrisiko, ist daher **streng verpönt.**

c) Anleitung für richtiges Zitieren

Die Fundstellen sind in Fußnoten zu zitieren. Dabei sollen die üblichen Abkürzungs- und Zitierregeln beachtet werden; man richtet sich jetzt zumeist nach *Dax/Hopf*, AZR – Abkürzungs- und Zitierregeln der österreichischen Rechtssprache und europäischer Rechtsquellen^7 (2012); vgl auch *Kerschner*, Wissenschaftliche Arbeitstechnik und Methodenlehre für Juristen^6 (2014) 229 ff.

aa) Rechtsprechungsnachweise

Entscheidungen der Gerichte werden mit dem (abgekürzten) Fundort, Jahrgang bzw Band und Nummer bzw Seite angegeben. Soweit Zweifel entstehen können, wird auch das entscheidende Gericht genannt. Ist eine Entscheidung in gedruckter Form unveröffentlicht, was vor allem bei ganz neuen Entscheidungen möglich ist, die erst elektronisch zugänglich sind, dann sollten die

Aktenzahl und nach Möglichkeit auch das Datum der Entscheidung angegeben werden.

Beispiele:

SZ 40/49 (= Entscheidungen des österreichischen Obersten Gerichtshofes in Zivilsachen, Amtliche Sammlung, Band 40, Nummer 49).

EvBl 1980/13 (= Evidenzblatt der Rechtsmittelentscheidungen, in der Österreichischen Juristen-Zeitung, Jahrgang 1980, dort Entscheidung Nummer 13).

JBl 1967, 259 (= Juristische Blätter, Jahrgang 1967, Seite 259).

LGZ Wien EFSlg 15.564 (= Ehe- und familienrechtliche Entscheidungen, Nummer 15.654).

bb) Literaturnachweise

Da jede Hausarbeit ein Literaturverzeichnis zu enthalten hat (vgl S 68 f), reicht es **im Gutachten** im Allgemeinen aus, in der Fußnote den Namen des Verfassers, einen (eindeutigen) Kurztitel des gemeinten Werkes und die genaue Seite oder Randziffer, auf der sich die verwiesene Stelle befindet, anzuführen; zB *F. Bydlinski* in *Klang*^{2} IV/2, 403; *Kodek* in *Fenyves/Kerschner/Vonkilch,* ABGB^{3} (Klang) § 366 Rz 10; *Rummel* in *Rummel/Lukas*^{4}, § 864 Rz 14; *Jabornegg,* JBl 1976, 184. Bei Zitaten aus Kommentaren ist also vorweg der Name des Bearbeiters der betreffenden Stelle (steht meist auf jeder Seite oben), dann der des Herausgebers (in Deutschland ist die umgekehrte Reihenfolge üblich, zB *Staudinger/Honsell* § 492 Rz 4), dann Band und genaue Fundstelle (Seite, Randnummer oä) anzugeben. Wenn, wie neuerdings öfter, das Werk einen „Zitiervorschlag" enthält (auf einer der ersten Seiten des Buches), spricht manches dafür, sich daran zu halten (so zB *Kathrein/Schoditsch* in KBB^{3}, § 6 KSchG Rz 23; vgl in diesem Kommentar[3]) auf der Seite nach dem Titelblatt; oder *Wagner* in *Kletečka/Schauer,* ABGB-ON$^{1.02}$ § 43 Rz 1). Bei Aufsätzen kann der Titel in der Fußnote weggelassen werden.

Für ein vollständiges Zitat **im Literaturverzeichnis** sind je nach Publikationsart folgende Angaben zu machen:

1. **Selbständig veröffentlichte Arbeiten** (zB Monografie, Lehrbuch etc): Verfasser, Buchtitel, Erscheinungsjahr, allenfalls Band und Auflage; zB *Reischauer,* Der Entlastungsbeweis des Schuldners (§ 1298 ABGB) (1975); *Koziol – Welser/Kletečka,* Bürgerliches Recht I^{14} (2014); *Rummel,* Kommentar zum Allgemeinen Bürgerlichen Gesetzbuch^{3} (2000–2007). Bei der Bezeichnung des Verfassers genügt in der Regel die Angabe des Familiennamens, Vornamen sind nur dann

[3]) Gemeint ist *Koziol/Bydlinski/Bollenberger* (Hrsg), Kurzkommentar zum ABGB^{4} (2014).

anzugeben, wenn es mehrere Autoren mit gleichen Familiennamen gibt und eine nähere Angabe zur Vermeidung von Verwechslungen sinnvoll erscheint; es genügt dann meist zur Unterscheidung der Anfangsbuchstabe des Vornamens (zB *P. Bydlinski,* Die Übertragung von Gestaltungsrechten [1986]; *M. Bydlinski* in *Rummel*[3], § 1502 Rz 2). Hat eine Arbeit mehrere Autoren, so ist zwischen die Namen ein Schrägstrich zu setzen (zB *Apathy/Riedler,* BR II SchRBT[5] [2015]). Den Erscheinungsort des Werkes anzugeben ist für große Arbeiten, insbesondere mit Verwertung ausländischer Literatur, praktisch, wenn auch nicht mehr sehr üblich, bei Hausarbeiten aber nicht unbedingt nötig. Die im Gutachten (in Fußnote) zitierten Seiten werden im Literaturverzeichnis nicht genannt.

2. **Aufsätze** (in Zeitschriften oder Sammelwerken): Verfasser, Titel des Aufsatzes, Name, Jahrgang (oder Band) der Zeitschrift (bzw Erscheinungsjahr des Sammelwerkes), Seite. ZB *Spielbüchler,* Übereignung durch mittelbare Leistung, JBl 1971, 589ff; *Welser,* Haftungsprobleme der Wintersportausübung, in *Sprung/König* (Hrsg), Das österreichische Schirecht (1977) 385ff.

Fundstellen einzelner Entscheidungen und bloße Gesetzesausgaben gehören nicht in das Literaturverzeichnis.

Werden Arbeiten verwertet, die nur über das Internet zugänglich sind, so gelten bezüglich des Namens des Autors und des Titels der Arbeit dieselben Regeln. Es sind aber zusätzlich die Internetadresse, über die die Abfrage erfolgt ist, sowie das Datum anzugeben, an dem die Abfrage durchgeführt wurde.

Anhang III

Stilistische Hinweise

Die Ansichten über den „richtigen" Stil divergieren derart, dass allgemein gültige Aussagen kaum möglich sind. Was der eine als völlig verwerflich bezeichnet, wird von anderen durchaus gebilligt. Deshalb beschränkt sich das Folgende auf wenige Hinweise.

Einigkeit besteht darin, dass die juristische Ausdrucksweise möglichst kurz und prägnant sein soll. Schachtelsätze sind – soweit möglich – zu vermeiden. Durch die Straffung des Textes darf freilich die Verständlichkeit nicht leiden. Dass die Regeln der Grammatik und der Interpunktion auch für den Juristen gelten, versteht sich von selbst. Ein anwaltlicher Schriftsatz oder eine Urteilsausfertigung voller formaler Fehler würde auf die Parteien einen verheerenden Eindruck machen. Deshalb sollten auch in studentischen Arbeiten sorgfältige Formulierung, Rechtschreibung und Interpunktion schon der Übung halber nicht vernachlässigt werden. Nicht wenige Prüfer achten – und sei es bloß unbewusst – auf diese Dinge. Auch dass das Gutachten in Absätze zu gliedern ist, die die Übersicht fördern und den Leser auf den Beginn neuer Gedankengänge hinweisen, sollte vom Deutschunterricht her bekannt sein.

Mathematische Zeichen und stenografische Kürzel (in Klausuren leider häufig!) haben in einem Gutachten nichts verloren. Auch der aus Zeitgründen beliebte „Telegrammstil" sollte vermieden werden; schreiben Sie vollständige, in der Gedankenführung aufeinander aufbauende Sätze.

Beliebt sind subjektive Formulierungen („ich meine" oä). Das Gutachten soll aber möglichst objektiv und sachlich sein und auch so wirken. Daher sind auch überhebliche Ausdrücke (zB „die Ansicht von X ist absurd"; „geht in die Irre") schon aus Gründen wissenschaftlicher Fairness ebenso fehl am Platz wie falsche Bescheidenheit („meiner bescheidenen Meinung nach").

Zu warnen ist weiters vor übertriebener Substantivsucht und der Verwendung von Superlativen.

Beispiele: „Die Anwendbarkeit des § . . . ist davon abhängig, dass . . ." statt: „§ . . . ist nur anzuwenden, wenn . . ."; „es wäre höchst ungerecht" . . ., oä.

Lehn- bzw Fremdwörter sollen dort vermieden werden, wo es einen passenden deutschen Ausdruck gibt (zB Übergabe statt Tradition). Für viele juristische Fachausdrücke (termini technici) findet sich aber keine Entsprechung im Deutschen. Die deutsche Umschreibung kann auch schwerfällig wirken.

Beispiele: abstrakte bzw konkrete Schadensberechnung; Grundpfandrecht statt Hypothek.

Vor allem manche lateinische Ausdrücke haben in der Juristensprache eine eigenständige technische Bedeutung erlangt, sodass man auf sie kaum völlig verzichten wird können[1]).

Beispiele: clausula rebus sic stantibus (Umstands- bzw Derzeitklausel); condictio causa data causa non secuta (Bereicherungsanspruch wegen Verfehlung des Leistungszwecks).

Das leitet über zum letzten Hinweis. An der richtigen Verwendung juristischer Fachausdrücke erkennt der Prüfer den Wissens- bzw Ausbildungsstand des Gutachters. Manche Begriffe etwa, die im Alltagsdeutsch teilweise synonym verwendet werden, hat der Jurist scharf zu unterscheiden.

Beispiele: Innehabung – Besitz – Eigentum; Leihe – Miete („Leihwagen"!).

Eine geschlossene Einheitssprache für Juristen gibt es aber Gott sei Dank nicht. Für einen persönlichen, individuellen Stil soll und wird immer Raum bleiben. Erhebliche Stilunterschiede auch zwischen anerkannten Rechtswissenschaftern belegen deutlich, dass der Jurist seine Persönlichkeit in der Sprache nicht verleugnen muss.

---

[1]) Vgl *Filip-Fröschl/Mader,* Latein in der Rechtssprache[4] (2014); *Benke/Meissel,* Juristenlatein[3] (2009).

Anhang IV

Verzeichnis ausgewählter Literatur zur Falllösung, zur Einführung in das Privatrecht und für die Hausarbeit in der Anfängerübung

1. Falllösung

Eine allgemeine Erörterung des „Falles“ findet sich bei *Honsell/Mayer-Maly*, Rechtswissenschaft[6] (2014) 35 ff.

Für schon weiter vorgerückte Studenten ist *Kerschner/P. Bydlinski*, Bürgerliches Recht für Fortgeschrittene – Fälle und Lösungen[6] (2015) bestimmt; ebenso *Apathy/P. Bydlinski/Dullinger/Eccher/Iro/Kerschner/Lurger/Melcher/Riedler/Sagerer-Forić*, Bürgerliches Recht VIII, Prüfungstraining – Fallrepetitorium mit Lösungen[4] (2014); *Zankl*, Casebook Bürgerliches Recht[8] (2015); *Harrer/Honsell/Mader*, Prüfungsfälle zum bürgerlichen Recht[6] (2013) sowie *Binder*, Sachenrecht, Fälle und Lösungen (1990). Weitere Bände für andere Rechtsgebiete erscheinen in der gleichen Reihe wie der vorliegende.

Ein großes Handbuch der juristischen Methodenlehre hat *F. Bydlinski* vorgelegt: *Bydlinski*, Juristische Methodenlehre und Rechtsbegriff[2] (2011); speziell auf Ausbildungszwecke zugeschnitten ist *F. Bydlinski* (Bearb *P. Bydlinski*), Grundzüge der juristischen Methodenlehre[2] (2011).

Eine eingehende Darstellung wissenschaftlicher Arbeitstechnik des Juristen im Allgemeinen mit einem ausführlichen Abschnitt zur Methodenlehre bietet *Kerschner*, Wissenschaftliche Arbeitstechnik und Methodenlehre für Juristen[6] (2014).

Seit 1990 erscheint die für die Juristenausbildung bestimmte Zeitschrift JAP (Juristische Ausbildung und Praxisvorbereitung), die auch zivilrechtliche Prüfungsfälle mit Musterlösungen enthält.

2. Einführung in das Privatrecht

P. Bydlinski, Grundzüge des Privatrechts[9] (2014);
Holzhammer/Roth, Bürgerliches Recht mit Internationalem Privatrecht[6] (2004);
Krejci, Privatrecht[8] (2010);
Honsell/Mayer-Maly, Rechtswissenschaft[6] (2014).

3. Standardwerke für die Hausarbeit in der Anfängerübung

a) Kommentare[1])

Fenyves/Kerschner/Vonkilch, ABGB[3] (Klang) Kommentar zum Allgemeinen Bürgerlichen Gesetzbuch, seit 2006, bisher achtzehn Bände; *Klang*, Kommentar zum ABGB[2], herausgegeben von *Klang* und *Gschnitzer* (1951–1978);

[1]) Die meisten der hier angeführten Kommentarwerke sind auch über einen oder mehrere der großen Datenbankanbieter online zugänglich.

Rummel/Lukas (Hrsg), Kommentar zum ABGB^4 (ab 2014);

Schwimann/Kodek (Hrsg), Praxiskommentar zum ABGB^4 in sieben Bänden (ab 2011);

Kletečka/Schauer (Hrsg), ABGB-ON (ab 2010)[2]);

Koziol/P. Bydlinski/Bollenberger,, Kurzkommentar zum ABGB^4 (2014);

als Beispiele für die Kommentierung von **Nebengesetzen:**

Apathy, Kommentar zum EKHG (1992);

Kerschner, Dienstnehmerhaftpflichtgesetz^2 (2004);

Hausmann/Vonkilch, Österreichisches Wohnrecht^2, 2 Bände, Kommentar zum MRG und WEG (2013);

Jabornegg/Artmann (Hrsg), Kommentar zum UGB I^2 (2010);

Straube/Ratka/Rauter (Hrsg), Kommentar zum Unternehmensgesetzbuch I^4 (2010 ff).

b) Lehrbücher

P. Bydlinski/Kerschner (Hrsg), Bürgerliches Recht. Band I: *P. Bydlinski*, Allgemeiner Teil^7 (2016); Band II: *Dullinger*, Schuldrecht Allgemeiner Teil^5 (2014); Band III: *Apathy/Riedler*, Schuldrecht Besonderer Teil^5 (2015); Band IV: *Iro*, Sachenrecht^6 (2016); Band V: *Kerschner/Sagerer-Forić*, Familienrecht^6 (2017); Band VI: *Eccher*, Erbrecht^6 (2016); Band VII: *Lurger/Melcher*, Internationales Privatrecht (2013);

Koziol – Welser/Kletečka, Bürgerliches Recht I^{14}: Allgemeiner Teil, Sachenrecht, Familienrecht (2014); *Welser/Zöchling-Jud*, Bürgerliches Recht II^{14}: Schuldrecht Allgemeiner Teil, Schuldrecht Besonderer Teil, Erbrecht (2015);

Perner/Spitzer/Kodek, Bürgerliches Recht^5 (2016);

Riedler (Hrsg), Studienkonzept Zivilrecht I – VIII (2015).

c) Gesetzesausgabe mit Rechtsprechungsnachweisen

Tades/Hopf/Kathrein/Stabentheiner, Das Allgemeine Bürgerliche Gesetzbuch – ABGB^{37} (2009).

[2]) Die über www.rdb.manz.at zugängliche Online-Version wird regelmäßig aktualisiert.